Bernd Kunz

Die Altmühl

von der Quelle bis zur Mündung

Bernd Kunz

Die Altmühl

von der Quelle bis zur Mündung

Swiridoff Verlag, Künzelsau

Für Horst und Jojo,
die zu früh
gegangen

Inhalt

Vorwort 7
Die Altmühl 8
Die Quelle 12
Hornau 15
Burghausen 18
Binzwangen 19
Oberfelden 20
Unterfelden 20
Colmberg 21
Schloss Colmberg 24
Bieg 25
Frommetsfelden 27
Jochsberg 28
Leutershausen 31
Schloss Rammersdorf 37
Der Weißstorch 38
Neunstetten 39
Niederdombach 40
Bildstöcke 42
Herrieden 44
Thann 48
Schloss Sommersdorf 49
Sommersdorf 50
Großenried 51
Ornbau 54
Oberndorf 56
Mörsach 60
Schloss Altenmuhr 61
Muhr am See 62
Altmühlsee 63
Vogelinsel 65
Streudorf 66
Wald 67
Schloss Wald 68
Gunzenhausen 70
Aha 76
Der Limes 80
St. Michael 82
Unterasbach 83
Windsfeld 84
Gundelsheim 85
Ehlheim 87
Steinerne Rinne 88
Markt Berolzheim 90
Bubenheim 93
Wettelsheim 94
Treuchtlingen 96
Burg Treuchtlingen 100
Altmühlradweg 102
Fossa Carolina 104
Weißenburg 106
Römische Thermen 110
Wülzburg 111
Ellingen 113
Sablonetum 115
Schloss Ellingen 116
Weißenburger Wald 118
Dietfurt in Mittelfranken 119
Pappenheim 122
Burg Pappenheim 127
Zimmern 128
Solnhofen 129
Lithographie 132
Eßlingen 133
Das Jurameer 134
Archaeopteryx 136
Fossiliensteinbrüche 142
Mörnsheim 144
Dollnstein 148
Der Biber 150
Breitenfurt 154
Panoramawanderweg 157
Wasserzell 158
Obereichstätt 158
Kloster Rebdorf 160
Marienstein 163
Willibaldsburg 164
Eichstätt 168
Hl. Willibald 178
Figurenfeld 180
Landershofen 181
Römerkastell 182
Pfünz 184
Inching 185
Walting 186
Burg Rieshofen 187
Rieshofen 188
Pfalzpaint 189
Gungolding 190
Wacholderheide 192
Arnsberg 196
Schloss Arnsberg 197
Böhming 198
Regelmannsbrunn 199
Kipfenberg 201
Grösdorf 203
Burg Kipfenberg 204
Kemathen 206
Ilbling 207
Kinding 208
Bootstouren 209
Kratzmühle 211
Kirchanhausen 212
Beilngries 213
Schloss Hirschberg 217
Kottingwörth 218
Töging 219
Dietfurt a. d. A. 220
Griesstetten 222
Der Kanal 224
Meihern 226
Deising 227
Schloss Eggersberg 228
Gundlfing 229
St. Agatha 230
Riedenburg 231
Rosenburg 233
Schloss Prunn 234
Essing 236
Burg Randeck 242
Schulerloch 244
Kletterfelsen 246
Gronsdorf 249
Befreiungshalle 250
Kelheim 252
Literatur 258
Touristinformation 259
Service-Adressen 259
Feste & Märkte 269
Karte 270
Impressum, Dank 272
Bildnachweis 272

Quo vadis?

blinzelt knitz ins sonnenlicht
armdicker strahl glasklaren wassers
dein weg der kümmert dich nicht

immerwährender kreislauf der natur
vom himmel in den boden sickert
ein wesen unbeschreiblicher statur

quo vadis brünnlein, wohin des wegs
warum so eilig, lass dir zeit
verweil doch noch ein stück bei mir
erzähl mir mehr von dir

doch da eilt es fort das glück
immerdauernd immerzu
fließt davon ein weiteres stück

hinterlässt ein unbedarftes gefühl
oh wasser sprich zu mir
es gluckst und murmelt „altmühl"

Vorwort

Auf der Suche nach dem definitiven Beginn der Altmühl stand er plötzlich da, der Pfau, schlug sein Rad und mich in seinen Bann. Beeindrucken konnte er damit weniger sein Weibchen als die Traube von Menschen, die sich alsbald um ihn scharte, was ihn aber sichtbar kalt ließ.

Kann man die Altmühl mit einem Pfau vergleichen? Ja und nein. Vielleicht mehr nein als ja. Oder umgekehrt.

Ende der 1970er Jahre brannte sich die Altmühl endgültig in das Bewusstsein der Deutschen: Der Kanal entzweite die Nation. Ein Traum vieler längst vermoderter Herrscher stand vor der Realisierung, und damit wurde er zum Alptraum der Naturverbundenen. Wunden wachsen mit der Zeit zu, was bleibt, sind hässliche Narben.

Hundert Jahre zuvor wurde die Altmühl mit einem Paukenschlag in der ganzen Welt bekannt: die lang gesuchte Lücke bei den Fossilien wurde geschlossen, ein steingewordener Vogel war aufgetaucht – und jedes Kind kennt heute seinen Namen: Archaeopteryx.

Und zweihundertfünfzig Jahre zuvor goss ein großer Mann seine Wertschätzung gegenüber einigen Altmühltalern in einen Satz, der heute noch oft gebraucht wird: *Ich kenne meine Pappenheimer.*

All dies ist Geschichte. Heute riecht die Altmühl nach Urlaub, nach Rad fahren und Kanu, gutem Bier und Fisch, Erholung für die ganze Familie. Die Altmühl ist preiswert, ohne dass man den Eindruck hat, sie verkaufe sich unter Wert. Je öfter man wiederkommt, desto mehr öffnet sie einem ihren Reichtum.

Ich war früher so oft an der Altmühl, und doch habe ich sie nicht gekannt. Die Altmühl war ein Fluss, eine geografische Linie in der Landschaft. Wie eine Verwandte in der Nachbarschaft, vertraut, doch immer weit genug entfernt, um keine Nähe aufkommen zu lassen. Nicht die Summe aller Eindrücke, Gerüche, Landschaftsbilder und Begegnungen. Das ist jetzt anders. Nun bin ich ihr näher gekommen: an der Quelle bei Hornau, in der lauen Spätsommernacht in Colmberg, beim Flieger von Leutershausen, in Herriedener Gasthäusern, bei den Störchen von Ornbau, in der Geschichte von Gunzenhausen, in Treuchtlingen, den Fossilien von Solnhofen und den Studenten von Eichstätt, auf unzähligen Tellern der Gasthäuser in Kipfenberg, Kinding und Beilngries, entlang des Kanals in Dietfurt, in den Ruinen von Riedenburg und an der Mündung bei Kelheim.

Ich durfte für mich Entdeckungen machen, durfte Reisen sowie Eindrücke, Bilder und Geschichten sammeln. Zuviele sind es geworden, um sie zwischen zwei Buchdeckel zu zwingen. Jedes einzelne kleine Städtchen wäre ein ganzes Buch wert gewesen. Es gäbe noch so viel zu erzählen, zu zeigen.

Doch was nützt die Altmühl in einem Buch, wenn man nicht selbst noch Entdeckungen machen kann? So möchte ich mit diesem Buch Ihren Appetit anregen, sich den Reichtum der Altmühl selbst zu erschließen, und wünsche Ihnen viele vergnügliche Stunden dabei.

Bernd Kunz

Die Altmühl

Glasklar entrinnt die Altmühl dem Untergrund.

Die Altmühl hat zwei Gesichter: eines mit weiten Wiesenauen und mäandrierendem Lauf; eines mit Wacholderheiden und schroffen Felsnadeln über einem engen Tal. Man könnte auch sagen einen fränkischen und einen bayerischen Teil, doch so sehr man auch sucht, es finden sich keine Parallelen zu den Bewohnern, die wirklich treffend wären.

Geschichte

Zu Beginn der letzten Eiszeit kommen die ersten Menschen als Siedler ins untere Altmühltal. Ihre Spuren fand man unter anderem in Höhlen bei Dollnstein, Beixenstein, Obereichstätt und Dietfurt sowie im Schulerloch. Der Norden Europas und die Alpen mit Vorland lagen unter einer dicken Eisschicht, eine eisfreie Zone dazwischen machte den Austausch zwischen den östlichen und westlichen Refugien möglich. Der robuste Neandertaler konnte sich auch in dieser klimatisch unwirtlichen Gegend halten. Er teilte seine Umwelt noch mit Wollnashorn, Höhlenhyäne, Ren, Mammut, Wiesent und Wildpferd, wie Knochenfunde dieser Tiere belegen. Erst zum Ende der Eiszeit wird der Neandertaler vom modernen Menschen – dem *Homo sapiens* – verdrängt, der von Südosten kommend langsam in den Norden vorrückt. Wie lange beide Menschenarten hier nebeneinander existiert haben, ist heute (noch) unklar. Der neuzeitliche Mensch mit seinen kreativen Fähigkeiten ist es auch, der als erster den Solnhofer Schiefer für Kunstdarstellungen benutzt; eindrucksvoll nachgewiesen mit einer Gravierung eines Wildpferds, gefunden in Altessing.

Waren die Neandertaler noch herumziehende Vagabunden, die die Höhlen des Altmühltales nur sporadisch aufsuchten, wurde der moderne Mensch hier sesshaft, betrieb Ackerbau auf den fruchtbaren Lößflächen beidseits des Flusses. Auch in der Jungsteinzeit hinterließ der Mensch hier seine Spuren, etwa in Dietfurt. Ab 750 vor Christus tauchen die Kelten auf, die nach unserem heutigen Verständnis kein einheitliches Volk waren, aber eine gemeinsame Kultur hatten, die sie zu einer Einheit machte. Die Kelten beherrschten Europa fast tausend Jahre lang, von Schottland bis Spanien, von der Altmühl bis Ankara. Sie führten im dritten Jahrhundert v. Chr. ein einheitliches Geld ein, hatten das Monopol auf Zink. Die Römer beneideten sie wegen ihrer perfekten Pflüge – sie wendeten die Scholle, anstatt den Boden nur aufzukratzen. Die Griechen nannten sie „die Erhabenen" (*keltoi*). Sie bauten die erste Wagenmanufaktur der Welt bei Manching auf. Das Altmühltal war von Kelheim – damals *Alcimonae* – bis hinauf zur Quelle besiedelt. Die Kelten hatten die erste Hochkultur auf diesem Boden inne; sie hielten Schweine, Ziegen, Schafe, Rinder und Pferde, um ihren Fleischbedarf zu decken, bauten Dinkel, Emmer, Lein, Mohn, Linsen und Bohnen an, sie woben feinste Stoffe, filzten, brachten die Schuhindustrie zu einer ersten Blüte und sotten Salz, das weit exportiert wurde. Ihre Handwerkskunst war bedeutend: Eine bei Manching gefundene, 2.500 Jahre alte Trense unterscheidet sich in nichts von den heute gebräuchlichen. Wein wird noch heute bei uns „gekeltert", getrunken jedoch aus einem „Römer". Unsere Feste – Ostern, Fasching, Silvester, Weihnachten – gehen auf keltische Feiern zurück. Und sie gaben der Altmühl ihren Namen: *Alcmona*.

Erste amtlich sichtbare Nennung unterhalb von Hornau.

Mitte des dritten Jahrhunderts n. Chr. sind die meisten Kelten erschlagen oder in anderen Völkern aufgegangen, mit ihnen auch das ganze Wissen – denn es wurde nur mündlich weitergegeben, von Druide zu Druide. Kurz nach der Zeitenwende drangen aus dem Süden die Römer vor, im Norden saßen die Kimbern und Teutonen. Dazwischen der „antigermanische Schutzwall": der Limes. Die Römer brachten eine weitere Hochkultur mit an die Altmühl, ihre Spuren finden sich in Gunzenhausen, Ellingen, Weißenburg, Pfünz und Böhming. Die Römer führten u.a. die Kultur der Körperreinigung ein und bauten dazu spezielle Thermen. Doch die feinsinnigen Römer konnten sich nicht lange halten: zum Ende des dritten Jahrhunderts wurden sie von den grobschlächtigen Alemannen erstmal bis südlich der Donau vertrieben. Nun kamen vom

Läutet das Ende des Winters ein: die Küchenschelle.

Osten die Bajuwaren – deren erster sich bei Kipfenberg fand – und vom Westen die Franken. Erstmals auf deutschem Boden staatsmännisch regierend gelang es den Franken, halb Europa einzunehmen; mit im Gepäck: die Christianisierung. Im ganzen Land entstehen die ersten Martins-Kirchen, Dörfer werden gegründet, Städte erbaut, und die ersten Burgen erscheinen auf den Altmühl-Talkanten. Die Franken verändern die bisherige Welt dramatisch: Der beurkundete Besitz an Land wird eingeführt – und bis heute beibehalten. Dass neben den Mönchen und wenigen Fürsten und Königen niemand schreiben oder lesen konnte, begünstigte die Umwandlung von Allgemeingut in Privatland ungemein. Bis ins 14. Jh. wurde versucht, mittels gefälschten Urkunden in den Besitz begehrten Landes zu kommen, dann wurde es durch zunehmende Bildung immer schwieriger. Nach der Reformation ist das Land an der Altmühl auch religiös zweigeteilt: in einen evangelischen markgräflich-ansbachischen Teil und den bischöflich-katholischen Eichstätter und Regensburger Teil. Diese schon früh zementierte Teilung hat Auswirkungen im 30-jährigen Krieg. An der Altmühl erscheinen alle großen Schlachtenführer. An der oberen Altmühl kämpfen die katholische Liga und die Kaiserlichen unter Tilly gegen die protestantischen Truppen des Markgrafen, unterstützt vom König der Schweden, Gustav Adolf. Als dieser 1632 bis vor die Tore Eichstätts kommt, zieht Kaiser Ferdinand II. die Notbremse und holt Wallenstein aus der Versenkung zurück. Und tatsächlich gelingt es dem wohl schillerndsten Herrn der Militärgeschichte, Gustav Adolf zurückzuschlagen. Das Reiterregiment der Erb-Reichsmarschälle zu Pappenheim ist daran beteiligt. In der Schlacht bei Lützen fällt denn auch das historische Wort aus Wallensteins Mund: *Ich kenne meine Pappenheimer!*

Für die Bevölkerung des Altmühltals zwischen Colmberg und Eichstätt bringt diese Zeit große Verluste: Viele Dörfer und Städte wurden geplündert und verwüstet, die Hälfte der hier lebenden Menschen erlebte das Kriegsende nicht.

Nach 30 Jahren Krieg war es wie schon zuvor: Die Markgrafen von Brandenburg-Ansbach blieben protestantisch, konnten ihren Besitz bis nach Pappenheim südwärts ausweiten, der Rest der Altmühl

Auf den Resten eines Römerkastells erbaut: die Kirche von Böhming.

blieb überwiegend katholisch unter der Aufsicht Eichstätts. Daran konnte auch der Spanische Erbfolgekrieg nichts ändern. Erst Napoleon brachte die Grenzen in Bewegung und schuf letztlich damit die Vorraussetzungen, die 1806 in das Königreich Bayern mündeten. Nun war die Altmühl in ihrer Gesamtheit – von der Quelle bis zur Mündung – politisch vereinigt.

Kanal und alte Altmühl verlaufen in Essing noch ein kleines Stück parallel.

Natur

Der Artenreichtum des Altmühltals erstreckt sich dank der Solnhofener Steinbrüche nicht nur auf das Hier und Jetzt, sondern reicht bis in die Zeit vor 150 Millionen Jahren zurück. Das flache Jurameer mit unzähligen Inseln und das warme Klima machten diese Epoche zu einer der artenreichsten in der Geschichte. Hunderte von Krebschen, Fischen oder Libellen sind seitdem im Plattenkalk gefunden worden.

Der Archaeopteryx.

In den Museen des Naturparks kann man sich von dem unglaublichen Detailreichtum dieser Fossilien überzeugen. Besonders reichhaltig sind die Funde an wasserbewohnenden Insekten, hier vor allem Köcherfliegen, Steinfliegen und Libellen. Da diese Tiere in Mengen gefunden werden, sind sie in den Shops der Museen für den Normalbürger erschwinglich.

Auch die rezente Fauna des Altmühltals ist reichhaltig. Im Vogelschutzgebiet am und um den Altmühlsee wurden beispielsweise über 230 Vogelarten gezählt. Unter den Wirbeltieren ist die Rückkehr der Biber für den Naturfreund besonders erfreulich, auch wenn sich die Anwohner über angeknabberte Bäume oder gelegentlich überstaute Wiesen ärgern. Mit dem Biber kommt auch der Fischotter langsam wieder zurück an seine angestammten Plätze. Unter den Fischen finden Hecht und Forelle besondere Liebhaber, entweder an der Angel oder auf dem Teller. Unter den Insekten sind die Schmetterlinge die auffälligsten. Der Postillion etwa, der in ganz Deutschland eher selten ist, begegnet einem hier ständig. Den Apollofalter – den größten heimischen Tagfalter – muss man heute allerdings gezielt suchen. Viele für den Laien namenlose Bienen und Wespenarten bevölkern die Trockenhänge und erfreuen das Herz der Experten.

Botaniker können an der Altmühl von der Quelle bis zur Mündung etwa 1.600 Pflanzenarten finden. Besonderheiten bilden die ausgedehnten Wacholderheiden, die Buchenwälder an den Hangkanten, die Abruchhalden und Felsnadeln sowie die letzten Reste der Auwälder. Hier findet man Pflanzen mit phantasievollen Namen wie Brillenschötchen, Kugelblümchen, Küchenschelle, Graslilie, Kreuzblümchen, Fransenenzian, Silberdistel oder Brandknabenkraut.

Altmühl-Kanal unterhalb von Essing.

Der Postillion oder die Goldene Acht am frühen Morgen vor dem Aufstehen.

Die Ästige Graslilie schmückt im Sommer noch viele Trockenrasen am Altmühlhang mit ihren zarten Blüten.

Die Quelle

Heimat

Hamerd is a mordsdrum Wort
in junga Johr get mer gern fort
läßd Hamerd, Hamerd sei
und maand, des is woll aanerlei
mer suachd dou drauß
wossmer ned find'
und frouchd am End:
„Wou bini, Menschnskind?"

Hans Raab

Der ewige Kreislauf des Wassers ist für den Menschen ebenso faszinierend wie der Kreislauf des Lebens. Wer war zuerst – Henne oder Ei, Quelle oder Regen? Ist die Quelle der Ursprung des Flusses oder die Wolke, die die Quelle nährt?

Altmühlursprung

Nicht da, wo es in den meisten Karten verzeichnet ist, nein, etwas südlicher und in einem anderen Tal kommt sie zur Welt, die Altmühl. Das kann verwirren. Vor rund dreißig Jahren hat sie entschieden zu wechseln, und seither ist ihr Ursprung so sicher wie streitbar.

Im oder oberhalb des Hirschweihers, sagen die Einen. Die Anderen haben ein Messingtäfelchen ins Gelände ausgebracht, schwer genug zu finden. Darauf steht unmissverständlich: Ursprung der Altmühl. Busse ergießen Menschenmassen in die Saison, Touristen strömen. Ein Kiosk ist im Gespräch – und doch wirkt die Szene so harmlos. Man geht zwischen Haus und Scheune hindurch, Hühner kratzen im Dreck, ein Hund sitzt in der Sonne, man entdeckt einen schmalen Graben, rot-weißes Absperrband und ein Schild: Zutritt verboten. Aber das gilt für das Land hinter dem Plastikband. Dann fällt der Blick auf das Gemurmel. Die Tafel steht Kopf, man richtet sich nach ihr aus, um die drei Worte lesen zu können. Bedeutende Worte. Ursprung der Altmühl. Man staunt über die Klarheit des Wassers, die unspektakuläre Szene, in der man unvermittelt steht, und man geht wieder mit so einem Gefühl des Enttäuschtseins. Über 220 Kilometer wird das Wasser jetzt diesen Namen tragen, bevor es sich in den Fluten der Donau verliert. Es wird die Klarheit verlieren und die Unschuld. Es wird Leben spenden und nehmen.

Kurz unterhalb von Erlach ist aus der Quelle ein kleiner Bach geworden.

Der Hornauer Weiher gilt manchen als der eigentliche Ursprung der Altmühl.

Hornau

Das ehemalige Schloss Hornau beherbergt heute eine Töpferei.

Hornau gilt als der Quellort der Altmühl, auch wenn die eigentliche Quelle bei Erlach im Gemeindegebiet von Burgbernheim liegt.

Der freundliche kleine Ort hat 122 Einwohner, etwas Gewerbe, Landwirtschaft und ein Gasthaus „Zur Altmühlquelle".

Schloss Hornau

Markantestes Gebäude des Ortes ist das ehemalige markgräfliche Jagdschloss, letztes Haus rechts auf dem Weg zur Altmühlquelle. Heute wird hinter dem Fachwerk des quadratischen Baus getöpfert. Als romantisches Jagdschlösschen an der Grenze zur Reichsstadt Rothenburg erbauten die Markgrafen es im 17. Jh., seit Ende des 19. Jh. wird es als Gutshof mit Landwirtschaft genutzt und ist in zahlreiche Nebengebäude eingebettet.

Hornauer Weiher

Kaum ist die Altmühl aus dem Untergrund geflossen, wird sie bei Hornau zum ersten und einzigen Male zu einem See gestaut. Da sich vor dem See ehemaliger und aktueller Altmühlquellbach vereinigen – oder weil man sich für keinen entscheiden wollte – wurde der Weiher 1904 amtlich als Altmühlursprung festgelegt. Und tatsächlich: Erst das Brücklein unterhalb der Mühle trägt auf einem verblassenden Schild gelbe Buchstaben auf grünem Grund – Altmühl. Andere sehen den etwa 1 km östlich im Wald liegenden „Hirschweiher" als den Ursprung an. Das Messingtäfelchen an der Quelle ist heute allgemein akzeptiert, auch wenn diese Position noch nicht in alle Kartenwerke eingetragen wurde.

Wildbad

Wörtlich nehmen kann man diesen Namen – eingezwängt in eine enge Klamm stehen die Häuser, man kommt quasi auf Dachhöhe an und steigt über schmale Treppen zum Eingang hinunter. Ein Bad gibt es nicht mehr, dafür kann der Reisende Hunger und Durst auf sehr angenehme Weise stillen. Früher einmal glaubte man den Altmühlursprung in einem Sumpfgebiet im Wald östlich von Wildbad. Es entspringt hier noch immer ein kleiner Bach, der sich mit der „echten" Altmühl kurz vor dem Hornauer Weiher vereinigt.

Eine Attraktion von Wildbad sind neben den Damhirschen die frei lebenden Pfauen, die hier immer mal wieder unter Beweis stellen, dass sie auch Fliegen können.

Das Glück dieser Erde liegt auf dem Rücken der Pferde; noch dazu, wenn man unter einem Regenbogen hindurchreiten kann (oben). Im Quellgebiet der Altmühl ging ein Schauer nieder, die Sonne scheint danach um so klarer. Die Pappeln scheinen förmlich zu leuchten (unten), im Hintergrund kündigt sich der nächste Regen an.

Der Herbst trumpft noch einmal mit den Farben des ganzen Jahres auf. Die von Kinderhand in Bibermanier kurzerhand aufgestaute Altmühl schimmert trüb im letzten Abendlicht (oben links). Das Grüne Heupferd (oben rechts) singt nun nur noch an den warmen Tagen, doch bald verstummt der Sommer. Das Pfaffenhütchen schlägt den Wanderer mit einem Farbreigen auch an trüben Tagen in seinen Bann (rechts), ebenso wie der Fliegenpilz (unten) es versteht, selbst den dunkelsten Forst zum Leuchten zu bringen.

Burghausen

Umgeben von viel Grün, schmiegt sich Burghausen in das flache, weite Altmühltal. Der Ort entstand im 10. oder 11. Jh. um eine fränkische Turmhügelburg, auf der die Ebner von Eschenbach saßen.

Die Bewohner des anfangs sicher sehr kleinen Ortes trotzten dem sie umgebenden Sumpf das tägliche Brot ab. Erst nach der Trockenlegung der Altmühlauen und Rodung der Auwälder konnten genügend Nahrungsmittel auf den nun fruchtbaren Ackerböden erzeugt werden, so dass der Ort wuchs.

Bis heute hat sich Burghausen seine ländlich-kompakte Struktur bewahren können und kann als eines der wenigen erhalten gebliebenen Beispiele angesehen werden, in denen sich die Bauten harmonisch in die Landschaft einfügen. Hier stört weder ein Neubau- noch ein Industriegebiet. Dem Radler und Wanderer wird es gefallen.

Binzwangen

Der alemannische Ortsname bedeutet feuchte Weide. Die Wiesen entlang der Altmühl, mit Binsen bewachsen – jenen Sauergräsern, die das liebe Vieh stehen lässt, weil es zu hart ist – gaben dem Ort vermutlich im 3. Jh. seinen Namen. Doch schon viel früher, vor rund 7.000 Jahren, zogen steinzeitliche Jäger durch die Altmühlaue, was Funde eines Steinbeils, einer Pfeilspitze und eines kleinen Schabers belegen.

Binzwangen wird am 12. Februar 888 als „Klosteramt Binzwangen" des Chorherrenstifts Herrieden erstmals urkundlich erwähnt. 1330 kamen Ort und Kirche in den Besitz des Klosterstifts Spalt, wo es auch nach der Reformation 1601 zumindest formell blieb.

Die Kirche – ehedem den Heiligen Sebastian, Cornelius und Cyprian geweiht, überstand zwar den 30-jährigen Krieg schadlos, aber dafür war sie Mitte des 18. Jh. baufällig geworden und auch zu klein für die wachsende Gemeinde.

Der zuständige Oberamtmann berichtete im Februar 1749 von einem äußerst bußwürdigen Zustand des Gotteshauses, vor allem des Turmes: *von oben bis unten sei er bis in die Fundamente zersprungen*, das Fachwerk war verfault und der Rest der Kirche ruinös.

Am 23. April 1749 genehmigt die Regierung in Eichstätt einen Neubau, der ungeachtet der protestantischen Konfession „katholisch" mit einem hohen Zwiebelturm ausgeführt wird. Schon am 7. Oktober des gleichen Jahres konnten feierlich Grund- und Eckstein gelegt werden. Im Jahr 1751 wurden die Bauarbeiten abgeschlossen. Nun hat Binzwangen außen eine katholische Barockkirche, die sich innen im protestantischen Markgrafenstil präsentiert. Ein Kleinod ist der Taufstein aus dem Jahre 1750.

Der letzte Ansbacher Markgraf, Carl Alexander, verkaufte die gesamte Markgrafschaft um eine Leibrente an die preußischen Hohenzollern und wanderte nach Amerika aus, so kam Binzwangen 1791 an Preußen. Doch die Preußen regierten nicht lange, die durch Napoleon verursachten Änderungen brachten den Ort 1806 in den Schoß Bayerns.

Den barocken Kirchturm von Binzwangen kann man aus fast allen Richtungen über viele Kilometer sehen.

Ober- und Unterfelden

Die ungleiche Zwillingssiedlung präsentiert sich einmal als Straßendorf und einmal als Haufendorf. Unterfelden als älterer Teil ist aus einem Meierhof der Burg Colmberg entstanden, während sich etwa einen Kilometer Altmühlaufwärts in Oberfelden die Häuser entlang der Straße nach Binzwangen aufreihen, die heute durch den Ausbau anderer Wege nur noch eine untergeordnete Rolle spielt. Doch gerade Radler schätzen diese Nebenwege wegen ihres geringen Verkehrsaufkommens.

Oberfelden aus der Storchenperspektive: landwirtschaftlich geprägtes Straßendorf.

Der große Mann an der Altmühl

Zwischen Binzwangen und Oberfelden ging früher einmal ein Pfad. An diesem Pfad, entlang der Altmühl, hat ein großer Busch gestanden. Wenn man nachts an diesem Busch vorbeigegangen wäre, hätte ein großer Mann mit einem Riesenhund da gestanden.

Was andernorts schon zur Vergangenheit zählt, ist hier noch „in Betrieb": die kleinbäuerliche Siedlungsstruktur. Neben den Lauten von Gänsen, Hühnern, Kühen und Sauen ertönen aus den weiten Wiesen entlang der Altmühl auch die Rufe von Kiebitz und Brachvogel, der Weißstorch geht auf Froschfang und der Biber baut Burgen. Eine ideale Ausgangsbasis für einen geruhsamen und doch erlebnisreichen Familienurlaub auf dem Bauernhof.

Unterhalb der mächtigen Burg Colmberg duckt sich Unterfelden in die Altmühlaue.

Colmberg

Colmberg von der Schulzenhöhe aus mit Blick nach Süden.

Die Anfänge einer Siedlung gehen hier bis auf die Steinzeit zurück. Auf dem sich hinter dem Ort erhebenden Hausberg – der Heuberg oder früher Eichelberg – fand man Spuren steinzeitlicher Jäger. Wohl auch die Kelten haben hier gesiedelt, doch keine Spuren hinterlassen. Um 770 errichteten die Karolinger eine Palisadenburg, um das obere Altmühltal zu kontrollieren. Schon früh hatte sich das weite Tal für eine Handelsroute angeboten. Unterhalb der Burg entstand ein Weiler, der später Altenstatt genannt wurde – wohl im Gegensatz zum neu gegründeten Leutershausen (um 800). Zusammen mit dem Herzogtum Franken wurde Colmberg 939 Reichslehen. Durch Kaiser Otto III. kommt der Wildbann der Colmberger Wälder um die Jahrtausendwende an das Bistum Würzburg. Im 12. Jh. gelang es den weiter westlich beheimateten Grafen von Hohenlohe, in den Besitz von Ort und Burg zu kommen. Sie werden später von den im 13. Jh. zu Grafen erhobenen Herren von Truhendingen beerbt.

Ab 1375 ist der Ortsname Colmberg verwendet worden. Wie das „redende" Wappen bezeugt, kommt der Ortsname von „Kolbenberg".

Der Ort besaß im 14. Jh. schon Marktrecht, was auf eine gewisse Größe und Bedeutung schließen lässt.

Krieg und Gebietsreform

Die Geschicke des Ortes waren eng mit denen der Burg verbandelt. In den fast 500 Jahren der Herrschaft durch die Hohenzollern blieb der Ort klein und konnte sich nicht entwickeln. Im 30-jährigen Krieg mussten die in die Burg geflüchteten Bewohner mit ansehen, wie die Soldaten verschiedener Provenienz ihre Häuser und Höfe ausplünderten und anzündeten. Ab 1648 wurden die Häuser in Fachwerkbauweise mit Hilfe der eingewanderten Österreicher wieder aufgebaut. Nach der Einverleibung ins Königreich Bayern lag Colmberg am äußersten Rand des Landkreises Ansbach – auch wieder keine gute Position für eine erfolgreiche Entwicklung. Durch Landflucht nahm die Einwohnerzahl beständig ab. So zählte man 1914 in Colmberg genau 600 Einwohner, 1939 waren es nur noch 571.

Bis zum Frühjahr 1945 war Colmberg ein etwa ein Kilometer langes

Prächtiges Fachwerk aus Meisterhand am Gasthaus Adler an der Hauptstraße in Colmberg.

Straßendorf mit stattlichen Fachwerkhäusern zu beiden Seiten. Doch durch die sinnlose Verteidigung in den letzten Kriegstagen wurde der Ort durch alliierte Verbände schwer verwüstet; 46 Gebäude wurden unbrauchbar.

Die Situation änderte sich erst mit der Gebietsreform 1972. Die Landkreise Ansbach und Rothenburg wurden zusammengelegt – und Colmberg lag nun plötzlich mitten drin.

Ein Dorf wächst

Durch die Eingemeindungen von Auerbach, Bieg, Oberfelden, später Binzwangen und Poppenbach wuchs die Gemeindefläche stark an und auch die Bedeutung des Ortes. Heute umfasst die Gemeinde zwölf Ortsteile mit über 2.000 Einwohnern. Diese aufstrebende Entwicklung wurde mit der völligen Selbstständigkeit 1988 gekrönt.

Mit einem schmucken Schloss, der herrlichen Landschaft des Altmühltals und der verkehrsgünstigen Lage zwischen Rothenburg, Ansbach und Nürnberg bietet sich Colmberg seit einigen Jahren nun auch als touristisches Ziel erfolgreich an.

St. Ursula

Die Anfänge der Kirche liegen im Dunkel der Geschichte. Vermutlich wurde der Kirchbuck östlich des Ortes schon in vorchristlicher Zeit als Heiligtum genutzt. Später wurde eine Wehranlage auf dieser kleinen Anhöhe erbaut, aus deren weiteren Umbauten auch der Unterbau des gotischen Turmes stammen dürfte. 1528 wurden die Colmberger durch Markgraf Georg den Frommen evangelisch. Die Vorgängerkirche stand südlich des heutigen Turms, 1841 wurde die neue Kirche nordöstlich an diesen angebaut. Sehenswert im Innern ist die Darstellung des Abendmahls in einem Holzrelief von Heinz Heiber aus dem Jahr 1964.

Die Colmberger Kirche St. Ursula ist ein Neubau von 1841, entsprechend der Zeit klassisch-nüchtern in der Ausstattung.

Schloss Colmberg

Wohl an der Stelle einer frühgeschichtlichen Fluchtburg errichteten die Karolinger eine Burg um das Jahr 770. Die ersten Herrscher auf der Burg dürften aus Rothenburg an die Altmühl gekommen sein. Anfang des 12. Jh. kamen die Grafen von Hohenlohe in den Besitz der Burg. 1140 bauten sie die Staufer zur Reichsburg aus. Aus dieser Zeit stammt der untere Teil des 30 m hohen Bergfrieds. Die Burg wurde später den Grafen von Truhedingen zu Lehen gegeben.

Raubritter und Belagerung

Die von Truhedingen hatten keine glückliche Hand bei der Auswahl ihrer Burgvögte, welche aus Habsucht oder Geldnot eine lange Serie von Straftaten begingen und damit schon früh aktenkundig wurden. Der Zustand verschlimmerte sich mit dem Fall des Ritterstandes in die Bedeutungslosigkeit ab Mitte des 13. Jh., so dass 1293 die Reichsstadt Rothenburg der Raubritterburg Colmberg die Acht erklären ließ. Die Truhedingen verkauften die Burg mit Ort 1318 um 6.200 Pfund Heller an den Burggrafen Friedrich IV. von Nürnberg. Damit wurde die Burg hohenzollerisch und bildete später die Speerspitze der Markgrafen gegen die freie Reichsstadt Rothenburg.

Dem streitbaren Nachbarn im Westen hat die Burg sicher auch den ausgeprägten Wehrcharakter zu verdanken. Immerhin überstand sie eine Belagerung der Rothenburger 1449. Als diese selbst mit ihren Katapulten nichts ausrichten konnten, nahmen sie wegen ihres im Burgverlies verfaulten Ratsherrn Rache am Ort Colmberg und brannten noch weitere 17 markgräfliche Dörfer nieder.

Auch während des 30-jährigen Krieges bewährte sich die Burg. Als Hauptmann Tilly von den Kaiserlichen 1631 vor den Toren stand, konnte auch er mit seinen Kanonen die Befestigungsanlagen nicht niederreißen. Nach kurzer Belagerung gab er auf und zog weiter – es gab ja noch mehr Ziele in diesem Krieg. Bis zum Ende der Markgrafenzeit 1791 blieb die Burg der unangefochtene Mittelpunkt des Oberamtes Colmberg. Nach der Übernahme durch das Königreich Bayern wurde die Burg 1806 Sitz des königlichen Rentamtes, das sich in dem um 1700 errichteten Fachwerkbau im Burghof einrichtete. Nach Auflösung des Rentamtes wurde die Burg 1880 um 14.050 Goldmark an Privatleute verkauft. Heute ist sie unter anderem mit einem Restaurant und einem Hotel versehen. Ein Schild am Tor macht deutlich, das Touristen, die sich nur die Burg anschauen wollen, nicht erwünscht sind.

Die Mumie

Zufällig kam eines der Schlossfräulein in die Waschküche des Schlosses und bemerkte einen eigentümlichen Glanz auf einer Stelle des Bodens. Es erzählte seinem Vater davon. Der ließ den Boden aufreißen und nachgraben. Nach drei Tagen stießen sie auf einen Sarg, in dem eine unverweste Leiche lag. Auch ein Kästchen mit Goldschmuck und Goldmünzen soll bei der Mumie gelegen haben. Der Schlossherr ließ eiligst Sarg und Grube schließen. Der grausige Fund soll ihm die Freude an seinem eigenen Reichtum für immer genommen haben.

Schloss Colmberg mit romantischer Beleuchtung an einem Sommerabend.

Sichere Veste

Die Burg Colmberg ist eines der wenigen Beispiele in Deutschland für eine zwischen dem 13. und 16. Jh. immer weiter ausgebaute Ritterburg, die danach den Anschluss an die Renaissance verpasst hat.

Mehrere Verteidigungslinien umschließen die gesamte Anlage, und die Burg selbst teilt sich noch in äußeren und inneren Bereich. Auf der Ostseite gelangt man durch einen Torbau des 16. Jh. in den äußeren Abschnitt. Den Innenhof umgeben verschiedene Nebengebäude. Erhalten geblieben sind der Pferdestall aus dem 17./18. Jh. und die Bastei aus dem 16. Jh. neben einem hübschen barocken Brunnenhäuschen.

Im weitläufigen Inneren befindet sich der romanische Palas. Der dreigeschossige Bau hat zwei Kellergeschosse und drei Dachgeschosse. Hier befinden sich auch die gotische Kapelle und der Rittersaal. Treppenanlage, Balustraden und Kassettendecken stammen aus dem späten 16. Jh.

An die Wehrmauer angelehnt ist das Rentamt, das Obergeschosse aus Fachwerk besitzt. Das massive Erdgeschoss ist auf das Vorgängergebäude, den Marstall, zurückzuführen. An den Bergfried ist die Gerichtslaube aus dem 16. Jh. angebaut.

Bieg

In vielen kleinen Biegungen umfließt die Altmühl den Ort Bieg in einem weiten Bogen.

Der Ortsname klingt nach Biegung, von denen es an Kreuthbach, Ödenbach und Altmühl genügend gibt. Aber man bog hier auch von der Straße Rothenburg-Ansbach nach Herrieden ab. Die Altmühl zwängt sich in einem Bogen aus dem flachen weiten Tal zwischen zwei Hügeln hindurch, von Frommetsfelden bis Jochsberg, bis sich ihre Aue wieder weitet. Auch soll in Bieg eine Turmhügelburg gelegen haben – vielleicht haben die Ritter damals einen der drei Bäche „abgebogen", um ihre Burg zur Wasserburg zu machen? Viele Ortsnamen sind unterdessen durch Grenzverläufe entstanden – so könnte die Landhege der freien Reichsstadt Rothenburg hier einen besonders ausgeprägten Knick gehabt haben. Wie auch immer – wir wissen es nicht, stellen nur Vermutungen in die grüne Altmühlaue.

Bis hier hin und nicht weiter: Der Biber ist die ganze Altmühl hinaufgezogen, auch in und um Bieg ist er zu finden, im Ödenbach und im Kreuthbach. Will er von hier aus weiter nach Westen, weiter nach Norden, muss er aus dem Wasser heraus. Mit der Altmühl endet hier auch das danubische Wassersystem – der Rhein grüßt keck von der anderen Seite. Im Norden die Aisch, im Westen die Tauber. Doch nicht nur die europäische Wasserscheide hält hier den Biber auf. Er scheut den langen Marsch über den Berg. Auf der anderen Seite gibt es nur schnellfließende, über harte Kaskaden fallende Bächlein. Das ist kein Biotop für Europas größtes Nagetier. Aber in den kommenden Jahren werden es die Biber sicher schaffen, auch die andere Seite zu besiedeln.

Der Windenschwärmer

der windenschwärmer windet sich
ganz und gar ganz fürchterlich

macht das winden heut noch sinn
wo komm ich nach der windung hin?

ist das winden noch zu tragen
in diesen schnell-lebigen tagen?

wäre der direkte weg denn nicht
geradeaus und hin zum licht?

wenn ich ach, ein weinschwärmer wär
lieb den trocknen roten doch so sehr

könnt ich, ohne mich zu winden
im nächsten wirtshause verschwinden

dort zechen fast die halbe nacht
um zu schwärmen in voller pracht

doch siehe, die nächste windung
liebst' convolvula, bist meine bindung.

Die Gebänderte Prachtlibelle kann man fast an der ganzen Altmühl finden. Dieses Männchen wärmt sich nach einem sommerlichen Gewitterregen in einem Getreidefeld in der Abendsonne auf.

Frommetsfelden

Ein Dorff, worinnen 1 Hoch Fürstl. Anspachische Kirche, 1 ödes Pfarr und 1 erbautes Schuhlhauß, haben Keinen aigenen Pfarrer, sondern der Brandenburgisch Geistliche zu Buch muß solche Pfarr versehen und allezeit über den 3ten Sonntag daselbst predigen, auch die Hochzeiten und Kindstauffen allda halten, und sind die dißeits der Altmühl wohnende Unterthanen alle nacher Leutershaußen gepfarret. An Innwohnern daselbst finden sich daselbst 6 Castenamt Colmbergische worunter 1 Erb Tabern un 1 Schmitten, 1 in die Pfarr Colmberg Güllt-Handlohn- und dienstbarer, 12 Closter Sultzische, worunter 1 Backrecht begriffen, 1 Vogtamt Jochsbergischer und 1 Hinder Bürgermeister und Rath zu Anspach gehöriger Unterthanen, samt 1 gemeinen Hirten Hauß.

Oberamtsbeschreibung 1732

Alter Ort mit zwei Herzen

Die Herkunft des Ortsnamens ist noch nicht geklärt, sicher ist jedoch, dass die Siedlung sehr alt ist, vermutlich aus dem 7. Jh. stammt. Anzunehmen wäre ein Grundherr Namens Frumolt, wie sich das 1375 in *Frumoltsfelden* ausdrückt oder auch noch 1460 in *Frumetsfelden*.

Erst 1324 erscheint der Ort im Schrifttum der Geschichte, als Lupold Tauber von Jochsberg den Ort an das Frauenstift des Klosters Sulz verkauft. Ursprünglich gehörte Frommetsfelden zur Pfarrei Geslau, von der es 1404 abgespalten wurde. Der Ort prosperierte durch die Lage an der Handelsstraße Leutershausen-Rothenburg und besaß eine Zollstation sowie eine Tabernwirtschaft. Interessant ist der Umstand, dass die linksseitig wohnenden Frommetsfelder alle nach Leutershausen in die Kirche mussten, was auf zwei Grundherren oder zwei Ortsgründungen schließen lässt. 1528 wurde im rechten Teil des Ortes die Reformation eingeführt. Während des 30-jährigen Krieges wurden 1622 drei Soldaten in der Kirche getraut. Es war nicht ungewöhnlich, dass die Familien der Soldaten damals mitzogen oder dass sich die Soldaten unter den Marketenderinnen oder Einheimischen eine Frau nahmen. Jedoch kamen beim Wegzug der Soldaten 1629 zwei der Frauen nicht mit und starben elend im Wald. Sie wurden an Ort und Stelle begraben. 1631 werden Ort und Kirche durch kaiserliche Truppen erheblich zerstört, 1634 verhungern in Frommetsfelden 47 Menschen. Graf Albrecht von Brandenburg erlaubt 1661 eine Sammlung bei *frommen christlichen Herzen* für die baufällige Kirche. 1870 zerstört ein Hagelschlag fast sämtliche Feldfrüchte und bringt dadurch erneut große Not unter die Bevölkerung.

Der Kirchhügel dominiert Frommetsfelden, das sich als einziger Ort an der Altmühl auf beiden Seiten des Flusses erstreckt.

St. Erhard

Der 26 m hohe Turm ist im wesentlichen romanisch, die Chorturmkirche liegt auf einem stark ummauerten Hügel inmitten des Ortes. Spätmittelalterliches Sakramentshäuschen und Chorstuhl um 1500. Der heilige Erhard ist einer der iroschottischen Mönche, die im 7. Jh. im Auftrag der Franken das Land im Osten christianisiert haben. Viel ist nicht über Erhard zu erfahren. Mit 30 wurde er zum Priester geweiht, nicht lange danach zum Bischof. Zuletzt soll er die Nachfolge des hl. Emmeram in Regensburg angetreten haben. Sein Todestag wird mit dem 8. Januar 700 angegeben, seine Heiligsprechung durch Papst Leo IX. erfolgte 1052. Mit Glaubensgenossen gründete er 14 Klöster in Süddeutschland.

Sollte Erhard auch seine Spuren im oberen Altmühltal hinterlassen haben, gehört Frommetsfelden zu den ältesten Siedlungen. Und der Name könnte dann auf die „Frommen" im Unterschied zu den Heiden der Umgebung gemünzt sein.

Jochsberg

Der schlanke und spitz zulaufende Kirchturm von St. Mauritius ist das Wahrzeichen von Jochsberg.

Man nimmt an, dass im 10. Jh. eine Wasserburg auf einer künstlichen Insel zwischen Altmühl und Mühlbach entstand. Die Altmühl bildete damals die Nordostgrenze des Mulachgaus, der nach dem Bach Maulach bei Crailsheim benannt war, an dem die Wasserburg der Grafen von Flügelau stand.

1274 wird *Jochesperc* erstmals neben einem Gerbot von Jochsperg genannt. Namensforscher meinen, die Herkunft des Ortsnamens mit „Burg eines Joachim“ hinreichend geklärt zu haben. Noch 1339 besteht der Ort nur aus der Burg und zwei Mühlen. Wegen Raubrittertums überfallen 132 Rothenburger Landsknechte 1389 Jochsberg und brennen es nieder. Eine entfernte Seitenlinie der Seckendorff übernimmt Jochsberg. Bescheidener Wiederaufbau und Entwicklung zum kleinen Ort vom 15. bis 17. Jh., 1663 wird das markgräfliche Brauhaus in Jochsberg gegründet, ein Jahr später fällt der Ort an die Markgräfin Sophie Margarete von Oettingen. 1720 verlegt das Oberamt Colmberg seinen Sitz nach Jochsberg. 1791 wird Jochsberg preußisch, 1806 bayerisch.

Burg und Schloss

Im 10. Jh. als einfache Turmhügelburg in der Altmühlaue erbaut, nahmen die Seckendorff bald umfangreiche Umbauten vor. Im 13. Jh. bestand die Burg schon aus mehreren Gebäuden und einer Vorburg. 1339 wird die Burg weiter ausgebaut und befestigt. Götz von Seckendorff ist Kumpan des Raubritters Eppelein zu Gailingen, die Burg wird von der Reichsstadt Rothenburg zerstört. Noch im selben Jahr beginnt eine Seitenlinie der Seckendorff mit dem Wiederaufbau, auch die Schlosskirche wird errichtet. 1423 kommt die Burg für 4.000 Gulden an die Lesch, 1459 kaufen die Seckendorff zu Rinhofen die Burg um 5.000 Gulden wieder zurück. Mit dem Aussterben der Seckendorff 1630 fällt Jochsberg an die Markgrafen.

1797 wird im Schloss eine Baumwollmanufaktur eingerichtet, das Gebäude ist jedoch schon so baufällig, dass es nach 1810 abgebrochen wird. Erhalten geblieben sind ein Stück Mauer, ein Keller und der Burghügel.

St. Mauritius

Ritter Burkhard von Seckendorff lässt 1339 eine Schlosskapelle erbauen und stiftet eine Ewige Messe. Mitversorgt wird die Kapelle vom

Kaplan des rothenburgischen Neusitz, zu dessen Pfarrei sie auch gehört. 1389 gründen die Seckendorff die Schlosskirche als Grablege ihres Geschlechts. Markenzeichen ist der 36 m hohe, spitz zulaufende Turm. 1520 wird Jochsberg selbständige Pfarrei, zwei Jahre später wird das Kirchenschiff in seiner jetzigen Form erbaut. Kurz vor den Markgrafen führen die Seckendorff 1528 die Reformation ein. Der Kirchturm erhält 1592 zwei Glocken. Im letzten Kriegsjahr des 30-jährigen Krieges benutzen französische Truppen die Kirche als Pferdestall, das Gestühl wird verheizt.

Synagoge

Jochsberg hatte bis 1921 eine jüdische Kultusgemeinde, die in einer 1804 erbauten Synagoge mit Schulräumen ansässig war. Das Haus steht heute noch Am Ring 15, die Räumlichkeiten der ehemaligen Synagoge werden nach Umbauten als Stall benutzt. Die Balustrade dient als Misthaufen-Einfassung, ein Chuppastein ist in die Stallwand eingemauert.

Die jüdischen Bürger der Gemeinde Jochsberg waren im 17. und 18. Jh. nicht ganz unbeteiligt an der guten Entwicklung des Ortes. Die jüdische Tradition reicht bis in die Mitte des 14. Jh. zurück, als 1343 zwei Jochsberger Juden Gläubiger des Burggrafen von Nürnberg waren.

Tomatenfreak

Als Marco Polo die ersten Paradiesäpfel von seinen Reisen nach Persien mitbrachte, nannte man sie nach ihrer goldenen Behaarung „Goldene Äpfel – Pomme d'oro", heute italienisch Pommodore. Denkt man an Tomaten, dann assoziiert man Länder wie Italien oder Spanien. Warum in die Ferne schweifen, liegt das Gute doch so nah!

Robert Meier ist ein Tomatenfreak, ein Tomaten-Sammler, und er hat sein Hobby jüngst zum Beruf gemacht. Er wohnt in Jochsberg, im romantischen Franken. In seinem Garten stehen mehr als 100 Sorten Tomaten: rote, orangene, grüne oder gelbe, runde, ovale, große und kleine, heimische und Exoten.

Das Tomaten-Eldorado findet man in der Mühlstraße 19, auf Wunsch führt Herr Meier von Anfang August bis Ende September durch sein Tomatenparadies (Anmeldung und Terminvereinbarung unter 0923 - 92698 10).

„Nebenbei" hat der Tomatenliebhaber Meier ein Bewässerungssystem für seine Schützlinge erfunden und patentieren lassen, das ohne großen Zeitaufwand optimale Versorgung mit Wasser sicherstellt. Der Jochsberger vermarktet und vertreibt sein System inzwischen unter der Bezeichnung Romei.

Zwischen Höchstetten und Jochsberg windet sich die Altmühl in engen Mäandern durch die Wiesenlandschaft.

Erfreut uns zwölf Monate im Jahr mit sonnengelben Blüten: Taraxacum officinale oder Gemeiner Löwenzahn.

Leutershausen

Im Namen der heiligen und unteilbaren Dreieinigkeit, Otto III., Knecht Jesu Christi und nach dem Willen Gottes unseres Heilandes und Erlösers erhabener Kaiser der Römer [...] ganz besonders aber wegen der Liebe und Bitte Heinrichs, des verehrten Oberhaupts der hochheiligen Kirche zu Würzburg, ebendemselben seinen allerheiligsten Sitz, zu Ehren des allermildesten Erlösers der Welt und der überaus berühmten Märtyrer Kilian, Kolonat und Totnan, die mit größter Ehrfurcht zu verehren sind – zugestehen, schenken und kraft kaiserlicher Gewalt festsetzen, dass der ganze, anerkanntermaßen zur Burg Bernheim und zum Ort Leutershausen [Liutheresusun] gehörige Wald wie ein Staatsforst geschützt, gewahrt und für immer gesichert sei [...]. Gegeben an den Calenden des Mai, im Jahre 1000 nach der Fleischwerdung des Herrn [...].

Schenkungsurkunde Kaiser Ottos III.,
Aachen, 1. Mai 1000

Dekanat und Turm von St. Peter.

Der historische Stadtkern von Leutershausen aus der Storchenperspektive.

Begehrlichkeit geweckt

Da stand es nun, in Aachen vor über 1.000 Jahren auf eine Schenkungsurkunde geschrieben und von Kaiserhand unterzeichnet: Leutershausen hatte das Licht der Geschichtsschreibung erblickt. Menschen wohnten hier natürlich schon viel länger, vermutlich ist Leutershausen eine fränkische Gründung aus dem 7. Jh.

Die Altmühl – in der Schenkungsurkunde *Altmuna* – ist aufgrund ihrer Lage schon seit langem der Grenzfluss zwischen Franken, Schwaben und Bayern. So verwundert es nicht, dass der Würzburger Bischof im Jahr 1000 ein Auge auf diesen fränkischen Ort geworfen hatte: Das benachbarte Feuchtwangen gehörte zum Bistum Augsburg, Herrieden zum Bistum Eichstätt. Da wollten die Würzburger nicht nachstehen – und schon garnicht gutes Land verlieren. Schon um 800 waren Sachsen und Slawen nach Franken umgesiedelt worden, davon zeugen die kleinen Orte Sachsen und Winden bei Leutershausen. Im Jahre 1180 taucht Leutershausen wieder in einer Schenkungsurkunde auf. Diesmal vermachen ein Gerboto und seine Frau Mathilda einen Teil Ihres Besitzes der Kirche *Liuthershusen*. Eine kleine Notiz nur, aber sie sagt uns doch, dass im Leutershausen des 12. Jh. eine regional bedeutende Kirche bestand.

Stadt verkauft

Am 17. Juni 1318 verkauften die Grafen von Truhedingen die *Stat ze Leutershusen* zu 6.200 Pfund Heller mit der Burg Colmberg an den Burggrafen Friedrich IV. von Nürnberg. Nur ein halbes Jahr später wandelt König Ludwig der Bayer am 12. Januar 1319 Burg Colmberg und Markt Leutershausen in Reichslehen um, und belehnt wiederum Burggraf Friedrich IV. von Nürnberg damit. Mit dieser Quasi-Eingliederung nach Bayern nimmt Leutershausen die Geschichte Frankens um 500 Jahre vorweg. Knapp 80 Jahre später besucht Friedrich VI. von Hohenzollern die Stadt und vermacht sie kurzerhand seiner Gemahlin als Witwensitz – eine Stadt im Angebot.

Ein streitlustiger Markgraf
Der Ansbacher Herrscher – Markgraf Albrecht Achilles – legte sich gerne mit anderen an. So schlug er sich zwischen Leutershausen und Neunkirchen mit den Nürnbergern – und gewann. Die Freude über seinen Sieg strahlte bis in die Stadt Leutershausen, der er 1448 das Wegzollrecht und 1465 das Umgeldrecht verlieh. So wuchs mit der Einwohnerzahl auch langsam die Bedeutung der kleinen Stadt an der Altmühl. Die erste „Volkszählung" fand zwischen 1361 und 1364 statt. Gezählt wurden in der ummauerten Stadt 77 Anwesen, darunter 42 Hofstätten, 11 Häuser, 4 Huben, 2 halbe Huben, 1 Hof, 1 Haus, eine Badstube und eine neue Badstube, ferner zwei Kramläden, 9 Brotbänke und 5 Fleischbänke. Der Schenk zu Leutershausen hatte neben dem herrschaftlichen Haus, dass er bewohnte, noch 4 Hofstätten zu Lehen. Das Urkataster aus dem Jahre 1828 nennt in der Innenstadt 91 Anwesen. Der geringe Zuwachs in fast 500 Jahren Geschichte ist auf die Wirren und Unzulänglichkeiten des Spätmittelalters zurückzuführen.

Feuer und Kriege
1555 und 1591 zerstören Stadtbrände große Teile der Innenstadt. Das schreckte die Leutershausener Bürger jedoch nicht. Sie waren schon früh durch einen 12-köpfigen Stadtrat organisiert, dem ein innerer und ein äußerer Bürgermeister vorstanden. Nach der Annahme der Reformation wurde 1556 das Dekanat Leutershausen eingerichtet, nur ein Jahr nach dem ersten verheerenden Stadtbrand. Das Dekanat umfasste 27 Pfarreien. Auch hatte Leutershausen die Hauptzollstation der Handelswege Tauber-Main und Nürnberg-Eichstätt-Augsburg inne. Amtsgericht und Vogtei unterstrichen dabei die bedeutende Stellung der kleinen fränkischen Stadt an der Altmühl. 1594 wurde Leutershausen dann für 16.000 Gulden Brandenburg-Ansbach einverleibt.

Schild des Gasthofs Krone.

Der 30-jährige Krieg bringt das Ende für die bis dahin glänzende Entwicklung des Ortes. 1627 rafft eine Seuche 257 Bewohner dahin. 1629 bis 1634 wird Leutershausen immer wieder zum Quartier der durchziehenden, marodierenden Truppen. Ausgezehrt, ausgeraubt und in Trümmer gelegt erscheinen Leutershausen und Umgebung nun nicht mehr attraktiv, die Wagen der Händler nehmen die Route über Ansbach, die Bedeutung des Ortes schwindet.

Mit den Eroberungen Napoleons endet die Herrschaft Hohenzollerns in Leutershausen 1806, und der Ort wird dem Königreich Bayern einverleibt. Eine neue Phase der Entwicklung beginnt, der Ort blüht langsam wieder auf. Er wird Mittelpunkt eines Landgerichtsbezirks mit 11.500 Einwohnern aus 36 Gemeinden, mit Bezirksarzt, Notar, Gendarmerie und Post. Kurz darauf platzen alle Zukunftsträume, denn die Eisenbahn – Garant für wirtschaftlichen Aufschwung – führt südlich an Leutershausen vorbei. 1879 wird der Bezirk aufgelöst und unter den Landkreisen Ansbach und Rothenburg aufgeteilt. Am 18. April ereilt den Ort erneut das Schicksal in Form amerikanischer Bomber, die 120 Gebäude der Stadt bei einem Angriff zerstören oder schwer beschädigen. Wie andernorts helfen die zugeteilten Flüchtlinge nach Kriegsende auch in Leutershausen mit, die wirtschaftliche Lage zu stabilisieren und zu verbessern.

St. Peter und der Blitz
Die mindestens seit dem 12. Jh. nachgewiesene Kirche war anfangs ein Bauwerk aus Holz. Erst 1432 begann man, Turm und Kirchenschiff mit grobkörnigen Sandsteinen aufzubauen. 1517 zerstörte ein Blitzschlag den Turm; im daraufhin ausgebrochenen Feuersturm verschmolzen gar die vier Glocken. 1643 verschlimmerte ein Gewitter den wohl damals schlechten Zustand des Gotteshauses derart, dass man bei Regen nirgendwo mehr trocken sitzen konnte. Am 5. Juni

Durchgang zur Pfannenstielgasse.

1722 entfuhr wiederum ein Blitz dem Himmel und erschlug einen Mesner und einen Schuhmacher, die gerade mit Wettläuten beschäftigt waren. Die elektrische Energie des Blitzes entlud sich entlang des feuchten Glockenseils und machte den beiden Wetteiferern den Garaus, während die Kirche – diesmal – unbehelligt blieb.

Schloss, Kornkasten, Museum
Zu einer fränkischen Gründung gehörte meist auch ein Ortsadel, der die Pflichten und Rechte seines Lehensherrn ortsnah vertrat. Ein solcher ist mit Schenk von Leutershausen Mitte des 14. Jh. das erste Mal aktenkundig. Der frühen Bedeutung des Ortes entsprechend residierte der Ortsadel in einem großen Haus, zuerst Burg, später Schloss genannt. Über die ersten Gebäude dieser Art ist nichts bekannt. Erst der Abriss des „alten Stadtschlosses" ist in den Annalen verzeichnet. 1623 ließ Markgraf Joachim Ernst das Schloss niederreißen und statt seiner einen „Kornkasten" errichten, auch Zehntscheuer genannt. Dass dieses Gebäude recht wenig mit einer normalen

Ein sonniges Plätzchen vor dem alten Landgericht.

Ein roter Kater ist vor dem Dekanat aufs Mausen aus.

Der Seiler von Leutershausen

Ein Seiler aus Leutershausen war bekannt für seine gute Ware. Da bekam er eines Tages aus Ansbach den Auftrag, Henkerstricke zu fertigen. Das wiederum brachte sein Gewissen in große Not, denn er fragte sich, was sein würde, wenn ein Unschuldiger mit seinem Strick zu Tode kam. Da erschien im eines Nachts seine jüngst verstorbene Frau mit ihrem Kind auf dem Arm, die ihm versicherte, dass durch seinen Strick kein Unschuldiger je zu Tode kommen würde. So lieferte er seinen Auftrag aus. Kurze Zeit später wurde er gefangen gesetzt und zum Tode durch den Strick verurteilt, da er einen Raubmord begangen haben sollte. Alle Unschuldsbeteuerungen halfen nichts. Seine Exekution wurde alsbald angesetzt. Der Seiler – ein einfacher Mann – schloss mit dem Leben ab und fügte sich. Da aber nun die Schlinge um seinen Hals lag und der Henker die Falltüre aufstoßen wollte, zerfiel der Strick in kleine Stücke. Das wiederholte sich zwei Mal, die Hinrichtung wurde ausgesetzt. Das „Wunder" kam vor den Markgrafen, der den Seiler begnadigte und ein Verdikt erließ, dass jeder Verurteilte frei zu sprechen wäre, dessen Strick durch „höhere Gewalt" unbrauchbar würde.

Die Zeit zaubert Grüntöne an die Wand einer ehemaligen Metzgerei.

Scheune gemein hat, kann man sehr gut in Schwäbisch Hall sehen, wo in der damaligen Zehntscheune heute das Stadttheater untergebracht ist. In solchen Gebäuden – meist von ausgeprägter Größe – sammelte der Lehensherr seinen „Zehnten" ein, die damalige Naturaliensteuer der Untertanen. Doch nicht immer war der „Zehnte" auch der zehnte Teil – manchesmal und von Ort zu Ort verschieden musste etwa jede siebte Gans, jede fünfte Ziege abgeführt werden. Da das Bauernvolk schon damals – trotz aller Versuche der Obrig- und Geistlichkeit – nicht dumm war, hielt man, um beim oben genannten Beispiel zu bleiben, 13 Gänse und 9 Ziegen und brauchte doch nur jeweils eine abzugeben.

Von 1846 bis 1879 war dann das königlich-bayerische Amtsgericht hier untergebracht, danach eine Lehrerwohnung und ein Schutzzimmer, während des Zweiten Weltkrieges wurde der weibliche Arbeitsdienst samt Lager hier einquartiert. Nach 1945 diente es als Obdachlosenheim. Später wurden dann Stadtwohnungen, Vereinsräume und zwei Museen untergebracht.

Erster Motorflieger der Welt

Am 1. Januar des Jahres 1874 erblickte Gustav Weißkopf in Leutershausen das Licht der Welt. Sein fränkischer Freiheitsdrang brachte ihn zur See, wo er in jeder freien Minute den Vogelflug studierte. Nachdem er die Welt kennengelernt hatte, beschloss er, im Land der unbegrenzten Möglichkeiten sein Glück zu versuchen.

Gustav Weißkopf wurde Flugpionier, und am 14. August 1901 gelang ihm in Fairfield, Connecticut mit der „Flugmaschine Nr. 21" der erste Motorflug der Welt – leider fast unbemerkt von dieser. Zweieinhalb Jahre später gelang den Brüdern Wright dasselbe noch einmal – nun aber unter reger Anteilnahme der Presse. So gingen sie vorschnell als erste Motorflieger in die Geschichte ein. Doch die „Flughistorische Forschungsgemeinschaft Gustav Weißkopf" hat dem Aviator – dem Flieger von Leutershausen – inzwischen ein Denkmal gesetzt. Am Ortseingang steht neben dem Torturm auf einem Obelisken die Nachbildung der Flugmaschine Nr. 21, um an den großen Sohn der Stadt zu erinnern. Im alten Amtsgericht hat neben dem Heimat- und Handwerkermuseum auch das Gustav-Weißkopf-Museum eine feste Bleibe gefunden.

Von Müttern und Söhnen

Dass hinter jedem großen Mann eine Frau steht, in der Regel seine Mutter, ist ja kein Geheimnis. Getreu diesem Motto kann man in Leutershausen das Geburtshaus der Mutter von Henri Kissinger betrachten. Der deutschstämmige Amerikaner hat in den Zeiten des Kalten Krieges Politikgeschichte geschrieben.

Denkmal für den „Flieger von Leutershausen" der mit seiner Flugmaschine Nr. 21 den ersten Motorflug vollbrachte.

Ein Sommermorgen auf einer Wiese in der Nähe von Leutershausen: oben die inzwischen selten gewordene Eichenlaub-Kreuzspinne, rechts der Samen des Hirtentäschels, die Blüte der Echten Kamille, das Sommer-Adonisröschen und unten zwei Raubwanzen-Larven, die sich nach der kühlen und feuchten Nacht in den ersten Sonnenstrahlen wärmen.

Schloss Rammersdorf

Rammersdorf ist *ein uralt, frey Edelmanns oder Rittergut, iederzeit gewest und noch ist, darfür auch von Menniglich gehalten und gegen der freyen Reichs Ritterschaft im Landt zu Franken, solch gestalt verbeten worden.* Schon die Wildbannurkunde Ottos III. aus dem Jahr 1000 nennt den Ort als *Ramsgarden*.

Die Anfänge einer Burg sind nicht zu fassen, erst im 13. Jh. erscheint der wohl namensgebende Ulrich von Ramungen, der auf der Burg Leutershausen saß, in einer Urkunde aus dem Jahr 1293, in der ebenfalls *Ramungsdorf* genannt wird.

Vogelsburg

Die Burg in Rammersdorf wird anfänglich Vogelsburg genannt, was auf den Ritter Fritz Vogel zu Rammersdorf zurückgeht, der 1336 genannt wird. Wenig später ist die Burg in der Hand der Seckendorff. In einer Urkunde vom 13. November 1392, Wilhelm von Seckendorff betreffend, findet sich an fünfter Steller als Siegler ein Burkhard von Seckendorff zu Rammersdorf. Diesen treffen wir 1441 in einer ansbachischen Lehensurkunde wieder.

Im 15. Jh. gehört die Burg zuerst den Stettner von Haldermannsstetten, im 15. und 16. Jh. sind die Zobler im Besitz von Burg und Lehen, was eine Lehensbrief aus Ansbach vom 12. Juli 1446 erstmals bestätigt. Dort ist Heinz Zobel als Herr über Schloss Vogelsburg genannt *Ramestorf* vermerkt. Am 16. Juni 1484 verkauft Wilhelm Zobel das Schloss an seinen Vetter Ekarius Zobel und dessen Hausfrau Barbara. Ein Aufschreibbrief von Hans Zobel von und zu Giebelstadt vom 12. Mai 1568 nennt eben diesen als Lehensherr in Rammersdorf. Doch schon am 13. September stellt Martin Wolf von Redwitz seinem Sohn eine Vollmacht über diese Lehensgüter aus. 1571 verkauft Martin Wolf von Rednitz *Schloss Vogelsburg sonst Rammersdorf genannt*, an Veit Asmus von Eyb *wie das mit dem Wassergraben umfangen, samt all desselben Zu- und Eingehörungen, Herrlichkeiten, Vogteyen usw. um 10.000 Gulden*.

Die Freiherren von Eyb bauen das heute noch stehende und in ihrem Besitz befindliche Schloss, das 1732 von dem brandenburg-ansbachischen Landmesser Johann Georg Vetter im Detail beschrieben wird. Das Gut bestand damals aus 115 ha Wald, 70 ha Ackerland und 15 ha Weiher.

In der Dämmerung spiegelt sich Schloss Rammersdorf in einem der zahlreichen Fischweiher, das Schnattern vieler Enten liegt in der Luft.

Der Weißstorch

Er ist unverwechselbar mit seinen schwarz-weißen 80-100 cm und dem roten Schnabel. *Ciconia ciconia* hört auf die Namen Weißstorch, Adebar und Klapperstorch, ist fest in der europäischen Mythologie verwurzelt und dennoch stark gefährdet. Der Mensch nimmt immer mehr von seinem Lebensraum – den Feuchtwiesen – für Baugebiete und Industrieansiedlungen weg; ungeschützte Stromleitungen sind der oft letzte Rastplatz eines müden Storches. Er fliegt jedes Jahr 10.000 km nach Südafrika. Ein Teil der europäischen Störche fliegt über den Bosperus, Israel und das Niltal, der andere über Gibraltar und die Sahara. Sie fliegen täglich zwischen 150 und 200 km mit einer Geschwindigkeit von 50 km/h. So sind sie etwa 6-8 Wochen unterwegs. Ab Februar geht die Reise dann wieder zurück.

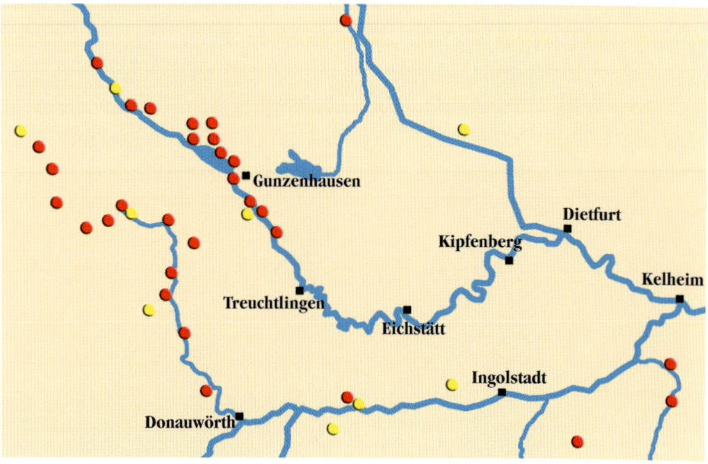

Verbreitungskarte des Weißstorchs in der Region Mittelfranken. Rote Punkte stehen für belegte Horste in 2004, gelbe für ein Nest ohne Storch.

Nachwuchs an der Altmühl
Von Mitte April bis Anfang Juli dauert die Brutzeit der Störche. Der Nachwuchs verbleibt 32 bis 33 Tage im Ei und weitere zwei Monate im Nest, das bei den Störchen Horst heißt. Dieses Storchnest kann 2 m Durchmesser und bis zu 4 m Höhe erreichen. Das Nest auf dem Herriedener Torturm ist über 200 Jahre alt. Große Storchnester können bis zu 2 t schwer werden.

Das Weibchen legt in der Regel 3 oder 4 Eier, selten auch bis zu 7. Doch nicht alle Jungen können ernährt werden, weil es in Deutschland zuwenig Nahrung in unmittelbarer Nähe zum Horst gibt. Ein Storchenpaar mit drei Jungen benötigt 4 kg am Tag, insgesamt fast 5 Zentner an Mäusen, Fröschen, Schlangen und Großinsekten. Ein ausgewachsener Storch bringt es auf 2,6 bis 4,4 kg und fast 2 m Spannweite. Im Altmühltal kann man noch regelmäßig Störche antreffen. Jeweils zwei Horste gibt es in Muhr am See und Gunzenhausen. Ein Storchnest befindet sich jeweils in Leutershausen, Neunstetten, Herrieden, Ornbau, Triesdorf, Laubenzedel, Gundelsheim, Dittenheim und Windsfeld. Den Storchen in Ansbach kann man sogar bei der Aufzucht der Jungen zuschauen: www.bn-ansbach.de/storchcam/storch.htm

Flugversuche

Wenni a Vechela wär
fliacherdi kreiz und quer
ieberrool hi
froucherd nie
ohne ann Grund
obder Globus is rund
walli ka Vechela bin
frouchi drund nachm Sinn
des fälld sauschwer
woß willi obber mer?

Hans Raab

Hilfe nötig
Die Bestände des Weißstorchs sind in Deutschland dramatisch eingebrochen. Lebensraumverlust und die Verdrahtung der Landschaft sind daran Schuld. Etwa 10% der Jungstörche landen noch im ersten Lebensjahr auf dem „elektrischen Stuhl". Der NABU, Bund Naturschutz und Landesbund für Vogelschutz helfen Freund Adebar, wieder auf die Beine zu kommen. Informationen unter: www.lbv.de/neuesdir/weisstorch

Neunstetten

Eine Turmhügelburg bewachte ab dem 10. Jh. den Übergang an der Altmühl. Zwei wichtige Handelsstraßen kreuzten sich hier, da ließ eine Ortsgründung sicher nicht lange auf sich warten. Worauf sich der Ortsname bezieht, ist allerdings nicht überliefert. Die „Neue Statt" kann nach einer Zerstörung etwa durch ein Hochwasser nötig geworden sein. Oder es war eine neue Ortsgründung im Herrschaftsgebiet des Klosters Herrieden, die sich „von selbst" an der vielbegangenen Kreuzung eingestellt hatte und darum keinen „richtigen" Namen bekam.

Untergegangener Adel

In einer Tauschurkunde zwischen dem Eichstätter Bischof Konrad I. von Morsbach, dem Chorherrenstift Herrieden und dem Kloster Heilsbronn taucht Neunstetten 1169 als *Niwenstat* erstmals im Schrifttum auf. Ab 1273 wird der Ort *Newenstat* genannt und verfügt bereits über eine eigene Pfarrei. Eine Urkunde vom 23. November 1397 ist insofern interessant, als dass hier sehr hohe Herren als Schiedsrichter in einem lokalen Streit auftreten.

Friedrich Graf von Oettingen, Bischof von Eichstätt, lag im Streit mit Heinrich Schenk zu Leutershausen. Als Schiedspersonen treten keine Geringeren als die Burggrafen von Nürnberg und die Hohenzollern Johann und Friedrich der Jüngere auf. Es kann also nicht um ein unbedeutendes Äckerchen gegangen sein. Doch den Grund des Streites blendet die Verkaufsurkunde aus, in der der Streit nur beiläufig erwähnt wird.

Im Gemeindeholz heißt heute noch ein Flurstück „Altes Schlösslein"; die Herren von Neunstetten genannt Stürmer sind nicht unmittelbar mit diesem Ort in Verbindung zu bringen. Einer dieses Geschlechts war Domherr zu Eichstätt und starb 1537; die Familie ist 1638 ausgestorben.

Kreatürlich

A Hebbergaaß, a klanna
krabbld inder Wanna
di Fraa jugsd laut vur Schregg
der Moo dengd: „Oo veregg!"

Glei kummder midam Satz
und get af Schbinnahatz
des Viech is glei derschloong
woß willmer dou nu soong?

Hans Raab

Ausradierter Ort

Der 30-jährige Krieg geht anfangs an Neunstetten vorbei, nur die allgemeine Teuerung macht sich bemerkbar. Doch 1627 kommt die schwarze Pest in den Ort und 1632/33 die Soldaten. Mehr als

Wie hineingegossen in die Aue präsentieren sich Neunstetten und die Mühle aus der Luft. Der hohe, schlanke Turm von St. Veit ist der unübersehbare Mittelpunkt des Ortes.

anderswo machen sie hier ihre Arbeit gründlich: Die Chronik vermerkt lakonisch: *Es war niemand mehr da*.

Erst 1638 gibt es erneute Einträge im Pfarrbuch, die auf ein Wiederbeleben des Ortes hinweisen. Das Frühmesshaus wird samt Stadel als Ruine für 6 Gulden an den Schreiner Bögler verkauft. Erst 1664 wird mit dem Bau des neuen Pfarrhofs begonnen, der 1672 abgeschlossen werden kann.

Pfarrer Käßer führte zwischen 1799 und 1824 eine Ortschronik. Es ist ein ständiges Auf und Ab, fruchtbare Jahre wechseln mit furchtbaren. So erfahren wir, dass 1805 *allerdings ein böses Jahr!* war, das folgende dagegen gut, denn da brachte der *Kühehirt erst am 23. November das letzte Mal das Vieh auf die Weide*. 1833 wurde die Altmühlbrücke erneuert und in ihrer heutigen Form erbaut.

St. Veit

Die Kirche St. Veit stammt in ihrer jetzigen Erscheinung aus dem frühen 14. Jh., der Westchor wurde im ausgehenden 14. Jh. erneuert, der Ostchor 1438 angebaut. Der 44 m hohe Turm wurde 1481 begonnen, der achteckige Ausbau erfolgte 1680/81. Im Innern stammen die neugotische Kanzel, die Altäre, Fenster und Empore aus der letzten Umbauzeit 1866-68. Im Seitenaltar ist eine Marienfigur aus dem 15. Jh. zu sehen.

St. Veit war früher eine Wehrkirche, umschlossen mit einer hoher Mauer und mit einem Torturm. Doch 1891 wurde der Torturm mit Kapelle abgetragen und die Mauer bis auf Brusthöhe geschleift.

Die bunten Glasziegel des Turmes wurden zuletzt 1740/41 eingedeckt, Anfang der 1970er Jahre wurde die Kirche umfassend renoviert.

Niederdombach

Erstmals 1275 als *Tunnebach* erwähnt, 1397 *Tünbach*. Bei der 1732 durchgeführten brandenburg-ansbachischen Landvermessung zählten die markgräflichen Beamten sieben Anwesen in Niederdombach, wovon sechs zu Eichstätt gehörten. Die katholische Ortskapelle wurde 1981/82 von den Bewohnern vom Ortsrand in die Ortsmitte versetzt.

Reiterstandbild vor erleuchtetem Kirchenfenster

Die große Glocke

Der Sage nach fand ein Waldarbeiter vor langer Zeit im Wald eine von einer mächtigen Wildsau freigelegte Glocke mit der Jahreszahl 1605. Das ganze Dorf musste Hand anlegen, um die Glocke auszugraben und auf einen Wagen zu verladen. Doch keines der Gespanne war in der Lage, die schwere Last zu ziehen. Da holte ein Bauer seine beiden Stiere, die noch nie eingespannt worden waren, warf ihnen das Joch über, und bevor er das Leitseil zu fassen bekam, marschierten die Kraftbolzen los – und blieben erst vor der Kirche stehen. Die Neunstettener freuten sich über den herrlichen Klang der Glocke, der bis Nürnberg zu hören war. Die dortigen Ratsherren wollten die Glocke mit dem schönen Klang kaufen, doch noch so hohe Summen mochten die Neunstettener erweichen. Da sandten die Stadtherren einen Spion, der den Klang der Glocke zerstören sollte. Arglos ließen die Neunstettener ihn allein auf den Turm. Heimlich trieb er einen Stahlbolzen durch den Mantel der Glocke und machte den Klang damit unwiderruflich kaputt. Zwar erklingt die Glocke noch heute, aber nicht mehr so schön wie damals. Und die Nürnberger müssen sich nicht mehr darüber grämen, nicht die klangschönste aller Glocken zu haben.

Die verschwundene Magd

Eine in Neunstetten lebende lebenslustige Magd ging oft Abends noch zur Höllmühle in die Rockenstube, weniger des Spinnens als vielmehr des Tanzens und Singens wegen. Als der Bauer in der Frühe zu Dreschen anfing, bemerkte er das Fehlen der Magd und schickte den Knecht, sie zu holen. Auf halbem Weg am Waldrand fand der Knecht Spinnrad und Rocken und meinte, die Magd erlaube sich mit ihm einen Scherz. Doch nach einiger Zeit und lautem Rufen tauchte keine Magd auf – so lief der Knecht eilig zur Mühle. Mit dem Müller, der versicherte, die Magd sei wie immer spät in der Nacht nach Hause gegangen, machte er sich auf die Suche. Erst im hellen Tageslicht fanden sie Blutspuren und Abdrücke von Wolfspfoten dabei. Die Magd aber blieb mit Haut und Haar verschwunden. Der Müller ließ zum steten Gedenken im Jahr 1730 die Dreifaltigkeitssäule von einem Herriedener Steinmetz ausführen und aufstellen.

Seit Jahrhunderten wacht ein flussaufwärts schauender Nepomuk (oben, an der Altmühl nur in Neunstetten und Ornbau) über die Sicherheit der Brückengänger bei Neunstetten. Niederdombach (unten) präsentiert sich als Konglomerat aus einigen Höfen zwischen Landesstraße und Dombach. In der Abendstimmung mit leichtem Nebel schaut der Ort wie ein Schiff aus der Altmühlaue (unten links). Kunst am Wegesrand in Neunstetten: Ein leuchtend blauer Holzkopf (links) steht hier neben einem aus Sandstein gehauenen Gargoil (im Hintergrund rechts), einer mittelalterlichen Fratzen- oder Gnomdarstellung.

Bildstöcke

Im Mittelalter war Morden Privatsache – solange Untertanen sich gegenseitig erschlugen. Bei der eher seltenen Ahndung vor Gericht ging es weniger um den Umstand, dass gemordet wurde, sondern einzig und allein darum, dass der Ermordete keine Absolution empfangen hatte, als er starb. Um dies nachzuholen oder auszugleichen, musste der Mörder meist ein Feldkreuz stiften, eine gewisse Summe der Familie des Hinterbliebenen zahlen und eine Wallfahrt zum Heil der Seele des Ermordeten wahlweise nach Rom oder Jerusalem unternehmen – damit war der Mord gesühnt.

Die hohe Anzahl der in unserer Gegend befindlichen Sühnekreuze täuscht eine weniger sichere Zeit als die heutige vor. Das ein oder andere Kreuz erleichterte einem damaligen Mitbürger auch das Gewissen, nachdem er jahrelang mit einer unerkannten Tat gelebt hatte. Diese Kreuze sind dann nicht selten reich geschmückt, aber ohne geschichtliche Verankerung im Volksmund. Auch Todesfälle durch „höhere Gewalt" wurden mit einem Kreuz bedacht, etwa durch Schneesturm, Blitzschlag oder umstürzende Bäume. Doch nicht alle Kreuze stehen für eine Gräueltat eines einzelnen Mörders. So manches Kreuz ist auch ein „Schwedenkreuz", das an eine Schlacht während des 30-jährigen Krieges erinnert, als König Karl Gustav von Schweden mit seinen Mannen hier marodierend durchs Land zog, um das Evangelium zu verteidigen.

Bildstock und Feldkreuz

Das Frankenland ist eine Bildstocklandschaft, wie sie sonst kaum mehr angetroffen werden kann. Die Stein gewordenen Gebete verzweifelter oder glücklicher Menschen bereichern allerorten die Fluren und sind Ausdruck einer lebendigen Volksfrömmigkeit. Das ist nicht zuletzt auch daran abzulesen, dass die teilweise mehrere hundert Jahre alten Bildstöcke noch heute liebevoll gepflegt werden.

Die allermeisten Bildstöcke stecken voller Rätsel über Stifter und deren Beweggründe. Der Volksmund spinnt dann Sagen und Legenden darum. In fast allen Fällen sind jedoch traurige oder tragische Schicksale der Grund für das Aufstellen gewesen.

Die Gemeinde Herrieden hat einen Bildstock- und Feldkapellen-Wanderweg eingerichtet und mit einem informativen kleinen Faltblatt illustriert. Ausgangspunkt der beiden jeweils über Tageslänge sich erstreckenden Wanderungen (23 und 29 km) ist der Deocar-Brunnen in Herrieden.

Sieben auf einen Streich

Eine seltene Ansammlung von Feldkreuzen befindet sich in den Auen der Altmühl. Wer von Neunstetten nach Herrieden fährt, dem werden am Ortsausgang von Neunstetten sieben Feldkreuze rechts des Weges (sechs davon im Bild links unten) auffallen. Der wahre Hintergrund dieser Tat wird immer im Dunkel der Geschichte bleiben. Der Volkssage nach lagerten vor langer Zeit an dieser Stelle sieben Fuhrleute. Im Streit um den letzten Laib Brot gerieten sie untereinander in Streit, der immer heftiger wurde und mit Knüppeln und Messern ausgetragen wurde. Am nächsten Morgen fanden die Neunstettener Bürger die sieben Fuhrleute tot. Zum Gedenken stellten sie eben diese sieben Kreuze auf.

Wolfsangriff in der Nacht

Zwischen Niederdombach und der Höllmühle steht ein prächtiger Bildstock zur Heiligen Dreifaltigkeit (unten, Weg ist ausgeschildert). Der Sage nach soll um 1730 eine Magd auf dem Heimweg von der Höllmühle nach Neunstetten nachts von einem Rudel Wölfe gestellt und getötet worden sein. Dem kritischen Beobachter drängt sich indes auf, dass hier ein unehelicher Vater vielleicht seine Gräueltat sühnen wollte, die er geschickt den um diese Zeit wohl kaum noch vorhandenen Wölfen in die Pfoten geschoben hat. Die Pracht dieses Bildstocks ist für den Tod einer Magd eher unüblich.

Glück und Unglück

Wahrscheinlich zur Sühne eines Mordes steht an der Abzweigung nach Oberdombach nördlich von Neunstetten ein Bildstock aus dem Jahr 1723 (linke Seite, rechts oben) mit dem Doppelkreuz der Spanier, dem Caravacakreuz. Leider wurde die alte Christusdarstellung durch ein modernes Kruzifix ersetzt.

Südöstlich von Neunstetten, an der Straße nach Steinbach, stehen gleich zwei bemerkenswerte Bildstöcke. Der Erste ist ganz aus Gusseisen und wurde 1892 aufgestellt. Er zeigt Maria mit dem Kind (linke Seite, rechts, mittig). Solche Bildstöcke wurden oft aus Dankbarkeit aufgestellt, so wie das älteste hier vorgestellte aus dem Jahre 1680, das sich 200 Meter weiter Richtung Steinbach zwischen zwei Bäumen am rechten Wegesrand befindet (linke Seite, links oben). Es trägt eine gusseiserne Motivtafel mit dem dornengekrönten Jesus, die mit dem Pilatuszitat aus Johannes 19,5 überschrieben ist: *Ecce homo* – „seht, was für ein Mensch". Der Legende nach hat der Müller Brand aus Käferbach einen Unfall in der Mühle glücklich überstanden und aus Dankbarkeit dieses Feldkreuz gestiftet.

Herrieden

Hasareod! – So schallte es Mitte des 8. Jh. durch den dichten Wald an der Altmühl, als eine Gruppe Mönche sich anschickte, das unwirtliche Sumpfland urbar zu machen und auf königlichem Grund ein Kloster zu bauen. Der erste Abt war nicht irgendwer im auflebenden Frankenland – es war der langjährige Beichtvater eines der mächtigsten Männer Europas, Neuzeit eingeschlossen. Der Geistliche Deocar war seines Amtes müde und bat Karl den Großen, in seine Heimat zurückkehren zu dürfen. Dort erbaute er eine kleine Kapelle aus Holz. Karl der Große war nicht kleinlich: Er stattete seinen in enger Freundschaft verbundenen Hausgeistlichen mit üppigen Pfründen aus; 791 werden die niederösterreichischen Orte Melk, Grünz und Pielach zum Besitz Herriedens gezählt; 802 war die Stadt Duisburg Herrieden gegenüber zinspflichtig. Deocar hatte eine entscheidende Rolle bei der Christianisierung Süddeutschlands, was wiederum Karl dem Großen sehr am Herzen lag.

Als sein Gönner Karl im Jahre 793 auf der Durchreise vorbeischaute, vermachte er seinem treuen Freund Deocar Land zum Bau und Betrieb eines Klosters – so will es die Sage. Nach anderen Quellen übernahm Deocar als Abt ein seit 782 bestehendes Kloster, das vom Grundherrn Cadolt gestiftet wurde. Man kann jedenfalls annehmen, dass Karl der Große eine weitere, kräftige „Anschubfinanzierung" leistete, um das Wirken Deocars weiter zu unterstützen.

Später schafft es Abt Luitpert von Herrieden, in die europäische Geschichte ein zu gehen: Er wird 863 Erzbischof von Mainz und bürgt in einem Vertrag 865 zwischen den Königen Ludwig dem Deutschen und Karl dem Kahlen von Frankreich, 870 erklimmt er die höchste Stufe der Karriereleiter und wird Erzkaplan und Erzkanzler des Reiches. Kurz vor seinem Tod 887 tauscht er das Kloster Herrieden gegen Ellwangen ein.

Hasenried wird zu Herrenried

Der Ausruf der Mönche aus der Gründerzeit wurde zu „Hasenried" abgeschliffen, was aber so garnicht zum herrschaftlichen Kloster und Ort passen wollte. Immerhin fand das Tier vergoldet Eingang in das Herriedener Wappen, einen Bischofstab in den Hasenpfoten haltend. Vermutlich war zur Entstehungszeit des Wappens der Hase noch nicht Inbegriff alles Ängstlichen. Im 14. Jh. wurde der Name in Herrenried geändert, letztendlich ergab sich daraus der heutige Name Herrieden.

Die Gebeine des wundertätigen Deocar wurden in Gegenwart Kaiser Ludwigs des Bayern in die Reichsstadt Nürnberg gebracht und dort in der St. Lorenzkirche in einem eigenen Deocar-Altar verehrt. Was hier zunächst wie eine Wertschätzung gegenüber der Stadt Herrieden aussieht, war das Ende einer langen persönlichen Auseinandersetzung zwischen Kaiser und Stadt, an deren Ende die Stadt 1316 von Kaiserstruppen zerstört wurde. Damit bröckelte die Macht und Bedeutung Herriedens im Reich. 1703 und 1704 nahm der Bischof von Eichstätt seinen Regierungssitz in Herrieden, von 1792 an war Herrieden preußisch, 1806 fiel es an das Königreich Bayern.

Markttag in Herrieden: Internationale Käsesorten im Angebot.

Deocar gründet das Kloster

Der fränkische Priester Deocar lebte am Hofe Karls des Großen und war viele Jahre lang dessen Beichtvater. Später zog der Mönch in seine Heimat zurück, rodete einen Platz in der Nähe der Altmühl und erbaute eine kleine Holzkapelle. Als Karl der Große auf der Durchreise bei Deocar halt machte, erfüllte er ihm den Wunsch nach Grund und Boden für ein Kloster. So entstand das Kloster Herrieden, gestiftet von Karl dem Großen. Deocar wurde der erste Abt.

Die südliche Stadteinfahrt von Herrieden (oben) präsentiert sich ganz im Glanz herrschaftlicher Häuser, im Hintergrund die Frauenkirche. Die Figur des Deocar-Brunnens auf dem Marktplatz sitzt auch bei Sonnenschein im Regen, dahinter die Kirche St. Veit (links). Mit einem sanften Lächeln erwartet die Marienstatue mit ihrem Kind den Besucher und Frommen im Innern der Barock-Kirche.

Die Altstadt von Herrieden beschreibt ein zweigeteiltes Oval: Während sich im Norden die Bürgerhäuser drängen, haben Geistlichkeit und Herrschaft im südlichen Teil deutlich mehr Grün um ihre prächtigen Häuser eingeplant.

Das Stadtschloss
Die Herren von Herrieden werden 1122 das erste Mal genannt. Sie hatten im Schloss ihren Stammsitz. Bei der Stadtzerstörung durch Ludwig den Bayern wird auch das Schloss nieder gerissen, aber 1342 wieder aufgebaut. Im 30-jährigen Krieg zerstören es die schwedischen Truppen erneut. In den Jahren 1685 bis 1717 wird das Schloss zur fürstbischöflichen Brauerei umgebaut, seit 1802 ist es eine Privatbrauerei.

Rückansicht von St. Vitus mit einzigartiger Motivdarstellung.

St. Martin auf dem Berge
Als die Merowinger im 7. Jh. ihr Herrschaftsgebiet nach Osten ausdehnten, haben sie an einer keltischen Kultstätte auf einem Berg oberhalb der Altmühl ein Holzkreuz errichtet – als sichtbares Zeichen für die neue Religion und Weltordnung.

Kurze Zeit später entstand ein hölzernes Kirchlein, das dem Lieblingsheiligen der Merowinger – St. Martin – geweiht wurde. Vor 780 wurde St. Martin zur *Ecclesia parochialis* erhoben, zur Pfarrkirche.

In der Nacht zum 1. Mai 1000 erwarteten auch hier viele in weiße, hemdähnliche Gewänder Gehüllte den Untergang des Tausendjährigen Reiches Christi. Dieses Weltuntergangsszenario hat in vielen Gegenden zu unzähligen Spukgeschichten geführt, in denen weiß Bekleidete des Nachts umherlaufen.

Das große Erdbeben 1356 zog auch die Martinskirche in Mitleidenschaft, so dass wohl um diese Zeit die Stiftskirche zur Pfarrkirche wurde, wie das für 1361 belegt ist.

Erst 1473 wurde St. Martin wieder regelmäßig benutzt, 1482 verfasste der Stiftsvikar ein Salbuch für St. Martin, worin auch der ursprüngliche Taufbrunnen aufgeführt ist. In frühchristlicher Zeit wurden Taufen von Erwachsenen vor der Kirche in dafür vorgesehenen Brunnenbecken abgehalten.

Im 17. Jh. hatte die Martinskirche noch drei Altäre; Gottesdienst wurde an allen Sonn- und Feiertagen gehalten. Ab 1602 wurde aber das Sakrament der Taufe in die Frauenkirche verlegt. Als 1633 die Schweden Herrieden in Schutt und Asche legten und die Bevölkerung abschlachteten, geriet beim Rückzug und Kampf mit den zu spät angerückten Kaiserlichen auch die Martinskirche in Brand. General de Werth spendete spontan 800 Gulden für den Wiederaufbau, doch das Geld war wenig später verschwunden. So war St. Martin 1634 noch eine Ruine mit notdürftig geflicktem Schilfdach. 1668 wurde der Sakralraum konsekriert, 1698 erhielt der Turmstumpf eine Glocke. Mitte des 18. Jh. wurde die Kirche dann aus- und umgebaut, wobei Gabriel di Gabrieli die Bauleitung hatte. 1804 wurde das Chorherrenstift säkularisiert. Am 21. April 1805 protestierten die Bürger gegen den Verkauf der Kirche, legten zusammen und kauften sie selbst zurück, um sie der Pfarrei zu übergeben. Seit 1850 dient die Martinskirche als Friedhofskirche.

Blick in die abendliche Turmstraße (oben) am Storchenturm. Das alte Stadtschloss verfällt pittoresk (unten).

Stiftskirche St. Vitus

Die ehemalige Stiftskirche wurde am 1. Oktober 1071 vom Eichstätter Bischof Gundekar II. geweiht; zu Ehren des Erlösers und unter Beifügung von 49 Reliquien.

Bei der Zerstörung der Stadt durch Ludwig den Bayer 1316 blieb die Kirche zwar verschont, jedoch band der Wiederaufbau der Stadt lange Zeit alle Mittel, so dass sich die Chorherren 1340 ernsthafte Sorgen um den Zustand der Stiftskirche machen mussten. In den folgenden Jahren wurde die romanische Apsis durch einen Chor ersetzt.

Mitte des 14. Jh. wurden die beiden auf Fundamenten aus Eichenpfählen ruhenden Türme erbaut, die seit dem zum Wahrzeichen der „Basilika des Oberlandes" geworden sind.

Nach dem verheerenden Stadtbrand 1490 wurde die Kirche 1502 bis 1533 erweitert und im spätgotischen Stil ausgestaltet. Mitte des 18. Jh. folgte ein erneuter Umbau des Innenraumes im Barock nach Plänen des Baumeisters Gabriel de Gabrieli.

St.-Veits-Reliquiar

Kaiser Karl IV. versuchte nach seiner Krönung die Untaten Ludwigs des Bayern zu mildern, in dem er den Betroffenen Beistand gewährte. Warum dem aus Böhmen stammenden Patriarch Herrieden ans Herz gewachsen schien, ist nicht geklärt. Auf dem Reichstag in Rothenburg am 11. August 1358 ließ er einen außerordentlichen Schutzbrief für Herrieden ausstellen und von der geballten damaligen Herrschaftsmacht unterzeichnen, darunter der Mainzer Erzbischof sowie die Burggrafen von Nürnberg, die Oettingen, Württemberg und Hohenlohe.

Darüber hinaus stiftete der Kaiser ein etwa 42 cm hohes Reliquiar, das er von Prager Goldschmieden entwerfen ließ und das einen Knochen des heiligen Veit aus Padua in seinem bergkristallenen Inneren bewahrt. Die kunstgeschichtliche Rarität wird heute feuer- und diebstahlsicher aufbewahrt und ist eines der wertvollsten Schätze Herriedens.

Café Endres

Michael Endres war Gerichtsofficiant, Gerichtsvollzieher und Gefängniswärter in Personalunion, und in erster Linie Mensch. Wer in Herrieden etwas ausgefressen hatte – zumeist waren dies Handwerksburschen, Bettler, Zigeuner oder Kirchweihsäufer – der bekam ein Zimmer im Amtsgerichtsgefängnis und wurde von Endres' Frau bekocht. Seltsamerweise war das überall als Café Endres bekannte Herriedener Gefängnis im Winter besser belegt als im Sommer.

Thann

Thann wird im 9. Jh. erstmals erwähnt. Die Siedlung duckt sich eng an den Hang des rechten Altmühlufers, über eine Brücke gelangt man in die weite Wiesenaue. Thann hat eine strategisch günstige Lage, die auch bei Hochwasser den Kontakt zu den umliegenden Ortschaften nicht verliert.

Der Ortsadel – die Herren von Thann – saß auf einer einfachen Burg, deren Burghügel heute noch nachweisbar ist. Eine Wasserburg in der Altmühlaue war vermutlich anfangs Herrensitz Herriedener oder Eichstätter Ministerialen.

Ab Mitte des 16. Jh. übten die reichsritterlichen Freiherren von Crailsheim die Ortsherrschaft aus, die seitdem auf dem nahegelegenen Schloss Sommersdorf sitzen. Zu Thann gehört auch der links der Altmühl liegende kleine Weiler Winkel.

Kirche St. Peter und Kruzifix in Thann.

St. Peter

Die kleine Kirche dürfte als Burgkapelle ihre Geschichte begonnen haben. Anfang des 19. Jh. wurde sie umgebaut und der Moderne angepasst. Heute präsentiert sich das Gotteshaus in spätbarockem Gepräge. Wertvollstes Ausstattungsstück ist eine über 200-jährige Orgel des Ansbacher Orgelbauers Georg Martin Gessinger.

Thanner Bauernballett

Ein ganz besonderer Exportartikel ist das Männerballett der Thanner Reserve. Mehr aus Verlegenheit zum fränkischen Kirchweihabend 1995 formiert, spielen die Mannen inzwischen auch in Frankreich und in der Schweiz. Die Darbietung des Balletts besteht aus einem Feuerlöscheinsatz mit fränkischem Humor: Nachdem auf der Bühne ein Feuer ausgebrochen ist, schreitet die Feuerwehr in fränkischer Bedächtigkeit und ohne eine Miene zu verziehen unter den Klängen der Sternpolka zur Tat. Auch *Die fränkische Schlachtschüssel* mit einem lebenden Ferkel oder die *Mitternachtsshow* sind inzwischen zum Renner der Truppe geworden.

Der unglückliche Schuss

Während eines fröhlichen Gelages kam der Herr von Thann auf die Wette, er könne aus seinem Erker dem eine viertel Stunde entfernt das Vieh hütenden Schäfer den Hut vom Kopf schießen. Die Wette galt, der Herr zielte, schoss und traf. Nicht nur den Hut, auch den darin befindlichen Kopf. Über diese Tat wurden die Bauern der Umgebung aufrührerisch und der Thanner Burgherr floh nach Herrieden, wo er Unterschlupf fand. Aus Dankbarkeit der Stadt Herrieden gegenüber vermachte er dieser den Thannhof.

In weiten Mäandern sucht sich die Altmühl den Weg durch sumpfige Wiesen.

Schloss Sommersdorf

Seit 1208 ist ein Ortsadel in Sommersdorf nachgewiesen, womit man wohl auch die Anfänge der Burg gleichsetzen kann. Am Ende des 14. Jh. kommt Burg und Ort in den Besitz der Herren von Eyb. Mitte des 15. Jh. wurde die Burg zum Schloss umgebaut.

Ursprünglich war die Burg mit einem breiten Wassergraben und einer Festungsmauer umgeben. Davon zeugen heute nur noch die Rundtürme und die Bastion.

Christoph von Eyb verkauft das Schloss 1549 an Wolf von Crailsheim. Seitdem sind die Freiherren von Crailsheim – mit einer Unterbrechung im 18. Jh. – im Besitz des Schlosses. Der jetzige Burgbesitzer, Baron von Crailsheim, bietet sogar mehrere Appartements in der Burg für Feriengäste an, die mindestens eine Woche in Sommersdorf verbringen möchten.

Schloss Sommersdorf präsentiert sich heute als weitläufige Anlage mit Weiher.

Die Mumien in der Gruft

Sommersdorf wurde durch seine Mumien in größerem Umkreis bekannt. In der Gruft unter der Schlosskapelle steht eine Reihe hölzerner Särge, deren „Bewohner" seit Jahrhunderten nicht verwest sind. Wie das ohne Einbalsamierung von Statten ging, ist bis heute nicht grundlegend geklärt.

Urinstinkte

Am Buusn der Nadur zu laana
is su, als wia im Himml draama

am Buusn der Nadur zu bussln
is su, als wia im Erdreich kuschln.

Hans Raab

Sommersdorf

Links das Schloss mit den Fischweihern, im Osten schließt sich entlang der Straße der Ort an.

Erste urkundliche Erwähnung als *Sunnemannesdorf* im Jahre 888, in einer Urkunde wird der ehemalige Besitz des Klosters Herrieden den Eichstätter Bischöfen zu Lehen gegeben. Nur zweimal ist bislang ein Ortsadel in den Annalen aufgetaucht, so 1208 und 1275 ein Gerhardus de Sunnemannesdorph.
Ab Ende des 14. Jh. ist Sommersdorf im Besitz der Herren von Eyb. Dieses in der Region bedeutendste Adelsgeschlecht hat viele Große Namen hervorgebracht, am bekanntesten dürfte der Humanist Albrecht von Eyb sein, der am 24. August 1420 auf dem hiesigen Schloss das Licht der Welt erblickte. Mitte des 16. Jh. verkaufen die von Eyb Ort und Burg an die Crailsheim, die seitem bis auf eine kurze Unterbrechung im 18. Jh. im Besitz des Schlosses sind.

Mit der Annahme der Reformation 1551 wurde die Schlosskapelle zur Pfarrkirche erhoben und 1557 neu gebaut. Heute ist die Pfarrkirche in der ehemaligen Zehntscheune untergebracht. Sommersdorf gehört zur Gemeinde Burgoberbach und zählt heute knapp 200 Einwohner.

Albrecht von Eyb

Der erste deutsche Humanist wurde am 24. August 1420 auf Schloss Sommersdorf geboren. Sein Hauptwerk *Margarita poetica* wurde als eines der ersten Bücher überhaupt 1472 in Nürnberg gedruckt. Sein Werk und Wirken verhalf auch in Deutschland Ende des 15. Jh. dem Humanismus zum Durchbruch.

Nach einem Theologie- und Jura-Studium war Albrecht von Eyb zunächst Archidiakon in Würzburg, danach avancierte er zum Kammerherr von Papst Pius II. und wurde Domherr in Bamberg und Eichstätt. In der Altmühlstadt beendete er auch am 24. Juli 1475 sein Leben.

Bedeutend waren auch seine Übersetzungen der Novellen von Giovanni Boccaccio und Komödien des antiken Plautus. Aus eigener Feder stammt sein schon zu damaliger Zeit mehrfach aufgelegtes Ehebüchlein: *Ob einem manne sey zu nemen ein eelichs weyb oder nicht*.

Blühende Zierquitte in einem Garten.

Großenried

Großenried ist 1188 staufischer Besitz, Friedrich I. vermacht die Burg in *Ried* seiner Schwiegertochter in spe. Auf dem heutigen Kirchbuck soll damals eine ansehnliche Burg gestanden haben, mit Vorburg und Kapelle. In den Wirren des 30-jährigen Krieges wurde auch die Burg Ried zerstört. Da die Herrschaftslinie ausgestorben war und sich sonst niemand um den Herrensitz kümmern wollte, wurde ab 1643 lediglich die Kirche wieder aufgebaut.

An der Kreuzung zweier Handelsstraßen hatten sich im 17. Jh. zwei Gasthäuser etabliert, um die herum ein immer größer wachsender Ort

Großenried: Statt einer Kirche ist hier das Gasthaus der Ortsmittelpunkt.

entstand. Bald wurde dieser als Großenried bezeichnet. Die Kirche des Ortes blieb am ursprünglichen Herrensitz stehen und sorgt somit bis heute für den etwas kuriosen Umstand, dass ein Ort dieser Größe keine Kirche als Mittelpunkt besitzt. Als weitere Besonderheit ist anzumerken, dass in Großenried nicht der hl. Nepomuk auf der Altmühlbrücke Dienst tut, sondern der Patron der Kirche, der hl. Laurentius. Mit diesem Patron ist der Ort eng verbunden, jedes Jahr Anfang Mai wird mehrere Tage lang das Laurenzi-Fest als Höhepunkt des dörflichen Treibens begangen.

St. Laurentius

Die Anfänge der Kirche reichen bis in das 11. Jh. zurück, denn Bischof Gundekar II. (1057-1075) hielt in *Ruit* eine Kirchweih ab. Der Staufer Friedrich I. überschrieb 1188 seiner Schwiegertochter in spe die Veste in *Ried*. Die Burg wurde zwischen 1618 und 1642 zerstört. In den Jahren 1643 bis 1653 wurden Kirche und Turm wieder aufgebaut. So ist auch zu erklären, warum in Großenried die Kirche nicht im Dorf steht, sondern am Ortsrand.

In der Renaissance wurde das Innere der Kirche modernisiert. 1744 wurde eine Stuckdecke eingezogen und von Franz Horneis mit Freskenmalereien verziert. 1760 brannte das Kirchenschiff nieder. Der Entwurf für Neubau und Erweiterung von Dominikus Barbieri wird aus Geldnot nur teilweise ausgeführt. Erst in den Jahren 1886-1888 wird ein Bau im neuromanischen Stil errichtet. Von den einstigen Bauphasen der Kirche sind noch die beiden Untergeschosse des Turmes aus dem Jahre 1760 sowie der ehemalige Chorraum aus dem 14. Jh. erhalten. Die neuromanische Aus-

Das Skelett

Bei Bauarbeiten für die Eisenbahnstrecke fand man bei Großenried ein Skelett. Die Bauarbeiter kümmerten sich nicht weiter darum und ließen es so liegen, wie es aus der Erde befördert worden war. Einige Tage danach sahen die Arbeiter, die in einer Scheune in Großenried untergebracht waren, an eben dieser Stelle eine weiße Flamme, und in ihrer Unterkunft fing es an zu poltern. Nach etwa zwei Wochen vernahmen sie eine tiefe Grabesstimme, die sie aufforderte, die Gebeine in geweihter Erde zu betten. Da verstummten selbst die ärgsten Spötter unter den Arbeitern, und sie fragten den Pfarrer um Rat. Der ließ die Gebeine bergen und auf dem Kirchhof beisetzen. Von diesem Tage an war auch Ruhe in die Scheune eingekehrt.

Marienstatue aus dem 15. Jh.

stattung der Kirche fiel größtenteils einer Neugestaltung 1957/58 zum Opfer. Verschont blieben lediglich die Orgelempore, die Orgel selbst sowie Taufstein und Kreuzweg.

Der Künstler Stephan Weyergraf-Streit gestaltete 1998/99 den Innenraum neu und bezog Altar, Ambo, Sedilien, die Marienstele und das Alterbild mit ein. Die Marienfigur auf der Stele wird dem Südtiroler Schnitzer Michael Pacher zugeschrieben, stammt aus der Zeit Ende des 15. Jh. und ist das älteste Ausstattungsstück der Kirche. Die Figuren des hl. Willibald und des Kirchenpatrons Laurentius entstanden zu Beginn des 16. Jh., die anderen Figuren sind neueren Datums und wurden überwiegend im 18. und 19. Jh. gefertigt.

Dichterfürst auf Brautschau

Eine Anekdote aus dem reichen Leben des Geheimrates Johann Wolfgang von Goethe spielt auch in Großenried. Auf einer seiner Reisen übernachtete Goethe im „Goldenen Engel". Während des Aufenthaltes interessierte sich der große Dichter für ein Mädchen aus dem Ort. Das wiederum bemerkte die Dorfjugend, die sich gegen den Geheimen Rat ereiferte.

Der „Zeigefinger Gottes" ist hier besonders hoch geraten.

Seine damals bereits landesweite Berühmtheit bewahrte Goethe davor, Großenried in schlechter Erinnerung zu behalten.

Die Laurentiuskirche empfängt den Besucher in heller Atmosphäre.

Der Johanniswurm

johannisfeuer brennt
zur falschen zeit verschoben
der johanniswurm bedenkt
mensch tut falsches loben

mein kaltes grünes licht
erscheint auf solche weise
das geheimnis kennt ihr nicht
ein liebes signal geht auf reise

der mensch wird noch lange
forschen nach dem was und wie
derweil wird mir nicht bange
mein licht hat erfolg wie nie

licht dringt auf die gefühle
mensch auf pedanterie
sex ist eine mühle
mensch weiss nicht wie

mein leuchten wird gesehen
in tausend jahren auch
des menschen düfte wehen
kurzer mode brauch

mein johannisfeuer glüht
der liebe einzig angetragen
mensch sich mittlerweile fügt
gefühle nachzutragen.

Symbolisch überschreitet Jakobus bei Ornbau die Wasserscheide, da ab hier Wasser für den Kanal abgezweigt wird.

Ornbau

Ornbau ragt wie eine Burg aus der flachen Altmühlaue, der Wiesmet. Die Zeit scheint hier langsamer zu vergehen.

Schon um 883 führt in Ornbau eine Brücke über die Altmühl. Neben der Brücke in Herrieden war dies lange Zeit die einzige Möglichkeit, die Altmühl schnell und trockenen Fußes zu überqueren. 888 kommt Ornbau zusammen mit Herrieden an Eichstätt. 1075 als *Arenburen*, 1229 als *Arnbaur* erwähnt.

Die erste Befestigung des Ortes nahmen die Grafen von Oettingen um das Jahr 1286 vor, was dem Bischof von Eichstätt nicht genehm war, weshalb er den Erzbischof von Mainz um Hilfe rief, ihn vor dem Kaiser in dieser Sache zu vertreten. Als Kaiser Rudolf I. von Habsburg in Rothenburg weilte, fällte er am 17. März 1289 auch einen Richtspruch in der Sache „Befestigung von Arenbur" zu Ungunsten der Grafen. Diese mussten den größten Teil der Anlagen vom bischöflichen Grund wieder entfernen. Da hatte der Bischof jedoch einsehen müssen, dass eine Wehranlage ganz nützlich ist, und ließ 1317 selbst eine errichten, um dem Ort genügend Schutz zu bieten. Was wir heute noch an Befestigungsanlagen sehen können, stammt überwiegend aus dem dritten Befestigungsbau unter Fürstbischof Wilhelm von Reichenau zwischen 1470 und 1490.

Ab 1310 hatten die Eichstätter Bischöfe die überwiegende Anzahl der Ornbauer Lehen an sich gezogen, um den Ort zu ihrem Verwaltungs- und Gerichtszentrum im oberen Altmühltal zu machen.

1317 werden diese Anstrengungen belohnt: Kaiser Ludwig verleiht Ornbau das Stadtrecht.

St. Jakobus

In ihrem Ursprung romanisch, wurde der Chor im 14. Jh. errichtet, der Turm erhielt zwischen 1538 und 1545 seine heutige Höhe. Das spätgotische, im 17. Jh. umgestaltete Kirchenschiff wurde zwischen 1961 und 1968 durch einen Betonneubau des Ingolstädter Architekten Josef Elfinger ersetzt, wobei alte Teilstücke in den Neubau einbezogen wurden.

Marechal de Bievre

Wie kommt ein Meister des freien Wortspiels vom Hof der letzten französischen Könige auf den Friedhof eines kleinen Altmühlstädtchens? Der Dichter Wilhelm Pültz gibt in seinem Epos *Das Grabmal in Franken* eine ausführliche Antwort. Zitiert sei hier die

Oberndorf: Rein landwirtschaftlich geprägt darf hier das Dorf noch Dorf sein.

Der hl. Nepomuk, vom Zahn der Zeit sichtbar benagt, hält noch immer Wache auf der Ornbauer Altmühlbrücke (oben). Altmühlbrücke, Torturm und Kirchturm (unten) bilden zusammen eine Einheit, das Wahrzeichen Ornbaus.

Kurzfassung: *Weltvergessen ruht hier ein Mann, der am Hofe des letzten französischen Königs eine bedeutende Stellung bekleidete. Hervorragend durch die Macht seines Geistes und die Würde seiner Sitten starb er, auf der Reise von einer Krankheit ergriffen, fern von seinem Vaterland, am 18. Oktober 1789. Dieses Denkmal schufen Schmerz und Freundschaft.*

Pültz führt aus, dass die Geliebte des Lustspieldichters de Bievre das Grabmal in Auftrag gab. Auf der Suche nach der letzten Ruhestätte ihres Geliebten stand sie in Ornbau auf dem Friedhof vor dem schlichten Stein mit seinem Namen. Die Romantik des Altmühlstädtchens tat ihr übriges. Wie sie da so stand und trauerte, hörte sie den Frühlingswind in den hohen Ulmen rauschen und *hatte ein Gefühl, als müsste ihr Herz zerspringen. Von namenloser Reue, namenlosem Schmerz ergriffen, fühlte sie sich dem Toten nahe, glaubte sein Lachen zu hören und wusste erst jetzt, wie sehr sie ihn geliebt hatte.*

Fachwerk glänzt im Abendlicht (oben), die schmale Gasse an der Stadtmauer am „Künstlerturm" (unten links), an dem man an lauen Sommerabenden herrlich draußen sitzen kann, sowie eine schöne Eingangstür (unten).

Ein Winterhochwasser mit anschließendem Schnee und Frost verzaubert die Wiesmet in eine bizarre Landschaft.

Mörsach

Der kleine Weiler mit der schönen Kirche gehört zur Gemeinde Arberg. Am stillen Ende des Altmühlsees gelegen, ist Mörsach der ideale Ausgangspunkt für Wanderungen.

St. Antonius

Das Langhaus mit Sakramentsnische stammt aus der Zeit um 1400, nach 1450 kamen Chor, Treppentürmchen und Turm hinzu. Das Portal auf der Südseite wurde 1490 errichtet. Der achteckige Aufsatz kam erst 1797 auf den Turm.

Der Hochaltar entstand 1872 unter Verwendung von Schreinfiguren aus dem Jahr 1480 und Flügeltafelbildern von 1518, die Darstellungen der Otilienlegende enthalten.

Im Turm tut seit 1950 eine quasi fremde Glocke ihren Dienst, die 1498 gegossen wurde und aus dem Riesengebirge stammt. Sie war zu Kriegszeiten dort abgenommen worden, um mit vielen anderen Glocken zu Kriegsgerät umgeschmolzen zu werden. Auf dem Umweg über Hamburg kam die Glocke dann nach Kriegsende unversehrt nach Mörsach.

Östlich des Chores befindet sich ein brunnenartiger Quellbach, Otilienbrünnlein genannt. Der Künstler Reinhard Zimmermann hat den Brunnen in neuerer Zeit gefasst, restauriert und der Öffentlichkeit zugänglich gemacht.

Kulturtreff altes Schulhaus

Das Künstlerehepaar Zimmermann aus Nürnberg hat die alte Schule in Mörsach zu einem einzigartigen Kulturtreff am Altmühlsee hergerichtet. Im Erdgeschoss befindet sich das Atelier des Bildhauers, ab und an finden hier auch Kammerkonzerte und Liederabende statt. Eines Tages hat einer der Besucher den Kamin mit der Eingangstür verwechselt – seine Beine schauen noch heute aus dem Schornstein heraus.

Gift-Spritzer

Di Bläimli of der Wiesn
si fanga oo zu schbrießn
a bunter Flegglersdebbich lacht
es Friehjohr kummd mit aller Macht.

Sumpfdotterbluma, Löwnzahn
woß fier a scheener Scheeheitswahn
chemievergift werns schdändi wenger
der Gsichtskreis eng und enger.

Vecheli, Hoosn und Schmetterling
wern reduziert, had des nu Sinn
brofitli dengn ghert heid derzua
ner weiter su, nou is bald Ruah.

Hans Raab

Schloss Altenmuhr

Die Wasserburg wurde im 12. Jh. erbaut und ersetzte eine einfache Turmhügelburg aus dem 10. Jh., deren Graben noch heute lokalisierbar ist. Die Herren von Lentersheim erbauten dieses Wasserschloss mit quadratischem Grundriss. Es sollte nicht das einzige Schloss in Muhr bleiben. Es folgten Bauten in Neuenmuhr und Mittelmuhr sowie auf dem Julienberg.

Im 16., 17. und 19. Jh. wurde das Schloss mehrfach verändert. Es überstand sämtliche Kriegshandlungen und ist heute im Privatbesitz.

Schiller unter Räubern?

Dass eine Erzählung von Schubart das Räuberschauspiel Schillers inspiriert hat, ist bekannt. Experten haben aber noch mehr Literatur ausgemacht, derer sich der junge Dichterfürst bedient hat. So führen einige Textstellen so genaue topografische Beschreibungen der Landschaft und eines Schlosses aus, dass man nicht umhin kommt, Schloss Altenmuhr als das real existierende Vorbild Schillers zu sehen.

Noch ein Räuber

Als Anfang der 70er Jahre eine neue Hotzenplotz-Verfilmung anstand und mit Gerd Fröbe und Josef Meinrad in den Hauptrollen realisiert wurde, stand das Schloss Altenmuhr als Schauplatz auf dem Wunschzettel der Filmleute.

Als Zauberschloss des von Joseph Meinrad verkörperten Zauberers ist das Schloss Altenmuhr so in die Filmgeschichte eingegangen.

Der gefoppte Geist

In Altenmuhr hatten einmal ein paar Bauersmädchen lange den Flachs gebrochen. Aus reinem Übermut rief eins: *Etz ärgern ma 'n Geist vom Wäldla deem!*. Die Mädchen verließen die Brechhütte und riefen den Spottnamen des Geistes in den Wald hinein. Da teilte sich ein Gebüsch, und mit großem Getöse und hoher Geschwindigkeit kam etwas auf sie zu. Mit Mühe konnten alle in die Brechhütte schlüpfen, da krachte der Geist auch schon auf die Türe und zerbrach dabei einige Bretter.

Hätte es eines der Mädchen nicht geschafft, so hätte sie den Geist auf dem Rücken tragen müssen bis zu ihrem Tod.

Noch heute in Privatbesitz: Schloss Altenmuhr.

Muhr am See

Noch bevor es den See gab, wurden die beiden Orte Altenmuhr und Neuenmuhr 1970 zu Muhr am See zusammengefasst. Doch bis 1986 suchten Wassersportler den See vergeblich. Der 450 ha große See wurde erst ab 1985 geflutet. Heute ist Muhr am See der bekannteste Urlaubsort am See und bietet ein vielfältiges Abgebot für Aktivurlauber, Erholungssuchende, Naturliebhaber sowie Freunde fränkischer und internationaler Küche.

Altenmuhr

Dem Namen nach der ältere Siedlungsteil, der nach der Neugründung im Westen den Namen Altenmuhr bekam. Erstmals urkundlich erwähnt wird Altenmuhr 893 als *vicus mure*. Seit 1169 ist ein Adelssitz Eichstätter Ministerialen nachweisbar. Fachwerktorhaus von 1551, das 1751 mit neuem Fachwerk versehen wurde.

St. Johannis

Bis zur Renovierung 1988-90 wurde die Entstehung der Kirche in das 15. Jh. datiert: *1467 anstelle eines älteren Baus errichtet*. Nun weiß man, das große Teile der Kirche aus dem 13. Jh. stammen. So war auch unklar, ob es sich um eine Johanneskirche oder eine Johanniskirche handelte, da die Schreibweise über die Jahrhunderte nicht eindeutig gewesen ist. Man entschied sich nun für ein Patronat Johannes des Täufers und somit für den Namen Johanniskirche.

Neuenmuhr

Das Schloss in Neuenmuhr soll bereits im 12. Jh. gestanden haben: mit einer Bastei, einem großen Turm, drei Rundtürmen und *etlichen* Mauern. Nach alten Quellen soll es einer der am besten befestigten Burgbauten im oberen Altmühltal gewesen sein. An drei Seiten war er von Sumpf umgeben, was einen natürlichen Schutz bot. Noch 1522 wurden Umbauten am Schloss vorgenommen, was um so verwunderlicher scheint, als das heute außer Grabenresten nichts mehr von dem Schloss zu sehen ist. Hier war die Geschichte gnadenlos gründlich: 1560 wird das Schloss als *gewesen* bezeichnet, auch ist der Bau im 30-jährigen Kriege beschädigt worden. Erst im 18. Jh. wurden Instandsetzungsarbeiten ausgeführt, zwischen 1715 und 1716 ließ Gustav von Lentersheim das Schloss mit großen Kosten reparieren und *überflüssige Gebäude abtragen*. Hundert Jahre später kam es unter Freiherr Danckelman zum totalen Abbruch.

St. Jakobus

Die Neuenmuhrer Kirche wurde als evangelisches Gotteshaus errichtet und 1622 fertig gestellt. Auf dem mehrfach veränderten Tum befindet sich seit 1946 ein Storchennest.

Mittelmuhr

Um 1448 steht das Schloss Mittelmuhr, da hier ein Conrad von Lentersheim zu Mittelmuhr genannt wird. Bis vor kurzem konnte man den Standort nicht einmal lokalisieren. Beim Abriss des Hauses Nr. 37/38 (heute Judenhof 19) im Jahre 1952 wurden Reste eines Herrschaftssitzes freigelegt. Nach einem verheerenden Brand im Jahre 1570 wurde das Schloss Mittelmuhr wohl nicht mehr aufgebaut.

Die Altenmuhrer Johanniskirche vom Beobachtungsturm der Vogelinsel aus.

Witwenschlößchen Julienberg

Ein weiteres Schloss in Muhr kann noch heute – von außen – besichtigt werden: das Witwenschlösschen auf dem Julienberg, von Ansbach kommend links auf einem Hügel gelegen, kenntlich am Renaissancegiebel. Dieser Witwensitz derer von Lentersheim ist zwischen dem 16. und 17. Jh. entstanden. Etliche Sagen und Gruselgeschichten ranken sich um dieses Haus.

Altmühlsee

Zwischen 1976 und 1984 ließ der bayerische Staat vor den Toren Gunzenhausens den 4,5 km² großen Altmühlsee mit einem Gesamtvolumen von 107 Millionen DM errichten.

Der See fasst bei 3,5 km Länge, 1,5 km Breite und nur 2,5 m Tiefe 13,8 Millionen m³ Wasser. Der Ringdamm ist 12 km lang und besitzt einen Rad- und Fußweg. 1,2 km² Seefläche sind für den Naturschutz reserviert, auf den anderen 3,3 km² können sich Wassersportler, Urlauber, Bootsfahrer und Angler austoben. Rund um den See stehen an drei Seezentren, einem Surfzentrum und zwei Erholungsanlagen über 1.800 Parkplätze bereit. Die Seezentren bieten 328 Wasserliege- und 418 Landliegeplätze für Boote. Die Einrichtungen im Telegrammstil:

Seezentrum Muhr am See
330 PKW-Parkplätze, 96 Wasser- und 204 Landliegeplätze für Boote; Schiffsanlegestelle, Slipanlage, Badestrand, Kinderspielplatz, Bootsvermietung, Fahrradvermietung, Grillplatz, Wasserwachtstation, Wohnmobilübernachtung, Familienzeltplatz, Kiosk, Sanitär- und Umkleideräume.

Seezentrum Schlungenhof
470 PKW-Parkplätze, 104 Wasser- und 94 Landliegeplätze für Boote; Schiffsanlegestelle, Seerundfahrten mit der MS „Altmühlsee", Slipanlage, Bootskran bis 2 t, Seegasthof mit Terrasse, Badestrand mit vorgelagerter Insel, 2 Kinderspielplätze, Elektro-Kartbahn, 2 Beachvolleyballfelder, Bootsvermietung, Fahrradvermietung, Wasserwachtstation, Campingplatz mit Restaurant, Kiosk, Sanitär- und Umkleideräume.

Surfzentrum Schlungenhof
300 PKW-Parkplätze, Surfschule, Surf-Shop, Surfufer mit Liegewiese, Warmwasserduschen, Sauna, Fahrradvermietung, Cafeteria, Wohnmobilübernachtung mit Stromanschluss und Entsorgemöglichkeiten, Sanitär- und Umkleideräume.

Seezentrum Wald
450 PKW-Parkplätze, 128 Wasser- und 120 Landliegeplätze für Boote; Schiffsanlegestelle, Slipanlage, Badestrand, Kinderspielplatz, Bootsvermietung, Fahrradvermietung, Segelschule, Vermietung von Segelbooten, Katamaranen und Jollen, Campingplatz, Kiosk, Kulturpavillon für Veranstaltungen, Sanitärräume.

Parkplatz Südufer
100 Parkplätze, Zugang zu den Wander- und Radwegen, Hirteninsel mit Schutzhütte, Liegewiesen, Bade- und Angelmöglichkeiten.

Das Seezentrum in Muhr (oben) lässt keine marinen Wünsche offen. Ein Erlebnis: den Sonnenaufgang (unten) vom Steg zur Vogelinsel aus zu beobachten.

Erholungszentrum Mörsach
30 PKW-Parkplätze, Badestrand mit Spielflächen, Kinderspielplatz, Bootseinsetzstelle, Kiosk.

Erholungszentrum Gern
80 PKW-Parkplätze, Badestrand, Kinderspielplatz, Tretbootvermietung, Wasserrettungsstation der DLRG, Kiosk, Sanitärräume, Aussichtshügel mit kleinem Parkplatz und Restaurant.

Von links oben im Uhrzeigersinn: Blick über die Vogelinsel vom Beobachtungsturm aus; zwei Beutelmeisen beim Bau ihres kunstvoll gewobenen Nestes; ein Bläßhuhn schwimmt über den See; ein Kormoran bei Sonnenaufgang; der eigentliche Schlungenhof aus der Luft; Seeufer und Altmühl vis-á-vis; eine Stockentenmutter mit ihrer Kinderschar unterwegs.

Vogelinsel

Mit dieser Entwicklung haben vermutlich nicht einmal die Planer gerechnet, als sie im Westteil des Altmühlsees ein ca. 200 ha großes Vogelschutzgebiet vorsahen. Und damit sind nicht die über 50 Brutvogelarten des Altmühlsees gemeint oder die bis zu 5.000 Kiebitze, die hier Rast machen. Es ist eine ganz besondere Spezies, die überraschende Blüten treibt: die Ornis. Hierzulande eher eine Randgruppe, gilt doch „Vögel beobachten" im allgemeinen eher als Beschäftigung für der Welt entrückte Mitmenschen. Kein Wunder, denn dieser „Sport" kommt aus England und sorgt dort regelmäßig für Volksaufläufe. Diese wegen ihrer präsenilen Bettflucht oft bemitleideten Zeitgenossen haben stillschweigend ein Kommunikationsnetzwerk aufgebaut, das es ihnen erlaubt, bei einer neu aufgetauchten seltenen Art nicht nur binnen weniger Stunden zwischen Konstanz und Kiel informiert zu sein, sondern auch noch in kürzester Zeit alles stehen und liegen zu lassen, um ein weiteres Kreuzchen auf ihrer Artenliste machen zu dürfen.

Diesen netten Menschen haben wir die Erkenntnis zu verdanken, dass am Altmühlsee bisher über 230 Vogelarten festgestellt wurden. In Bayern gibt es nur zwei Gebiete, die „mehr" zu bieten haben.

Viele Besucher glauben noch heute, dass es sich bei der Vielzahl an Graugänsen, Enten, Reihern und Möwen um angesiedelte Tiere handelt. Die Vögel sind aber alle freiwillig am Altmühlsee, da sie hier einigermaßen ungestört Nahrung aufnehmen und sich so für den Flug in den Süden fit machen können. Inzwischen gibt es Reisebüros, die Busreisen ausschließlich für Vogelfreunde anbieten. Die Naturfreaks verlängern die Touristensaison im Frühjahr und Herbst, wenn die meisten Vögel auf dem Weg in den Süden oder zurück sind.

Konzept aufgegangen

Mit dem Bau des Altmühlsees wurden wertvolle Wiesenbrutgebiete des Großen Brachvogels und der Uferschnepfe vernichtet. Um einen

Das weißsternige Blaukehlchen ist der Charaktervogel der schilfigen, buschreichen Ufer.

Ausgleich zu schaffen, erwog man von vornherein die Einrichtung einer Vogelschutzzone. Eine Außenstelle des Instituts für Vogelkunde wurde 1977 in Triesdorf mit dem Ziel eingerichtet, die Vogelwelt vor, während und nach dem Bau des Altmühlsees zu dokumentieren. Zudem erhofften sich die Planer wertvolle Tipps für der Anlage der „Vogelinsel".

Die Einbindung der erfahrenen Wissenschaftler des Triesdorfer Instituts für Vogelkunde erwies sich als genialer Schachzug. Die Gestaltung der Schutzzone kann man nur als maßgebend für andere Anlagen dieser Art bezeichnen – die hohe Zahl an Brutvögeln und insgesamt beobachteten Arten spricht eine deutliche Sprache. Auch wenn man die Wiesmet mit dem Altmühlsee ökologisch nicht vergleichen kann, ist heute eine höhere Artenvielfalt zu finden als vor dem schwerwiegenden Eingriff durch den Bau des Sees. Brüteten 1980 noch 17 Arten im Gebiet, waren es 1991 über 65. Inzwischen hat sich die Zahl der Brutvögel bei 50 eingependelt. Die Zahl der rastenden Zugvögel hat sich ebenfalls vervielfacht. Bis zu 7.000 Stockenten, 2.000 Krickenten, knapp 1.000 Kormorane und hunderte von Stieglitzen, Hänflingen und Grünfinken nutzen den Altmühlsee als Schlaraffenland. Selbst Watvögel können an den Ufern des küstenfernen Altmühlsees in beachtlichen Zahlen beobachtet werden. Regelmäßig rasten auf ihrem Zug rund 120 Kiebitzregenpfeiffer, 300 Alpenstrandläufer, 400 Kampfläufer, 1.500 Bekassinen oder 130 Bruchwasserläufer. Wer Vogelstimmen kennt, entdeckt auf einem Rundgang über die frei zugänglichen Besucherwege Blaukehlchen, Feld- und Rohrschwirl, Schilf-, Sumpf-, Teich- und Drosselrohrsänger, Rohrammer, Klapper-, Dorn-, Garten- und Mönchsgrasmücke, Zilpzalp und Fitis. Seltener bekommt man Wasserralle, Tüpfelsumpfhuhn und Bekassine zu Gesicht oder Gehör.

Der Bestand der heimischen Wiesenbrüter konnte durch strenges Biotopmanagement auf einer kleineren Fläche gesichert werden. Mit dem Rotschenkel etablierte sich ab 1982 sogar eine weitere Wiesenbrüterart im Gebiet.

Streudorf

Die Gegend dort ist zwar schön, aber wegen der vielen Nebel, durch die oft Tage lang kein Sonnenstrahl dringt, besonders für Personen, die zu Katarrh und Rheumatismus geneigt sind, nicht geeignet. Das mag auch der Grund sein, dass die Obstbäume so schlecht gedeihen und frühzeitig brandig werden.

Pfarrer Stark, Ostheim 1899

Streudorf soll seinen Namen erhalten haben, weil es einen Streit im oder um das Dorf gegeben hat. Das Ortswappen zeigt den hl. Veit, Patron des Chorherrenstiftes von Herrieden.

Urkundlich erstmals erwähnt wird Streudorf 1058 als Zubehör des Chorherrenstiftes Herrieden. Nach dessen Säkularisation kommt es an die Markgrafen von Brandenburg-Ansbach.

Später als *Streittorff*, *Streitdorf*, *Streyttorf* oder *Streyttorff bey Waldt* erwähnt, 1732 erstmals *Streudorf*.

Der Ort teilt im Großen und Ganzen die Geschicke des Nachbarortes Wald. Ein Glockenturm mit Feuerwehrmagazin ziert heute die Straßenkreuzung und zieht verwunderte Blicke auf sich. Der Turm wurde als Glocken- und Schlauchtrocknungsturm erbaut.

Birder-Highway

Die inzwischen gut ausgebaute Straße zwischen Muhr und Streudorf ist die Hauptstraße der Ornithologen, die nach Wiesenbrütern wie Brachvogel, Wiesenschnepfe oder Rotschenkel Ausschau halten. Aber auch Tausende von Zugvögeln machen im Frühjahr und Herbst hier Rast. Die wiederum ziehen Greifvögel an, von den Weihenarten über allerlei Bussarde bis hin zu den selten durchziehenden Adlern. Zur Brutzeit dürfen die Wiesen nicht betreten werden.

Von dieser Straße aus nordwärts bis nach Ornbau erstreckt sich der Rest der Wiesmet, den der Bau des Sees übrig gelassen hat. Eine flache Wiesenlandschaft, durchzogen von etlichen Gräben und nur wenigen Wegen. Hier wird Naturschutz groß geschrieben, die Wissenschaftler vom Institut für Vogelkunde in Triesdorf wachen penibel über Bruterfolg und Mahdzeitpunkt. Sobald es etwas Hochwasser gibt, verwandelt sich die Wiesmet in einen Sumpf, bei noch mehr Wasser in einen riesigen See.

Streudorf von einem der vielen Gräben der Wiesmet aus.

Wald

Der Ort Wald gilt als einer der ältesten an der oberen Altmühl. Der Name deutet darauf hin, dass es lange Zeit nur diesen einen Ort in einem damals riesigen Wald gab. Zumindest scheint er schon bestanden zu haben, als die Franken im 7. und 8. Jh. die Gegend planmäßig mit ihren auf -heim, -bach-, -hausen u.a. endenden Orten besiedelten. Die Anlage von Schloss, Gutshof, Mühle und Kirche ist hier noch ursprünglich erhalten und lädt den Fußgänger zum Flanieren ein. Wer mit dem Auto durch Wald fährt, wird den romantischen Charakter des Ortes nicht einmal erahnen: Der „wahre Kern" verbirgt sich im Osten. Besonders empfehlenswert ist ein Bummel im Herbst oder Winter.

St. Martin und Ägidius

Die Kirche in ihrer jetzigen Form wurde von 1722 bis 1724 nach Plänen von Karl Friedrich von Zocha erbaut. Ungewöhnlich sind die beiden geschwungenen Treppen zur Herrschaftsempore auf beiden Seiten des Langhauses. Das Gotteshaus ist von einer hohen Mauer umgeben.

Der Grenzfrevler

Zwischen Wald und Gunzenhausen liegt das Hirtenhölzl. Früher ging dort ein Geist umher, der nächtliche Wanderer fragte: "Wo soll ich ihn hintun?". Doch alle Menschen nahmen Reißaus, sobald sie die Stimme vernommen hatten.
Einst ging ein einfacher Mann seinen Weg durch das Hirtenhölzl. Da hörte er den Geist fragen und antwortete: "Rindvieh, woher du ihn genommen hast!" Von diesem Tag an war der Geist erlöst und erschien nie wieder.

Nicht nur die beiden geschwungenen Treppen zur Herrschaftsempore machen die Kirche in Wald zu etwas Besonderem.

Seezentrum

Heute hat sich der Ort weiter Richtung See ausgebreitet und ist mit zahlreichen touristischen Einrichtungen ausgestattet. Neben dem modernen Seezentrum mit Badestrand, Schiffsanleger, Jugendzeltplatz und Zeltpavillion sind in der näheren Umgebung auch viele Ferienwohnungen zu finden. Wer sich vom Wasser erholen möchte, kann von Wald aus weite Radtouren planen oder zu Fuß die Gegend erkunden. Auch ist Gunzenhausen weit genug weg, um den Erholungssuchenden nicht zu stören, aber so nah dran, dass man in 10 bis 15 Minuten die Segnungen einer größeren Stadt nutzen kann.

Schloss Wald

Schon früh saß auf der Burg ein Ortsadel, urkundliche Belege sind aber erst ab 1221 zu finden. Später war die Burg im Mitbesitz des Raubritters Eppelein von Gailingen und wurde 1375 auf Anordnung Kaiser Karls IV. zerstört. Ort und Burg kamen in der Folge an unterschiedliche Besitzer.

Im Jahre 1626 beglückt der Markgraf die sehr eng mit dem Markgrafenhaus verbandelte Familie von Zocha mit dem Lehen von Ort und Burg. Aus dieser Familie geht später der markgräfliche Obristbaumeister Karl Friedrich von Zocha hervor, der hier auch Kirche (1722 -24) und Schloss (bis 1732) neu errichtet. Nach Aussterben der Familie von Zocha stattet Markgraf Carl Wilhelm Friedrich seine illegitime Nachkommenschaft mit Dorf und Schloss Wald aus. Seit 1752 ist die Anlage Stammsitz der Freiherren von Falkenhausen.

Beispielhafte Anlage

Der Obristbaumeister des Markgrafen, Karl Friedrich von Zocha, konnte bei seiner Planung einer klassizistischen Schlossanlage in Wald fast ohne althergebrachten Ballast arbeiten. So entstand eine für diese Zeit typische Anlage aus Herrschaftsgebäuden, Kirche und Wirtschaftsgebäuden, alles äußerst harmonisch gestaltet. Die Lage etwas außerhalb des regulären Zeitgeschehens machte es möglich, dass die Anlage heute unverändert erhalten geblieben ist. Man fühlt sich unweigerlich in jene Zeit versetzt, fehlen hier doch meist die Insignien der Neuzeit: Autos.

Eppelein von Gailingen

Der berüchtigte Raubritter war Mitbesitzer des alten Walder Schlosses. Als unehrenhafter Ritter ist er auch unter dem bürgerlichen Namen Eckelein Geyling bekannt. Als immer mehr Beschwerden über seine Raubtaten vor den Kaiser kommen, ordnet Karl IV. 1375 die Zerstörung des Schlosses in Wald an. Weiterhin zieht er alle Güter, die sich im Besitz des Eppelein von Gailingen befinden, ein. Doch diese Aktion zwingt den Raubritter zu noch mehr Ganoventaten und verstecktem Leben. Er verlegt seinen „Sitz" in die Nähe von Neumarkt in der Oberpfalz, wo er es auf Nürnberger Kaufleute abgesehen hat. Da hatte er die Rechnung allerdings ohne die Reichsstadt gemacht, denn die ist rigoros, wenn es um die Sicherheit ihrer Kaufleute geht. Nürnberg schickt einen Trupp Söldner aus, heute würde man eher Kopfgeldjäger sagen, die den Straßenräuber schon bald mitsamt zwei Neffen dingfest machen. Eppelein von Gailingens Leben wird im Jahre 1381 auf dem Richtplatz von Neumarkt gewaltsam beendet.

Das Schloss Wald ist seit 1752 Stammsitz der Freiherren von Falkenhausen.

Eine Gartenkreuzspinne fliegt an einem speziellen Faden – nach dem Prinzip der Heißluftballone – einem neuen Wohnort entgegen (links). Der vielen Spinnenweben wegen nennt man den Spätsommer auch „Altweibersommer".

Ein Storch hält auf einem frisch gepflügten Acker Ausschau nach dicken Regenwürmern (oben), während der Igel sich schon mal probehalber zum Winterschlaf eingerollt hat (unten).

Gunzenhausen

Die Geschichte Gunzenhausens reicht bis weit in die Keltenzeit zurück. Als sich die Römer um das Jahr 90 über die Donau trauten und die ehemals keltischen Gebiete besetzten, gründeten sie hier ein Numeruskastell. Die *numeri* waren die schnelle Sondereingreiftruppe der Römer, Elitesoldaten. Dieser Posten war am rätischen Limes der nördlichste. Bis heute ist unklar, ob es sich um ein für die Römer strategisch wichtigen Vorposten gehandelt hat, ob sie hier Bodenschätze oder Handelsware suchten. Um 240 drangen die Alemannen nach Süden vor und zwangen die Römer wieder über die Donau. Das Kastell in Gunzenhausen und teilweise auch der rätische Limes wurden dabei zerstört. Danach hüllt sich die Gunzenhauser Geschichte wieder in Schweigen, bis es 823 erstmals unter dem Namen *Gunzinhusir* in einer Urkunde auftaucht. Kaiser Ludwig der Fromme übereignete das Kloster in Gunzenhausen dem Reichskloster Ellwangen.

Eine Kirche aus Holz

Nachdem das Kloster aufgelöst war, baute man an seiner Stelle um das Jahr 1000 eine hölzerne Kirche auf den „Kirchenbuck". Zweihundert Jahre später wurde dieser Bau durch eine Steinkirche ersetzt. Der Ort prosperiert und weckt Begierlichkeiten: Friedrich von Truhedingen erhebt 1263 Ansprüche auf das Kirchenpatronat Gunzenhausen, durch einen Schiedsspruch des Eichstätter Bischofs bleibt es aber unter Ellwanger Aufsicht. Kurze Zeit später – 1271 – werden in einer Besitzurkunde erstmals Bürger (*cives*) von Gunzenhausen genannt, was allgemein als Indiz für eine fortgeschrittene Verstädterung des Ortes angesehen wird. 1278 reißen sich die Grafen von Oettingen den Ort unter den Nagel, um ihn 1349 an Burkhard von Seckendorff zu verkaufen. Das von Burkhard von Seckendorff 1351 gegründete Heilig-Geist-Spital existiert noch heute. Doch schon wenige Jahre darauf verkaufen die Seckendorff den Ort 1368 an Burggraf Friedrich V. von Nürnberg. Damit wird Gunzenhausen hohenzollerisch und bleibt es bis 1806. Der Stadt wird 1401 erlaubt, einen Jahrmarkt abzuhalten, woraus sich im Lauf der Zeit die Gunzenhäuser Kirchweih entwickelt.

Eine Stadt befestigt sich

Zu Beginn des 15. Jh. beginnen die Gunzenhauser ihre Stadt mit einer Mauer, Wehranlagen, Türmen und Graben zu umgeben. Auch das älteste bekannte Stadtsiegel stammt aus dieser Zeit. Ob sich auch die Gründung der königlich-privaten Hauptschützengesellschaft 1429 auf die neue Wehrhaftigkeit zurückführen lässt, ist unbekannt.

Ein letzter Winkel der Altstadt mit hübschen Fachwerkhäusern.

Der letzte erhaltene Teil der Stadtmauer mit begehbarem Wehrgang steht neben dem Färberturm.

Markttag in Gunzenhausen: Ein Fest der Farben und Gerüche.

Kirchenbau und Reformation
Die Arbeiten an der neuen Kirche beginnen 1448. 13 Jahre später wird der gotische Chor fertig gestellt; ab 1469 wird am Langhaus gearbeitet und 1496 nach nur 48 Jahren Bauzeit der Kirchenbau eingeweiht. 1528 bekennt sich das zur Markgrafschaft Brandenburg-Ansbach gehörige Gunzenhausen zur Reformation. 1530 wird die Lateinschule gegründet, die heute im Simon-Marius-Gymnasium weiterlebt.

Das Gunzenhäuser Wahrzeichen – der Blasturm – stürzt vermutlich um 1578 ein: Ursache unbekannt. Erst 1603 kommt es zu einem Neubau, als Gunzenhausen Sitz eines markgräflichen Oberamtes wird.

Unsichere Kriegszeiten
Im 30-jährigen Krieg ziehen erstmals in der Geschichte Gunzenhausens fremde Truppen durch die Stadt. Im Laufe der Kriegshandlungen kommt es auch hier zu schweren Verwüstungen, Plünderungen und Verlusten unter der Bevölkerung. Besonders die Soldaten des Hauptmann Tilly sind 1631 für arge Verluste verantwortlich – der Zerstörungswut fallen auch unersetzliche Urkunden und Akten der Registratur zum Opfer. Ein Jahr darauf hält sich der schwedische König Gustav Adolf persönlich in den Mauern der Stadt auf. Trotz der unsicheren Zeiten gründet Hans Merklein 1633 eine Poststation. Und mitten im Krieg wird Gunzenhausen zu einer der vier Haupt- und Legstädte der Markgrafschaft Brandenburg-Ansbach ernannt. Fünfundzwanzig Jahre nach Kriegsende wird erstmals eine Bürgerwehr erwähnt, die 1673 auf Stadtkosten aufwendig ausgerüstet wird. Genutzt hat das freilich wenig, denn gegen die französichen Truppen, die 1704 im Spanischen Erbfolgekrieg Gunzenhausen erreichen, kann sich die Stadt nicht wehren: Erneut fällt der Ortskern und seine Umgebung Plünderungen und Brandschatzungen zum Opfer. Die Truppen entführen auch Amtspersonen, die erst Monate später – nach wilder Geiselhaft quer durch Mitteleuropa – wieder freigelassen werden.

Nebenresidenz Gunzenhausen
Gunzenhausen ist eine von drei Städten, die 1726 das kaiserliche Privileg zur Errichtung einer Landesuniversität für Markgräfin Christiana Charlotte erhalten. Markgraf Carl Wilhelm Friedrich hat Gefallen an Gunzenhausen gefunden und hält sich über Jahrzehnte immer wieder mit seinem gesamten Hofstaat hier auf, was Gunzenhausen den Status einer Nebenresidenz verleiht. 1749 lässt er sich vor den Toren der Stadt das Jagdschloss „Falkenlust" erbauen. Am 3. August 1757 stirbt der Markgraf im Oberamtshof in Gunzenhausen.

Dichterfürst, Preußen, Bayern
Mehr anekdotischen Charakter hat der Aufenthalt des Geheimrates Johann Wolfgang von Goethe 1788, der auf der Rückreise von seinem Italienaufenthalt im Gasthof Post in Gunzenhausen Halt macht.

Einschneidender für die Stadt ist wohl der Entschluss des letzten Markgrafen, der seine Lande wegen der ungeregelten Erbfolge seinem preußischen Cousin König Friedrich Wilhelm II. überträgt, womit Gunzenhausen 1792 preußisch wird. Doch das Gardemaß gilt nicht lange, 1806 regelt der Schönbrunner Vertrag die Inbesitznahme Gunzenhausens durch das Königreich Bayern.

Zwei Jahre später wird Gunzenhausen Sitz eines königlich-bayerischen Landgerichts. 1823 gründet der Stadtschreiber Johann Heinrich Frauenknecht die viertälteste Sparkasse des bayerischen Königreiches. Die Einführung einer Straßenbeleuchtung mittels Öllampen fällt in das Jahr 1829, womit Gunzenhausen den Anschluss an die Moderne feiert. Zwanzig Jahre später wird die Eisenbahnlinie Oettingen-Gunzenhausen eröffnet, später kann man dann auch bis Ansbach und Treuchtlingen mit dem Eisenross fahren. Gunzenhausen wächst beständig und wird ein wichtiges Mittelzentrum an der Oberen Altmühl.

Die jüdische Gemeinde
Gunzenhausen hatte bis 1938 auch eine reiche und fruchtbare jüdische Geschichte. Die erste Erwähnung von Juden in der Stadt geht bis in das Jahr 1343 zurück. Unter den Geistlichen der Gunzenhäuser Gemeinde macht sich der Rabbiner Akiba Bär einen Namen im deutschen Judentum.

Im Jahr 1883 baut die israelitische Gemeinde am Hafnermarkt eine neue Synagoge, die als die schönste Mittelfrankens gilt. Doch das Glück währt nicht lange. Gunzenhausen macht sich bald nach Aufkommen der Nationalsozialisten in den 20er Jahren als „braune Hochburg" einen Namen. Am „Blutigen Palmsonntag" kommt es zu Ausschreitungen, die mit der Ermordung zweier jüdischer Mitbürger enden. 1938 werden die letzten Juden aus Gunzenhausen vertrieben, die Kuppeln der Synagoge unter großer Anteilnahme der Bevölkerung eingerissen.

Prächtige Stadthäuser säumen die Marktstraße.

Das Sanatorium Hensoltshöhe

Andreas Osiander
Am 19. Dezember 1498 erblickt der spätere Theologe und Reformator Andreas Osiander in Gunzenhausen das Licht der Welt. Er wird 1522 erster evangelischer Prediger in Nürnberg. Osiander ist neben Luther und Johannes Brenz einer der bedeutendsten Reformatoren Deutschlands. Ab 1549 ist er Professor und Prediger in Königsberg. Dort entwickelt er die These der Einwohnung der Gerechtigkeit. Es kommt zwischen ihm und Luther zum so genannten Osianderschen Streit über die Rechtfertigung des Sünders. Am 17. Oktober 1552 schließt Andreas Osiander in Königsberg die Augen.

Simon Marius
Am 10. Januar 1573 in Gunzenhausen geboren, besuchte er später die Heilsbronner Fürstenschule. Schon früh interessiert sich Marius für Sterne und Kometen, was in dieser Zeit nicht ganz ungefährlich ist. 1601 reist er zu dem Prager Astronomen Tycho Brahe und absolviert anschließend ein Medizinstudium in Padua. 1606 kehrt er als markgräflicher Hofastronom und Mathematikus nach Ansbach zurück. Von einem der Schlosstürme beobachtet er den Sternenhimmel und entdeckt 1609 – zeitgleich mit Galileo Galilei – die ersten vier Jupitermonde. 1612 entdeckt Marius den Andromedanebel und veröffentlicht 1614 sein Hauptwerk *Mundus Iovialis*, das erst 1988 ins Deutsche übertragen wird. Simon Marius stirbt im Alter von 51 Jahren in Ansbach.

Carl Friedrich von Zocha
Am 19. März 1683 in Gunzenhausen geboren, studierte er später

Der Glockenturm (rechts) steht seit 1996 auf dem Marktplatz. Die acht Trachtenfiguren im oberen Glaskasten des Turmes drehen sich zu bekannten Melodien. Das Schauspiel unter Glockenklängen ist täglich zwischen 9 und 17 Uhr alle zwei Stunden zu höhren. Der Marktplatz (unten) von Gunzenhausen präsentiert viele schöne historische Gebäude und bietet einen kurzen Zugang zu allen Bereichen der Altstadt, so auch zur Friedhofskapelle (oben).

unter anderem Philosophie, Mathematik und Architektur an mehreren Orten, auch in Paris. Dort war er Schüler von Mansart und de Cotte. Zurück in der Heimat wurde er 1719 Oberbaudirektor des Markgrafen, war zudem Oberamtmann in Schwabach und Crailsheim, ab 1729 Geheimer Rat und ab 1731 Minister. Von Zocha war Wegbereiter des Frühklassizismus, wie er unter anderem am Ansbacher Markgrafenschloss zum Tragen kam. Mit schwäbischem Fleiß ausgestattet, errichtete von Zocha u.a. das Orangeriegebäude und das Gesandtenhaus in Ansbach, die Schlösser Bruckberg, Eyrichshof, Laufenbürg, Rügland, Triesdorf und Wald sowie die Kirchen in Aha, Creglingen, Heidenheim, Lehrberg, Mainbernheim und Wald. Nebenbei errichtete er noch mehrere Amtshäuser. Das Leben wich im 67ten Lebensjahr am 24. Juli 1749 in Ansbach aus seinem Körper.

Akiba Bär

Der Rabbiner der jüdischen Gemeinde in Gunzenhausen war ein überregional bekannter Gelehrter. Ab 1688 verfasste er zahlreiche religiöse Abhandlungen. Sein in vielen Auflagen erschienenes Buch Talmud Mischnajot mit kabbalistischen Kommentaren ist noch heute anerkannt. Akiba Bär verstarb 1724 in Gunzenhausen.

Romantische Gasse unterhalb des Blasturmes.

Johann Reichardt

Kurz vor Ostern 1925 störte sich der Kaufmann Gaukler an einer Efeuwurzel in der Stadtmauer und riß sie heraus. Dabei fiel ein Stein aus der Mauer und eine mit schwarzem Siegellack verschlossene Phiole. Diese wurde dem Gunzenhauser naturheilkundigen Johann Reichardt gebracht, der aus der Phiole drei kleinere Phiolen und einen Zettel zu Tage förderte.

Der Zettel enthielt eine Anleitung zum Goldmachen, wozu man nur Blei und den Inhalt der drei kleinen Phiolen brauchte: ein hellgrünes Olivenöl, ein schwarzes und ein weißes Pulver. Sogleich machte man sich im Labor des Apothekers Höß unter Anwesenheit von zwei Zeugen daran, den Versuch durchzuführen. So wurden aus 7,020 g Blei 9,26 g reines Gold. Der Versuch wurde noch zweimal wiederholt, immer mit demselben Ergebnis, jedesmal kamen höher rangigere Herren hinzu. Die Sensation war perfekt. 1928 wurde der Versuch in der Technischen Lehranstalt von Nürnberg wiederholt. Zeitungsberichten zufolge abermals erfolgreich. Der Direktor der Anstalt stritt jedoch später ab, dass der Umwandlungsprozess geglückt sei. Nun waren die Pülverchen am Ende, und Johann Reichardt bemühte sich, sie wieder herzustellen, scheiterte jedoch am schwarzen Pulver des Alchemisten aus der Vorzeit.

So bleibt Plumbum auch weiterhin nur einfaches Blei.

Aha

Es gibt nicht viele Ortsnamen mit drei Buchstaben in Deutschland, und Aha dürfte wegen seiner Mehrdeutigkeit noch dazu einer der kuriosesten sein. Doch die Herkunft ist so einfach wie naheliegend: Von der Ach, der Aue, in der der Ort liegt, leitet sich das Aha ab. 1208 erstmals urkundlich mit dem Herriedener Kanoniker Chunrat de Ahe erwähnt. Viele der regional bedeutenden Adelsfamilien waren hier begütert: die Truhendingen, von Hirschberg, von Lentersheim und von Seckendorff, was auf eine alte Tradition schließen lässt.

Da waren's nur noch 9

Im 30-jährigen Krieg musste Aha besondere Not leiden. Plünderungen und Zerstörungen durch umherziehende Soldaten waren das eine. Die Pest gab dem Ort dann

Markgrafenkirche zum Heiligen Kreuz (links). Sehenswert ist der farblich schön abgestimmte barocke Innenraum der Kirche (oben).

den Rest: 1637 zählte Aha nur noch neun Bewohner. Mit dem Zuzug österreichischer Glaubensbrüder nahm die Entwicklung wieder einen positiven Lauf.

Mit der Annahme der Reformation 1528 wurde auch die Urpfarrei in Aha protestantisch. Von 1721 bis 1722 erfolgte der Neubau der Kirche im barocken Markgrafenstil durch den Obristbaumeister Karl Friedrich von Zocha. Heute ist die Kirche zum Heiligen Kreuz unbestreitbar eine der Perlen im oberen Altmühltal.

Die Weiße Frau von Aha

Sagen und Legenden gibt es in Franken zuhauf, auch Weiße Frauen, Schlüsseljungfern und andere Gespenster in Frauengestalt finden sich häufig. Die Weiße Frau von Aha hat allerdings den weiten Weg von der Sage über die Mundpropaganda bis zur amtlichen Erfassung geschafft, was nur wenigen Geistwesen gelungen ist.

Die Weiße Frau lebte dereinst im alten Schloss von Aha und hortete dort ihre Schätze in einer großen Truhe. Als Kriegshandlungen sich dem Ort näherten, warf die Frau ihren Schatz an der tiefsten Stelle der Altmühl ins Wasser. Als Verwunschene geht sie seitdem um und sucht nach einer Jungfrau, die mit ihr den Schatz heben möchte. Soweit die Sage.

Gegen Ende des 18. Jh. passieren merkwürdige Geschehnisse in Aha, die der Dorfgeistliche Zaeuner in einem Bericht festhält. Fragmente davon sind noch im Stadtarchiv Gunzenhausen erhalten.

Die Tochter des Bauern Johann Georg Baumgärtner geht nicht mehr aus dem Haus des Nachts, da sie im Laufe eines Monats 40 bis 50 Mal

Eine Bauersfrau als Brunnenfigur steht für den dörflichen Charakter.

deutlich ein Gespenst gesehen haben will. Der Bauer vertraut sich dem Geistlichen an, der wiederum meint, dass Vater und Tochter sich *von der Plage dieser Hirnkrankheit losmachen* sollen. Der Bauer geht zum Dekan, wird dort abermals abgewiesen und so wendet er sich nochmals an Zaeuner. Der gibt ihm den Rat, die Tochter beschützen zu lassen und den Geist anzusprechen, um zu erfahren, was er möchte.

So hat die Tochter wieder eine Geisterscheinung, aber diese bleibt für die Begleiter unsichtbar. Am 15. März 1793 erscheint der Geist wieder, die Bauerstochter redet ihn an, läuft dann aber entsetzt fort. Drei Jahre später sucht sie der Geist zuhause auf und fordert die Erlösung. Nachdem der Geist fort ist, zählt man auf dem Körper der Bauerstochter 32 Wunden von 2 bis 9 cm Länge. Ein halbgeläuterter Geistlicher, der nun die Erscheinung als Dämon und bösen Geist abtut, hinterlässt eine amtliche Notiz für die Nachwelt.

Der Limes

Die Altmühl wird vom rätischen Limes zweimal überquert, wobei der Limes einen großen Bogen in den Norden beschreibt und die nördlich der Altmühl gelegenen Kastelle Böhming, Gunzenhausen und Ellingen einschließt. Da die nördlich des rätischen Limes ansässigen Germanen wohl besonders aufsässig waren, mussten die Kastelle Gunzenhausen und Pfünz möglichst schlagkräftig eingebunden werden.

Allerdings hätten die Römer auch in einer direkten Linie nach Westen die Donau mit dem obergermanischen- und dem Alblimes verbinden können, dann wäre die Altmühl nicht tangiert worden. Was also hatten die Römer für einen Vorteil, die Altmühl zwischen Gunzenhausen und Böhming ins Reich zu integrieren?

Vom Pfad zur Grenze

Das römische *limes* bezeichnet einen Grenzweg in vielerlei Hinsicht: einen Feldweg zwischen zwei Grundstücken, eine Schneise durch den Wald oder einen Postweg, der auf möglichst direkter Verbindung zwei Punkte verbindet. Entlang der Reichsgrenzen entstand im ersten Jahrhundert nach Christus zuerst ein Botenweg, um Bewegungen der Barbaren schnell weitermelden zu können. Auf heute deutschem Boden werden drei in Ausführung und Zeitepoche abweichende Limes unterschieden: der obergermanische Limes zwischen dem Rhein in der Pfalz und Welzheim, der rätische Limes zwischen Welzheim und Donau und der Alblimes von Welzheim südwärts. Diese Botenwege wurden um 100 n. Chr. mit einem Flechtzaun befestigt. Holztürme, in Sichtweite zueinander errichtet, boten die Möglichkeit, Signale mittels Fackeln schneller weiterzuleiten als mit Boten zu Fuß. Kaiser Hadrian ließ um 120 die Grenze mit Graben und Palisaden sichern: Der sogenannte „Pfahllimes" entstand, der noch heute in manchen Dorfnamen wie Pfahldorf bei Kipfenberg oder den württembergischen Orten Pfahlbach, Pfahlheim und Pfahlbronn lebendig ist. Nach den wiederholten Überfällen der Markomannen um 170/171 wurde der Limes mit Steintürmen ausgebaut, zudem erhielt der rätische Limes eine bis zu drei Meter hohe Mauer. Zwischen 170 und 190 bekam der rätische Limes seinen endgültigen Verlauf.

Rekonstruktion eines römischen Wachturms bei Burgsalach, Landkreis Eichstätt.

Das Jahrhundertbauwerk

Zwischen Niederbieber in der Pfalz und Hienheim an der Donau erstreckte sich der obergermanisch-rätische Limes über 548 Kilometer; mehr als 900 Wachtürme und fast 60 Kastelle ergänzten den „antigermanischen Schutzwall". Doch der Limes war nie als Verteidigungslinie gedacht – dazu fehlten echte Wehrbauten. Er war lediglich eine stark bewachte Grenze, die einen unerlaubten Übertritt unmöglich machen sollte und im Falle eines Ausfalls die Angreifer wenigstens aufhalten konnte. Etwa 30.000 Soldaten standen zur Verteidigung hinter den Linien bereit, darunter auch etwa 2.000 Mann der Eliteeingreiftruppe der *numeri*, die kleinere Aufstände schnell unterdrücken konnten. Das alles kostete Rom viel Geld. Anscheinend war aber der Ertrag aus der Provinz Germanien so üppig, dass sich der Aufwand lohnte. Historiker berechneten den Geldbedarf Roms zur Erhaltung des Limes mitsamt dem Sold des militärischen Personals auf mindestens 10 Millionen Denari – für 600 Denari bekam man damals ein Haus, der Jahressold eines Soldaten betrug 300 Denari, ein Centurio erhielt bis zu 18.000 Denari. Gegen Ende des ersten Jahrhunderts summierten sich die Militärausgaben Roms auf 200 Millionen Denari und machten knapp 80 Prozent der Staatsausgaben aus. Ein gewaltiger Preis für den ersten Versuch, ein einiges Europa zu schaffen – wenn auch mit Waffengewalt.

Aufgrund der ausbleibenden Überfälle genügte es, den obergermanische Limes mit Palisaden und Graben abzusichern. Bemerkenswert ist hier die schnurgerade Strecke über fast 80 km zwischen Walldürn und Welzheim. Nicht einmal die Chinesische Mauer hat ein derart gerades Stück aufzuweisen. Es war das längste gerade Bauwerk der damaligen Welt, und bis heute rätselt man, wie es die römischen Vermessungsingenieure geschafft haben, diese Linie einzuhalten – ungeachtet der topografischen Gegebenheiten.

Gegen die renitenten Hermunduren musste der rätische Limes mit einer Steinmauer verstärkt werden. Genutzt hat es freilich nichts. Geschwächt durch ihre Expansionspolitik in Persien mussten die Römer mit ansehen, wie die Alemannen um 222 den Limes überrannten. Zwischen 238 und 244 mussten die Römer gar das Kastell in Gunzenhausen aufgeben und zogen sich südlich der Donau zurück. Damit war die römische Geschichte an der Altmühl beendet, und es begann eine lange Zeit der unterschiedlichen Herrschaften, bis im 7. Jh. die Franken auf den Plan traten. Da das Wissen um die Römer und ihren Limes da schon wieder verloren war, glaubte man höhere – oder tiefere – Mächte im Spiel, als man die teils noch schnurgerade durch die Landschaft verlaufenden Wälle und Gräben entdeckte. So bekam der Limes erst spät seinen Beinamen „Teufelsmauer".

Noch heute bewachen diese beiden Römer die Altmühlbrücke bei Pfünz.

Verlauf des Limes (gezackte Linie) entlang der Altmühl. An der Donau (rechts) endete der rätische Limes. Weiter östlich markierte die Donau selbst die Grenze.

St. Michael

Auf dem Michelsberg ragt der barocke Turm der seit 1383 nachgewiesenen Michaelskirche in den Himmel.

Im Jahre 1383 stifteten die Grafen von Oettingen den Pfarrsatz der hiesigen Pfarrei an das Kloster Christgarten im Karthäusertal bei Nördlingen – sie bereiteten damit den Weg für die Kirche vor.

Seit dem Ende des 14. Jh. ist ein Kirchenbau auf dem Michelsberg nachgewiesen. Der dicke Turm stammt aus der Mitte des 15. Jh. und wurde 1752 vom markgräflichen Baumeister Johann David Steingruber mit einer prächtigen Kuppel versehen. 1529 wurde die Reformation eingeführt. 1559 beschwert sich das Kloster Christgarten wegen des Pfarrsatzes Unterasbach im Namen der Grafen zu Oettingen bei der markgräflichen Verwaltung. Es gab unterschiedliche Auffassungen über die herrschende Konfession. Während die Oettinger päpstliche Priester auf den Michelsberg sandten, bestanden die Markgrafen darauf, dass der Pfarrsatz seit *je und allweg* brandenburgisch gewesen ist.

Ein sehenswertes Schmuckstück ist die 1820 fertiggestellte Orgel aus der Werkstatt Eichmüller aus Heilsbronn.

Die wandernde Kirche

Es wird erzählt, dass die Michaelskirche eine Wanderkirche ist. Sie sollte einst im Dorf errichtet werden, doch am nächsten Morgen lag alles im Dorf Aufgebaute oben auf dem Berg. Dies wurde als Fingerzeig Gottes gesehen, und so fand die Kirche ihren Platz über dem Dorf.

Unterasbach

Erste urkundliche Erwähnung 1298 als *Aspach*, als der Bischof von Eichstätt die Güter des Ortes dem Kloster Heidenheim vermacht. Erwähnungen auch als *Unteraschbach* oder *Unteraschba*. Geschichtsschreiber des 19. Jh. versuchten, den Ortsnamen mit dem Gott Asch oder Askanius in Verbindung zu bringen. Die Häufigkeit dieses Ortsnamens in Süddeutschland legt eher eine Beziehung zu der Espe, auch Aspe, nahe, die in sumpfigem Gelände wächst. Auch Flurnamen wie *Espich* weisen darauf hin.

Eine Chronik vermerkt, dass vor *unbedenklichen* Zeiten Unterasbach eines der Freidörfer im Altmühltal gewesen sei. Diesen Status hat das Dorf mit der Machtübernahme der Markgrafen verloren. 1580 wurden 28 Herdstätten gezählt. Damals hatten die Grundherren die Steuerpolitik von Familien auf Herdstätten geändert, nachdem die bäuerliche Großfamilie immer mehr durch Kleinfamilien zerstückelt wurde. Zwar wohnten alle unter einem Dach, doch jeder besaß seine eigene Feuerstelle.

1631 wird der Ort von den Soldaten Tillys geplündert und gebrandschatzt; eine Frau und zwei Kinder, die sich über die Hochwasser führende Altmühl retten wollten, wurden von den Soldaten ersäuft. Im Nachbarort Frickenhofen stirbt eine Frau nach den Mißhandlungen durch die Soldaten, die *ganz rohe und sittenlose Menschen* waren, *die allerlei Schändlichkeiten verübten*.

Pfingsten 1632 wurde die letzte Kommunion durchgeführt – im Beisein schwedischer Soldaten und ihres Anführers Georg Friedrich von Heydeck. Dies kann als ungewöhnlich betrachtet werden, schlugen sich doch Protestanten und Katholiken zwischen 1618 und 1648 überall mehr oder weniger grundlos die Köpfe ein.

Von 1633 und 1638 gibt es im Kirchenbuch Unterasbachs keine Einträge mehr. Erst gegen 1660 ist durch Eintragungen im Kirchenbuch wieder eine Belebung des Ortes mit wenigen Personen nachweisbar.

In der Nachkriegszeit entbrannte ein Streit mit Gunzenhausen, da die Unterasbacher ihre Glocken dorthin zum Schutz vor Plünderung gebracht hatten. Die Gunzenhauser wiederum behaupteten, der Obrist Porell hätte sie hinfortgeführt. Der Rittmeister selbst sagte dagegen, nicht die Bauern, sondern die Bürger seien ihm gegenüber schuldig. Der Streit um die Glocken ging noch bis in das Jahr 1665, als der Markgraf ein Dekret erließ, worauf die Unterasbacher ihre Glocken bezahlt bekamen. 1732 hatte der Kirchturm eine Uhr, was damals etwas Besonderes war. Aus Geldnot musste diese jedoch 1799 verkauft werden.

Am 11. März 1888 entzündete sich an einem Ofenrohr ein Deckenbalken des Schulhauses, der Brand konnte jedoch rechtzeitig gelöscht werden, sonst wären Kirche und Schulhaus abgebrannt.

Unterasbach

Windsfeld

Das Dorf mit dem bunten Kirchturm gehörte schon in der Hallstattzeit zu den besiedelten Flächen im Altmühltal. Zahlreiche Grabhügel rund um das Dorf machen keltische Siedlungen über längere Zeit wahrscheinlich. Dabei ist die Größe einiger Grabhügel bemerkenswert.

Der Ortsname kommt nicht von den zugigen Feldern in der flachen Altmühlaue, wie man auf den ersten Blick vermuten könnte. In einer Urkunde unter Kaiser Barbarossa findet sich 1182 erstmals der Name dieses Ortes als *Winidisuelt*. Somit ist als Namensgeber nicht ein laues Lüftchen, sondern ein Grundherr Namens Winid auszumachen.

Der Ort wurde wohl zu Zeiten der fränkischen Landnahme gegründet, darauf lassen der Ortsname auf -feld und der Namenspatron der Kirche schließen. Aus einem Meierhof entwickelte sich dann im Laufe der Zeit ein ansehnliches Dörfchen – fast alle hohen Herren der weiteren Umgebung finden sich im Mittelalter als Grundherren in und um Windsfeld.

Heute gruppieren sich mit viel Grün die Bauernhäuser um die Kirche. Die Ortsmitte von Windsfeld wird von einigen als die schönste aller Altmühldörfer bezeichnet und ist als Ensemble ein Baudenkmal Bayerns.

St. Gangolf

Der heilige Gangolf diente unter dem Frankenkaiser Pippin, nur wenige Kirchen sind seinem Patronat unterstellt – häufiger wurde der fränkische Lieblingsheilige Martin bemüht. Die Kirche dürfte jedoch im 11. Jh. entstanden sein, auch wenn heute die ältesten Teile nur auf das 15. Jh. zurückgehen. Von einem Vorgängerbau ist überliefert, dass er so dunkel war, dass man bei geschlossenen Türen kaum lesen konnte.

Neben der Windsfelder St. Gangolf-Kirche gibt es in Deutschland nur noch zwei weitere Kirchen mit dem Quellheiligen als Patron: in Bühlertann an der Bühler und bei Neudenau an der Jagst.

Haus aus Stroh

Momentan sicher noch ein exotisches Unternehmen, aber schon in naher Zukunft könnte der nachwachsende Isolierungsstoff Stroh von größerer Bedeutung sein, denn er ist preiswert und regional zu haben. In Windsfeld steht ein Wohnhaus, das als eines der ersten Außenwände aus Strohballen zwischen einer Holzkonstruktion besitzt, die Innen wie Außen verputzt sind.

Windsfeld in der Altmühlaue, dahinter erheben sich die bewaldeten Hügel des Hahnenkamms.

Gundelsheim

Die Kirche St. Bartholomäus mit Jugendstil-Innenraum ist einen Abstecher wert.

Gundelsheim ist eine fränkische Gründung, die in das 9. bis 7. Jh. zurückreicht. Der Name geht auf einen Grundherrn Gundolf zurück. Südlich von Treuchtlingen gibt es gleich in der Nähe einen zweiten Ort dieses Namens, in Süddeutschland sind es insgesamt vier.

Der etwas abseits liegende Ort wurde 1971 beim Wettbewerb „Unser Dorf soll schöner werden" Bundessieger und mit einer Goldmedaille ausgezeichnet.

St. Bartholomäus

Die Kapelle der Mitte des 14. Jh. zerstörten Ortsburg der Herren von Gundelsheim wurde zur Kirche ausgebaut. Der Turm stammt aus dieser Zeit. Zwischen 1905 und 1908 wurde ein neues Langhaus angebaut, das komplett im Jugendstil gestaltet wurde.

In Gundelsheim war mit Richard Riemerschmid (1868-1957) einer der bedeutendsten deutschen Jugendstilkünstler beteiligt. Dieses Kunststück gelang dem Generalkonservator Dr. Georg Hager, der die *zufällige Gelegenheit* hatte, die Pläne des ausführenden Architekten Josef Bühlmann Riemerschmid vorzulegen. Wenig später führte ein Malermeister aus Weißenburg das schablonierte Engelsfries aus, das formal deutlich von Riemerschmid beeinflusst ist. Auch die Einrichtungsgegenstände tragen die Handschrift des Gründers der Münchner Werkstätten für Kunsthandwerk.

Die Gundelsheimer Jugendstildekoration ist ein sehr frühes Beispiel für eine entschieden moderne Kirchenausstattung. Leider geriet es schnell in Vergessenheit, da sich zuerst noch keine Wertschätzung dem Jugenstil gegenüber entwickelt hatte. Ende der 1990er Jahre wurde die Kirche in zweijähriger Renovierung wieder herausgeputzt.

Die von außen schlichte Kirche überrascht den Besucher mit einer im Altmühltal einzigartigen farblichen Ausgestaltung. Das Sakramentshäuschen im Turmchor stammt noch aus dem späten 15. Jh.

Die Altmühl fast unsichtbar zu Füßen, liegt Gundelsheim auf einem Hügel.

Die fahle Wintersonne treibt ihre Schattenspiele mit den filigranen Schilfstängeln (oben). Der ehemalige Lauf der Altmühl ist unterhalb von Gundelsheim durch Begradigung nun zu einem Altwasser geworden (unten).

Ehlheim

Erste urkundliche Erwähnung 1271 in einer Besitzurkunde, in der auch erstmalig Bürger aus Gunzenhausen als Zeugen auftreten.

Hier führt uns die Endung -heim in die Irre, Ehlheim ist keine fränkische Gründung aus dem 7. Jh., denn der Ortsname leitet sich von der Altmühlaue ab: ursprünglich *Awlin* geschrieben – kleine Aue – zur Unterscheidung zum weiter flussaufwärts gelegenen *Aw* (Aha). Die Schreibweise des Ortes änderte sich im Lauf der Zeit immer mehr: von *Aulin* 1346, *Ewlin* 1419, *Elen* 1489 über *Ehelein* Mitte des 16. Jh. bis zu *Ehla* und schließlich nach 1648 *Ehlheim*.

Ehlheim entstand aus einem Meierhof des Klosters Heidenheim. Dieser Hof trägt heute noch die Hausnummer 1 und steht mitten im Ort. Irgendwann ist er geteilt worden, so ist Nr. 2 gleich nebenan. Später kam ein weiterer Hof dazu, der wiederum geteilt wurde: Nr. 3 und Nr. 4. Dabei blieb es bis weit nach dem 30 jährigen Krieg. Doch im Lauf der Zeit zogen die fruchtbaren Lößäcker Ehlheims immer mehr Leute an – 1910 waren es 14 Höfe. Heute sind es 17 Höfe in Ehlheim, das knapp über 60 Menschen eine Heimat gibt.

Eiserne Kühe

Der seit dem Mittelalter bestehenden Kapelle in Ehlheim waren zahlreiche Jahrtage und Messen gestiftet worden. Doch 1568 bemerkte der Visitationsbericht, dass bereits seit neun Jahren nichts bezahlt und so auch keine Messe oder Jahrtag begangen wurde.

Dem Geistlichen stand auch eine Kuh zu, die er gegen ein geringes Entgeld „zur Miete" bekam. Die Kapellenstiftung in Ehlheim hatte sogar zwei Immerkühe, Ewigkühe oder auch Eiserne Kühe genannt.

Glockenwanderung

Die Ehlheimer Glocke wurde 1917 zum „Kriegsdienst" eingezogen. Nach Kriegsende besorgten sich die Ehlheimer eine neue in gleicher Größe, sie hängt noch heute im Feuerwehrturm und wird mit Muskelkraft betrieben.

Nach dem Zweiten Weltkrieg kam die erste Glocke aus Blankenese, wo sie beide Weltkriege heil überstanden hatte, in ihre Heimat zurück. Die Ehlheimer – schon immer großherzig beim Spenden – reichten ihre Urglocke nach Enslwang i.d.Oberpfalz weiter. Doch im Oktober 1951 besetzten die Alliierten das Gebiet, und Enslwang musste einem Truppenübungsplatz weichen. Die Glocke konnte aber nicht mit den Bewohnern mit, die in alle Richtungen gingen. Die Elheimer Glocke begab sich also noch einmal auf Wanderschaft und klingt heute im Kirchturm von Parsing.

Ein Straßendorf mit dem früher typischen Feuerwehrturm zum Trocknen der empfindlichen Schläuche.

Steinerne Rinne

Ein faszinierendes Schauspiel: ein munteres Bächlein, das nicht in einem Tal dahin plätschert, sondern froh und schnell am höchsten Punkt der Erhebung, noch dazu in einer etwa 10 cm breiten Rinne auf einem bis zu 1,6 m hohen Damm. Kein Landart-Künstler, kein Landschaftsarchitekt war hier am Werk, nur der Genius der Natur mit seinem Verbündeten, der Zeit.

Die Römer müssen hier das Aquädukt erfunden haben, die Menschen des Mittelalters entweder den Teufel oder den lieben Gott im Spiel gesehen haben – so ungewöhnlich und selten ist diese Erscheinung.

Schaumschlägerei

Steinerne Rinnen – von denen es in Süddeutschland ein gutes Dutzend gibt – entstehen durch Abscheidung von Kalk aus fließendem Wasser. Das ist einfach gesagt und schwer nachvollziehbar. Es müssen mehrere Faktoren zueinander kommen, damit dieses seltene Gebilde entsteht.

Die Quelle bei Wolfsbronn ist eine Überlaufquelle mit einem hohen Anteil an gelösten Kalkverbindungen. Diese Kalkverbindungen fällen aus, wenn das Wasser Kohlensäure abgibt. Diesen Vorgang nennt man Tuffbildung. Tuff ist ein sehr weicher Kalkstein, der in allen Kalkgebieten vorkommt und den im Mittelalter besonders die Ärmeren zum Hausbau benutzt haben, da er sich leicht bearbeiten ließ. Kalktuffquellen gibt es zuhauf, Steinerne Rinnen aber nur selten. Denn nur wenn kalkhaltiges Wasser mit niedriger Temperatur in einer bestimmten Menge einen bestimmten Böschungswinkel hinabeilt, kann es das scheinbar Unmögliche schaffen. Aber nur, wenn dies in einem schattigen, edellaubholzreichen Wald geschieht. Dann wachsen Moose, Algen und die Symbiose aus beiden, Flechten, am Gewässerrand. Das rasch hinabstürzende Wasser produziert Kohlensäure, die wiederum beim Entweichen Kalk frei gibt. Dieser setzt sich an den filigranen Strukturen der niederen Pflanzen ab. Soweit die anorganische Tuffbildung. Die Pflanzen entziehen dem Wasser zum Zwecke ihrer Ernährung Kohlensäure, was eine weitere Verkalkung nach sich zieht. Besonders die Algen sind in der Lage, aus dem sie umgebenden Kalk weitere Kohlensäure herauszuziehen. Der Kalk wird dadurch besonders hart und wasserundurchlässig. Die Algen sterben unter dem Kalk ab, auf dem Kalk bilden sich neue Algen. So entsteht mit der Zeit eine wachsende Rinne. Diese Kalkfällung nennt man dann phytogen, von Pflanzen verursacht.

Der Quellbach bei Wolfsbronn fließt etwa 30 m auf dem normalen Hangniveau, dann beginnt unter dem Bachbett merklich eine Tuffaufwölbung, die in den letzten Jahrtausenden entstanden ist. Sie ist 250 m lang, anfänglich 40, später 60 m breit und bis zu 8 m mächtig. Immer wieder hat es Rinnen wie die jetzige gegeben, die durch irgendein Ereignis kaputt gegangen sind. Das Wasser und der Kalk haben dann immer neue Rinnen produziert, das Bachbett wuchs und wuchs. Heute verläuft der Quellbach auf 130 m Länge auf einem Kalktuffdamm, der bis zu 1,6 m hoch wird. Mehrere kleine Wasserfälle unterbrechen den Damm.

Der Blick schweift über Wolfsbronn weit in das Altmühltal hinein.

Leicht zu finden

Wer zwischen Gunzenhausen und Treuchtlingen unterwegs ist, biegt auf etwa halber Strecke in den Ort Meinheim ab und folgt etwa 4 km lang den braunen Hinweisschildern „Steinerne Rinne". Nach Wolfsbronn ist der Parkplatz in einer Rechtskurve nicht zu verfehlen. Besonders schön ist es hier im Frühling und Frühsommer. Eine weitere Rinne ist bei Ellingen zu finden. Östlich über Höttingen und Auhof nach Rohrbach, am Ortsende noch 1 km südöstlich. Der Parkplatz ist ausgeschildert.

Markt Berolzheim

Hier im fruchtbaren Albvorland sind Siedlungsspuren bis in die Eisenzeit nachgewiesen. Die Kelten hinterließen zahlreiche Grabhügel in der Umgebung Berolzheims. Für eine keltische Besiedlung spricht auch die in Resten erhaltene römische Siedlung, da die Römer oft in die Fußstapfen der Kelten traten oder sich wegen des besseren Handels in ihrer Nähe niederließen.

Das Dorf Berolzheim gehörte zum fränkischen Sualafeldgau und hatte schon damals einen Meierhof. Hier begüterte Grundherren tauchen aber erst zwischen dem 12. und 13. Jh. auf. So erbaut Ritter Willing von Berolzheim 1320 das „Untere Schloss" als Wasserburg. Im 16. Jh. strecken die Pappenheimer ihre Hand nach Berolzheim aus. Im Jahr 1575 baut Wolf von Pappenheim das 1523 abgebrannte Schloss wieder auf.

Von den beiden Schlössern Berolzheims zeugen heute nur noch Straßennamen und – unsichtbar für den historisch interessierten Besucher – Kellergewölbe.

Auch Berolzheim hatte bis 1939 eine jüdische Geschichte. An der Stelle der ehemaligen Synagoge wurde 1999 ein Sühnemal errichtet, dass an die Gräueltaten während der Naziherrschaft erinnert und den ehemals jüdischen Teil des Ortes zumindest symbolisch wieder integriert.

Das Wappen des Grafen

Auf Antrag Wolf von Pappenheims verlieh Kaiser Maximilian II. 1574 denen von Pappenheim ein Wappen: geteilt durch Blau und Silber, oben ein silbriger Eisenhut, darunter ein schreitender Bär mit roter Zunge und rotem Halsband. Der Wappenbrief ist die älteste und kostbarste Urkunde, die heute noch im Besitz der Gemeinde ist.

Der 30-jährige Krieg brachte für Berolzheim nicht nur Verwüstung und Entvölkerung, sondern auch den Anschluss an Brandenburg-Ansbach. So wurde es 1792 wie Gunzenhausen preußisch und kam 1806 an das Königreich Bayern.

St. Michael und St. Maria

Der Ansbacher Hofbaumeister David Steingruber zeichnete den Plan für den Neubau der St. Michaelskirche, der nach 1755 begonnen wurde. In die Außenwand wurden später die Epitaphien verschiedener Personen aus Adel und Geistlichkeit eingelassen, die zwischen den Jahren 1585 und 1800 entstanden sind.

In der Ortsmitte ragt der Kirchturm von St. Michael weit über alle anderen Gebäude empor.

Hat bisher allen Stürmen getrotzt: die schöne solitäre Linde bei Berolzheim.

Die Kirche St. Maria wird im Jahr 1347 erstmals urkundlich erwähnt.

Viele Denkmäler

In der Umgebung von Markt Berolzheim mangelt es nicht an Sehenswürdigkeiten. Bei Wolfsbronn gibt es das ausgeschilderte Naturschauspiel der Steinernen Rinne zu bewundern (Seite 88/89); direkt in der Nähe des Ortes befindet sich im Nordwesten die mächtige Kugellinde, eine mehrere Jahrhunderte alte Winterlinde. Hoch über dem Ort strecken sich die „Sieben Linden" in den Himmel und bilden im Winter ein pitoreskes Ensemble. Sie stehen in einem Naturschutzgebiet südlich des Ortes an einem Trockenhang. Am Wald oberhalb des Sportplatzes befindet sich auch ein Wildgehege, das per Pedes oder mit dem Fahrrad erreicht werden kann.

Auch Kulturdenkmale findet man um Berolzheim reichlich: Im Berolzheimer Wald verstecken sich die beiden ehemaligen Brauereikeller des Ortes, die 1990 vom Forstamt Treuchtlingen renoviert wurden. Sie liegen sehr versteckt am Hang und werden vom Forstamt als Betriebshof genutzt.

Klatschmohn blüht auf den Äckern.

Zum Bierbrauen gehörten vor der Erfindung der Elektrizität neben der Brauerei auch ein Eisweiher und ein Eiskeller. Im Winter wurde das Eis der Weiher in Blöcke geschnitten und in den künstlichen Höhlen gelagert. Nur so konnte man auch in der heißen Jahreszeit gekühltes Bier genießen, ja Bier überhaupt lagern. Oft bauten die Brauereien auf die Eiskeller Tanzhäuser, damit in der warmen Jahreszeit kein Fest mehr ohne kaltes Bier sein musste.

Das so genannte Steinhaus sind vermutlich Reste einer römischen Villa. Noch heute kann man den rechteckigen Wassergraben erkennen. Von den einstigen Mauerresten sind nur noch Hügel erkennbar. In seiner Erscheinung erinnert das Ganze eher an eine Turmhügelburg des 9. Jh. als an eine römische Behausung.

Der Herbst zaubert kupferne Farbtöne in die Sauergräser der Altmühl-Rieder. Das Schambacher Ried (oben) nördlich von Dietfurt in Mittelfranken bewahrt noch eindrücklich die ehemalige Sumpflandschaft. Für den Menschen unzugänglich und unbewohnbar, trachtete er schon früh nach Entwässerung und Begradigung. Nun wird wieder versucht, die „Sünden" der Vergangenheit zu korrigieren, wie hier an der Grabenmündung in die Altmühl südlich Bubenheim (unten).

Bubenheim

Als Karl der Große 793 auf der Baustelle seines Grabens – der *Fossa Carolina* (s.S. 104-105) – nach dem Rechten sieht, weilt er auch in Bubenheim. Der in der Karls-Chronik *Pupnhaim* genannte Ort hat wenig mit männlichen Kindern zu tun. Der „Bube" leitet sich vom lateinischen *Bubo* ab, was Eule bedeutet und bis heute der wissenschaftliche Name für den Uhu (*Bubo bubo*) ist. Daraus lässt sich schließen, dass Bubenheim zur Zeit der Namensgebung einsam im Wald lag, wo Eulengeschrei zur allnächtlichen Ausstattung gehörte. Die Gründung des Ortes dürfte durch die Franken im 7. oder 8. Jahrhundert erfolgt sein. Bubenheim ist einer der wenigen Orte um Treuchtlingen, die bereits im 8. Jh. Erwähnung im Schrifttum finden.

Im 13. Jh. waren die Grafen von Graisbach hier begütert, später teilte der Ort die Geschicke des Adelsgeschlechts von Pappenheim. Nach deren Aussterben kam auch Bubenheim zunächst an das Fürstentum Brandenburg-Ansbach, dann an Preußen und 1806 an das Königreich Bayern. Bei der Katastererfassung 1824 zählten die königlichen Statistiker 35 Anwesen, 222 Einwohner, eine Gastwirtschaft mit Brauerei, eine Tafernwirtschaft, einen Krämer.

Viele Steine in Vielsteine

Der hinter dem Dorf aufragende Bubenheimer Berg ist geologisch interessant. Hier finden sich 15 Millionen Jahre alte Gesteine, die aus dem Ries bei einem Meteoriteneinschlag hierher geschleudert wurden. Einzelne Brocken flogen damals bis nach Moldawien.

Vom Rastplatz „Vielsteine" hat man einen herrlichen Blick auf die Umgebung. Zudem kann der geologisch Interessierte in der Erdgeschichte lesen, die hier kreuz und quer abgelagert wurde. Der Südhang bietet mit seinen vielen Kirsch- und Nussbäumen von Frühjahr bis Herbst eine wunderschöne Kulisse für Spaziergänge.

Etwas nördlich des Ortes liegt in der Altmühlaue ein Flugplatz. Von der Graspiste aus sind – sollte nicht gerade alles überschwemmt sein – Rundflüge mit Motor- und Segelflugzeugen möglich.

Die Altmühl bildet südlich auch ausgedehnte Riede (s.S. 92), die vor allem für Ornithologen interessant sein dürften. Auch der Biber fehlt nicht im Arteninventar.

Zwischen Altmühl und Bubenheimer Berg drängt sich das Dorf um die Heilig-Kreuz-Kirche.

Wettelsheim

Locker gruppieren sich die Häuser um die Kirche, im Ort ist noch viel Platz für Grünes.

Erste Spuren einer Besiedlung stammen aus der Steinzeit. Auch Kelten und Römer nutzten die gute Lage. Die Erhebung zu einem Ort mit Namen geht vermutlich auf einen Grundherrn Watil zurück, der im 5. oder 6. Jh. in einer ersten Siedlungswelle der Franken versuchte, das Terrain zu sondieren. Die Lage an der Stelle, an der die Altmühl sich in den Jura gräbt, versprach gute Entwicklungsmöglichkeiten. 1044 erscheint erstmals der Name *Wetelesheim* in den Urkunden, als Kaiser Heinrich II. seiner Gemahlin Agnes hier und in Dietfurt sowie Pappenheim Güter übereignet.

Der Eichstätter Bischof Gundekar weiht 1058 die Wettelsheimer Kirche. Die Urkirche ist dem hl. Martin geweiht, dem Lieblingsheiligen der Franken. Das Kirchlein steht heute auf dem Gottesacker und wurde in jüngerer Zeit aufwändig restauriert. Im 13. Jh. wird die Wettelsheimer Kirche dem Kloster Wülzburg einverleibt, später sind auch das Kloster Kaisheim und die Marschälle von Pappenheim im Besitz hiesiger Güter.

Nach dem Aussterben der Pappenheim fällt Wettelsheim mitsamt Kloster Wülzburg an Brandenburg-Ansbach. Der Markgraf lässt eine neue Kirche im Dorfzentrum erbauen – die Christuskirche wird 1757 fertig gestellt. 1792 kommt Wettelsheim an Preußen, kurze Zeit später fällt es 1806 an das Königreich Bayern. 1824 sind in Wettelsheim 148 Anwesen und 696 Einwohner registriert. Das Wirtschaftskataster umfasst 1846 einen Brauer, fünf Wirtschaften, vier Branntweinbrenner, einen Bader, einen Essigsieder, einen Siebmacher, zwölf Weber und einen oder zwei Hafner. Ein Amtshof als Sitz der markgräflichen Richter und ein Handwerkerzentrum unterstreichen die frühere Bedeutung des Ortes.

Eine Besonderheit Wettelsheims sind die vielen dünnen Steinbogenbrücken über den Bach, der durch den ganzen Ort fließt.

Wettelsheimer Bierkeller

Die Kellerwirtschaft der Brauerei Strauß ist weit über die Grenzen Wettelsheims hinaus bekannt. Von dem 1850 erbauten Biergarten hat man einen herrlichen Ausblick über das Altmühltal. Süffiges Märzen und deftige Brotzeiten zu annehmbaren Preisen haben die Wettelsheimer Keller zu einem Ziel für Bierliebhaber gemacht. Noch heute kommt das Bier aus großen, gepichten Holzfässern, die im Innern des Berges reifen.

Treuchtlingen

Die erste urkundliche Erwähnung als *Drutelinga* geht in das Jahr 899 zurück. Nicht nur der Name klingt in dieser Form arg schwäbisch-alemannisch, die Gründer des Ortes dürften auch Alemannen gewesen sein. Ein Ortsadel ist mit Gerhild von Truhilingun erstmals 1095 erwähnt. Dieser saß auf einer Turmhügel-Wasserburg am Ufer der Altmühl, woraus durch ständiges Erweitern dann das 1346 erstmahls als Niedere Veste erwähnte Untere Schloss entstand. 1147 kauften die Pappenheim dieses Schloss von Johann von Seckendorff und gründeten eine Treuchtlinger Linie. Die Höhenburg über dem Ort wurde um 1200 erbaut.

Ein Dorf wächst

Ende des 13. Jh. hat Treuchtlingen eine respektable Größe erreicht und besitzt zwei Burgen. Die Bemühungen der Treuchtlinger münden im Jahr 1400 in die Erhebung der Siedlung zum Markt. Nun interessieren sich die Reichs-Erbmarschälle des Heiligen Römischen Reiches deutscher Nation aus dem nahen Pappenheim für den Ort und kaufen ab 1447 systematisch Grund und Rechte auf.

95 Jahre später legt eine Feuersbrunst große Teile des Ortes in Schutt und Asche – Voraussetzung für einen Neubeginn ohne Altlasten in dem aufstrebenden Städtchen. 1535 übernehmen die Pappenheim den Ort gänzlich, 1575 wird das neue Schloss inmitten der Stadt fertig gestellt. Doch die Herrschaft dauert kaum mehr als 100 Jahre, mit Wolf Adam von Pappenheim fällt der letzte männliche Erbe 1647 in einem Duell in Prag. Die Herrschaft Treuchtlingen geht an die Markgrafen von Brandenburg-Ansbach über.

Industrie und Stadtrecht

Im Jahr 1774 gründet J.K. Aurnhammer die erste Fabrik in Treuchtlingen, die „Leonische Tressen- und Seidenmanufaktur". 1798 kauft der Sohn des Gründers das Untere Schloss und rettet es durch umfangreiche Renovierungsmaßnahmen vor dem bevorstehenden Verfall. Mit dem Fürstentum Ansbach wird Treuchtlingen 1792 preußisch und kommt 1806 an Bayern. Prinzregent Luitpolt erhebt Treuchtlingen 1898 zur Stadt, nachdem Bevölkerungszunahme und wirtschaftlicher Aufschwung

Der Erb-Reichsmarschall von Pappenheim schaut als Statue auf sein Schloss in der Ortsmitte von Treuchtlingen. Brauerei, Volkskundemuseum und Kirche sind gleich nebenan.

In schlichtem Rosa ragt die 1756/57 erbaute Markgrafenkirche in den blauen Himmel.

den Ort hatten wachsen lassen. Die Eisenbahnlinie erreicht 1869 den Ort und sorgt für Prosperität.

Zum Schwarzen Bären

Das älteste Gasthaus Treuchtlingens wurde früher in Anlehnung an die Tafernwirtschaft auch als Taverne bezeichnet, ein im Mittelalter noch gebräuchlicher Begriff. Im Laufe des 18. Jh. wurde die griechische Bezeichnung immer mehr durch „Wirtschaft" und später „Gasthaus" ersetzt.

Der Schwarze Bär braute sein Bier von alters her selbst, wie alte Urkunden bezeugen. Zwischen den Jahren 1667 und 1797 wurde der Wirt jedoch gezwungen, das herrschaftliche Bier des um die Ecke gelegenen *Präuhauses* auszuschenken.

Bis zu seiner Zerstückelung im Jahre 1758 war der Schwarze Bär auch der größte Hof in Treuchtlingen. Das Gebäude wurde 1965/66 umgebaut und beherbergt derzeit ein chinesisches Restaurant.

Aurnhammer-Sammlung

In einigen Räumen des Schlosses ist die Sammlung des Industriellen Aurnhammer untergebracht, die von den Anfängen der Weber bis zu modernen Produktionsmethoden eine gute Übersicht über die Entwicklung dieses Handwerks zeigt.

Volkskundemuseum

Nach umfangreichen Umbauten konnte das Volkskundemuseum am 7. August 2004 in zwei Häusern mit den Ausstellungen „Möbelgeschichte und Wohnen in vier Jahrhunderten" (17.-20. Jh.) und „Wohnen im 19. und 20. Jh." wieder der Öffentlichkeit zugänglich gemacht werden. Die Musikinstrumentensammlung von Prof. Lidl und eine umfangreiche Zinnfiguren-Sammlung ergänzen das Angebot.

Altmühltherme

Treuchtlingen ist nah am Wasser gebaut, nicht nur horizontal, sondern auch vertikal. Aus 600 bis 800 m Tiefe sprudelt das 28° C warme Thermalwasser aus zwei Heilquellen. Gefunden wurden sie bei Tiefbohrungen der örtlichen Brauerei auf der Suche nach

Im Innenhof des Schlosses.

Das Volkskundemuseum in Treuchtlingen.

Brauwasser im Jahr 1976. Die Bade- und Gesundheitsoase bietet mit 3.000 m² Wasserfläche genügend Raum für medizinische Anwendungen, Wellness und Freizeit. Seit 1987 ist die Treuchtlinger Thermalquelle als Heilquelle staatlich anerkannt.

Kulturzentrum Forsthaus

Zu Beginn des 30-jährigen Krieges wurde der herrschaftliche Kastenbau vollendet mit großen Getreideböden, dem Lagerkeller der Brauerei und der Wohnung des gräflichen Wildmeisters. Unter bayerischer Hoheit wurde er ganz zum königlichen Forsthaus, ab 1918 dann staatlich. Von 1969 bis 1974 befand sich eine Sonderschule in den dicken Mauern des Hauses, bis 1988 wurde es vom Roten Kreuz als Kolonnenheim benutzt. Nach einem Umbau von 2001 bis 2004 unter Verwendung von Spendengeldern ist er nun Kulturzentrum.

Das ehemalige Forsthaus, unterhalb der Burgruine gelegen, bietet eine breite Auswahl an Räumlichkeiten für Konferenzen, Tagungen, Präsentationen, Ausstellungen und Musikveranstaltungen von zehn bis zu 130 Personen. Das Haus wurde barrierefrei ausgebaut.

Schrammheinz

Am 8. Juni 1594 erblickt Gottfried Heinrich von Pappenheim im Unteren Schloss von Treuchtlingen das Licht der Welt. Später wird er als Marschall unter dem Namen „Schrammheinz“ Berühmtheit erlangen, und wegen seines Wagemutes den Feldherrn Wallenstein zu einem bekannten Satz verleiten.

Allerdings wird er auf dem Feld in der Schlacht bei Lützen gegen Gustav Adolf tödlich verwundet und stirbt einen Tag später am 17. November 1632 in Dresden.

„Ich kenne meine ...“

Gottfried Heinrich Graf zu Pappenheim diente im 30-jährigen Kriege den kaiserlichen Truppen. In der Schlacht am Weißen Berg unter Tilly 1620 bewährte er sich durch Tapferkeit, Mut und Geschick. 1632 ernannte ihn der Kaiser zum Oberbefehlshaber des Kürassierregiments, das schnell den Namen „die Pappenheimer“ bekam. 1623 bis 1625 übertrug der Kaiser Gottfried Heinrich auch den Oberbefehl über die spanische Reiterei in der Lombardei. Pappenheim unter-

Altes Wirtshausschild des „Schwarzen Bären“.

drückte den Bauernaufstand in Oberösterreich, wurde zum General der Kavallerie ernannt und beteiligte sich erfolgreich an der Eroberung Magdeburgs 1631.

Als der Kaiser 1625 in Bedrängnis gerät, versichert er sich der Hilfe Wallensteins und macht ihn zum Oberbefehlshaber der kaiserlichen Armee. Wallenstein rüstet auf eigene Kosten 40.000 Mann aus und besoldet sie. Nachdem er sich mit Tilly von der katholischen Liga vereinigt hat, erobert er Schleswig, Holstein, Mecklenburg und Jütland. Zum Dank erhebt der Kaiser Wallenstein zum Herzog von Mecklenburg. Der eigensinnige Wallenstein hat unter den Reichsadeligen jedoch Feinde, auf dem Regensburger Reichstag setzen die seine Absetzung durch. Tilly übernimmt nun die Befehlsgewalt über die kaiserlichen Truppen, zu denen auch die „Pappenheimer" zählen. Doch in der Schlacht bei Breitenfeld verliert Tilly gegen den Schwedenkönig Gustav Adolf, der sich nach der Zusammenlegung der kaiserlichen und der katholischen Truppen in den Krieg auf protestantischer Seite eingeschaltet hat.

Ferdinand II. macht Wallenstein erneut zum Oberbefehlshaber der Kaiserlichen, da Gustav Adolf zügig nach Süddeutschland vorrückt. Wallenstein gelingt es, das Schwedenheer nach Norden zurückzudrängen.

Am 16. November 1632 kommt es zur Schlacht bei Lützen. Tilly ist bereits im April bei Ingolstadt gefallen. Wallenstein hat geheime Sondergespräche wegen eines Friedensabkommens mit den Schweden geführt, trotzdem ziehen alle in diese Schlacht.

Es wird ein Desaster für beide Seiten. Gustav Adolf bleibt auf dem Schlachtfeld, Wallenstein muss sich geschwächt zurückziehen. Irgendwann am Nachmittag oder Abend wird er das gesagt haben, was seither in vieler Munde ist: *Ich kenne meine Pappenheimer*. Das war seine Antwort auf die Frage, ob es die Kavallerie unter „Schrammheinz" wohl noch rechtzeitig schaffen werde. Gemeint hat er damit ihre Zuverlässigkeit. Er hatte sie eingeteilt, seinen Rückzug zu decken, was sie erfolgreich taten. Gottfried Heinrich Graf zu Pappenheim wurde dabei tödlich verwundet, er starb am folgenden Tag in Dresden.

200 Jahre später schreibt der Dichterfürst Schiller sein Drama „Wallensteins Tod". Und natürlich baut er auch diesen historischen Satz ein. Eine Abordnung der Pappenheimer Kürassiere fragt Wallenstein, ob an den Gerüchten seiner Verhandlungen mit den Schweden etwas dran sei, er antwortet kryptisch: *Daran erkenn' ich meine Pappenheimer*. Gemeint war hier die Aufrichtigkeit und der Mut der Mannen, ihn direkt zu Fragen.

Doch Wallenstein bleibt eine ehrliche Auskunft schuldig, und am 23. Februar 1634 erlässt der Kaiser eine Anordnung, ihn wegen Verrats tot oder lebend zu fangen. Am 25. Februar ersticht ihn in Eger der irische Hauptmann Devereux.

Eine Bußglocke steht mit grüner Patina vor dem Volkskundemuseum, dahinter ragt der Turm der Lambertuskirche in die Höhe.

Barocke Innenaustattung von 1733 in der Lambertuskirche.

Burg Treuchtlingen

In der ersten Hälfte des 12. Jh. erbaute der Ortsadel, der bisher in einem Wohnturm an der Altmühl lebte, eine bescheidene Burg auf einem Bergsporn über dem Dorf Treuchtlingen.

Ulrich I. von Treuchtlingen taucht als Zeuge 1228 in einer Urkunde König Heinrichs VII. auf. Mitte des 13. Jh. und nochmals im ersten Viertel des 14. Jh. wird die Burg zerstört. Danach werden umfangreiche Baumaßnahmen zum besseren Schutz der Burg vorgenommen.

Eigenes Kleinreich

Ulrich V. und Wirich II. kaufen die Lehenshoheit für die Höhenburg von Marschall Rudolf von Pappenheim ab. Die Treuchtlinger hatten sich zu dieser Zeit in die Ulriche, die auf der unteren Burg saßen, und die Wiriche, die die Höhenburg bewohnten, aufgeteilt. 1346 wird die Niedere Veste erstmals erwähnt, die aus dem Wohnturm an der Altmühl hervorgegangen war. 1354 verkauft Ulrich VI. die Niedere Veste an Wirich III., der nun alleiniger Ortsherr ist. 1365 bekommt er von Kaiser Karl IV. das Marktrecht, Stock und Galgen verliehen. Treuchtlingen wird inmitten des brandenburg-ansbachischen und Pappenheimer Besitzes eigenes Rittergut. Im 14. und 15. Jh. wird die Burg mehrfach umgestaltet und modernisiert. 1412 ist Wirich IV. markgräflicher Statthalter in Brandenburg. Er stirbt ohne männlichen Erben 1422. Das Erbe wird unter den weiblichen Linien von Mutter und Tochter aufgeteilt. Die Seckendorff erben die Niedere Veste, die Schenken von Geyen die Obere Burg.

Mauerriss der ehemaligen Burg.

Die Ruine der Burg Treuchtlingen ist hervorragend instandgesetzt.

Die Pappenheimer kommen

Zwischen 1447 und 1553 gelingt es den Pappenheimern, beide Burgen zu kaufen. Sie gründen eine eigene Treuchtlinger Linie. Sie bauen die Untere Veste zu einem Schloss um und lassen die unbequem gewordene Höhenburg verfallen. Auf einer Karte aus dem Jahr 1572 ist die Burg als Ruine dargestellt.

Die Ruine lebt

Ende des 19. Jh. feiern die Bürger von Treuchtlingen in der Ruine ihr erstes Burgfest. In den ersten Jahren des 20. Jh. wird die Burg durch Johann Lindner erforscht. 1945 zerstören Bomben der Alliierten die Ruine und die südliche Zwingermauer. Seit 1975 wird die Ruine freigelegt und saniert. Die Funde werden in einer Sonderausstellung im Volkskundemuseum gezeigt.

2003 fand das erste Liedermacherfestival mit großem Erfolg in der Ruine statt. Seither gibt es das Festival jedes Jahr.

Mittelalterliche Haubentaucher

Die Mittelaltergruppe „Podiceps Cristatus" – der wissenschaftliche Name des Haubentauchers – veranstaltet jedes Jahr einen Workshop auf der Burg. Während eines Zeltlagers wird dann versucht, so nahe wie möglich an das Leben im hohen und späten Mittelalter heranzukommen – inklusive Baden im Waschzuber. Kleidung nähen, nach alten Rezepten kochen mit den Mitteln von damals – ein Leben ganz ohne Technik ist für viele Menschen heute gar nicht mehr vorstellbar. Auch die Haubentaucher verzichten nicht ganz darauf: Zumindest bei der Hygiene sind die Segnungen der Neuzeit – Toilette, Zahnbürste – willkommen.

Zwei ausdauernde Flugkünstler, die man entlang der Altmühl an fast jedem Gewässer antreffen kann: Die Blaugrüne Mosaikjungfer (oben) und die Falkenlibelle (rechts unten). Beide Libellen fliegen fast unermüdlich den ganzen Tag über dem Wasser hin und her – so scheint es zumindest für den Beobachter. Dass sich die Tiere unbemerkt abwechseln, entgeht uns, da sich die Individuen für unser Auge kaum voneinander unterscheiden. Die unscheinbare Binsenjungfer (unten) ist ein Wartenjäger: Von einem Grashalm aus beobachtet sie ihre Umgebung, um dann blitzschnell ihre Beute im Flug zu erhaschen.

Während sich die Falkenlibelle im zeitigen Frühjahr ab Ende April am Gewässer zeigt, ist die Blaugrüne Mosaikjungfer erst ab Juli regelmäßig zu beobachten, dafür jedoch bis in den November hinein.

Libellen sind gewandte Räuber, die in ihrem 2-50 Wochen dauernden Leben Unmengen an Mücken, Fliegen und Motten vertilgen. Größere Arten wie die Blaugrüne Mosaikjungfer fressen auch schon mal Tagfalter, Wespen oder dicke Fliegen. Für den Menschen sind Libellen gänzlich ungefährlich. Sie besitzen weder einen Stachel noch ein Gift.

Altmühl-Radweg

Der Altmühl-Radweg ist inzwischen einer der bekanntesten und frequentiertesten Fahrradwanderwege in Europa. Obwohl die meisten Radler zwischen Gunzenhausen und Kelheim unterwegs sind, führt der ganze Radweg von Rothenburg nach Regensburg. Viele mögliche Abstecher machen die Strecke enorm abwechslungsreich.

Seine Beliebtheit kommt natürlich nicht von ungefähr. Der Altmühl-Radweg hat einige Pluspunkte, die schwer zu überbieten sind: die grandiose Landschaft mit einer Fülle von Kultur, Natur und Geschichte am Wegesrand; die Flexibilität in Streckenlänge und -führung; die vielen Angebote an weiteren Aktivitäten entlang der Altmühl; der gute Ausbau und die hervorragende Beschilderung der ganzen Strecke; die konsequente Gestaltung vieler Einrichtungen für Radler; nicht zuletzt das freundliche, hilfsbereite Wesen der Altmühltaler.

Von Rothenburg bis Regensburg führt der Radwanderweg über rund 272 km Länge. Das entspricht einer Tour-de-France Etappe oder zwei Wochen gemütlichem Familienurlaub mit vielen Highlights. Das Schöne am Altmühl-Radweg ist, dass man überall einsteigen und jederzeit aufhören kann. Die gute Infrastruktur macht dies möglich. Kleine Gruppen von 2-4 Personen finden sogar noch während der Hauptsaison ein Übernachtungsquartier, auch wenn man dafür mal das Altmühltal verlassen muss. Für größere Gruppen ist es zumindest während der Sommerferien ratsam, sich im Vorraus anzumelden. Vom individuellen Biker bis hin zu mehrwöchig durchorganisierten Fahrradurlauben mit Gepäcktransport und vielen Freizeitaktivitäten wie Bootfahren, Fossiliensuchen etc. reicht die Palette der Urlaubsmöglichkeiten an der Altmühl.

Die Altmühl ist zu einem Ferienparadies avanciert, in das jährlich über 5,3 Millionen Gäste strömen. Vorallem die Radtouristen machen einen Großteil der 600.000 Übernachtungen aus.

Rothenburg – Colmberg

Die erste Etappe ist die drittlängste der Tour. Aber die 39 km sind auch für Ungeübte an einem Tag zu machen, obgleich der einzige Anstieg der gesamten Tour hier am Anfang bewältigt werden muss.

Die ehemals freie Reichsstadt Rothenburg bietet allein schon genügend für einen Tag Programm: Begehbare Stadtmauer, Kriminalmuseum oder die Möglichkeit, das ganze Jahr Weihnachtseinkäufe zu machen. Wer seine Radtour bequem beginnen möchte, reist am Abend vorher an und macht es sich in der mittelalterlichen Stadt gemütlich.

Los geht es direkt nach Osten auf die Frankenhöhe. In einem weiten Bogen durch den Karrachwald ist man schnell auf der Höhe und im Altmühltal. Die Strecke führt über Neusitz, Wachsenberg, Gunzendorf, Geslau, Kreuth, Dornhausen, Bieg über Unterfelden nach Colmberg.

Wer die Altmühlquelle besuchen möchte, folgt ab Rothenburg dem Aischtalradweg über Nordenberg und Windelsbach nach Hornau. Von der Quelle dann wieder dem Altmühl-Radweg folgen über Burghausen, Binzwangen und Oberfelden nach Colmberg. Hier locken die Ritterburg mit Hotel und Restaurant, der Ausblick von der Schulzenhöhe oder Colmberg mit seinen Fachwerkhäuschen.

Colmberg – Herrieden

Von nun an folgen wir 23 km lang dem Lauf der Altmühl. Im noch rein fränkischen Teil führt der Weg durch kleine Dörfer und Städte. Es geht über Frommetsfelden und Jochsberg nach Leutershausen. Dort lockt u.a. das Museum über den ersten Motorflieger der Welt. Nach Leutershausen kommt Görchsheim, dann folgen schier endlose Wiesen mit mäandrierender Altmühl und der Aussicht, zumindest einen Biberbau zu entdecken, Störche zu sehen oder den Ruf des Brachvogels zu hören. Endstation ist das schöne Städtchen Herrieden, das mit sehr guten Gasthäusern aufwartet.

Herrieden – Gunzenhausen

Fast eben, könnte man die 26 km auch in einer Stunde fahren, was ohne Gepäck nicht schwierig wäre. Aber man möchte ja etwas sehen. Es geht durch Thann nach Großenried, dort lockt die St. Laurentikirche. Weiter geht es nach Ornbau, dem vielleicht romantischsten der kleinen Altmühlstädtchen. Vorbei an der Wiesmet, dem großen Wiesenbrüter-Schutzgebiet und um den Altmühlsee herum kommt man nach Gunzenhausen. Hier gibt es einige Museen, Römerspuren, Schwimmbäder und natürlich leckeres Essen.

Gunzenhausen – Treuchtlingen
Die letzte Etappe im weiten Tal der oberen Altmühl führt über 25 km nach Treuchtlingen. In Aha gibt es eine schöne Markgrafenkirche zu besichtigen, St. Michael auf dem Berg sieht man nur von weitem, durch das hübsche Dorf Windsfeld geht es nach Ehlheim. Hier könnte man einen Abstecher zu der Jugendstilkirche in Gundelsheim machen. Weiter über Markt Berolzheim, Wettelsheim zum Karlsgraben mit Museum, dann ist Treuchtlingen in Sicht. Wer jetzt schon müde ist, kann sich in den Altmühlthermen regenerieren, andere machen einen Ausflug zur Ruine, zum Schloss oder ins Volkskundemuseum. Auch ein Informationszentrum über den Naturpark gibt es hier.

Treuchtlingen – Eichstätt
Nun geht es in das enge Tal der Altmühl, immer wieder gibt es herrliche Ausblicke zu genießen auf der 44 km langen Strecke. Steile Dolomitfelsen ragen in die Höhe, und der Radweg führt wohltuend oft an dem nicht mit Straßen verbauten Ufer entlang. So kann der Radler ein ganz anderes Altmühltal kennen lernen als der Motorist. Mit Dietfurt, Pappenheim und Solnhofen durchfährt der Radweg hier einige Perlen des Altmühltals, und man muss sich ernsthaft überlegen, aus dieser Strecke nicht besser zwei zu machen, um mehr Zeit für die Orte zu haben. Weiter geht es über Zimmern, das zu Tisch bittet, Mörnsheim, Dollnstein, vorbei am Kloster Rebdorf hinein in die Bistumstadt Eichstätt. Hier kann man natürlich wieder einen vollen Tag verbringen, in der Renaissancestadt und auf der Willibaldsburg. Vielleicht tut eine Pause an dieser Stelle auch gut.

Eichstätt – Kipfenberg
Zur Erholung sind es heute nur knapp 28 km abwechslungsreiche Strecke. In Pfünz bietet sich der Abstecher hinauf zum Römerkastell an, ansonsten geht es über die uralte Steinbrücke hinüber zur Almosmühle, dann über Walting, Pfalzpaint und Arnsberg nach Kipfenberg. Wer in Walting auf das linke (in Fließrichtung gesehen) Altmühlufer wechselt, kann über Rieshofen fahren und hier noch den gut erhaltenen Bergfried der Wasserburg „mitnehmen".

Kipfenberg bietet neben kulinarischem auch das Bajuwarenmuseum auf der Burg, in dem man sich über Römer und Bajuwaren informieren kann. Das kleine nette Museum lohnt einen Besuch.

Kipfenberg – Riedenburg
Die mit 51 km längste Strecke der Tour kann gut teilen, wer mehr sehen und weniger Radeln möchte. In Kinding steht die gut erhaltene Wehrkirche, etwas weiter unterhalb tangiert die Strecke das Freizeitzentrum Kratzmühle, das mit Badesee und Museum zu einem Stopp einlädt. An Kirchanhausen vorbei geht es dann nach Beilngries, wo in vielen Gasthäusern gut aufgetischt wird. Die Doppelturmkiche in Kottingwörth mit ihren gotischen Fresken ist (nicht nur) etwas für Kulturinteressierte. Kurz vor Dietfurt treffen wir auf den Rhein-Main-Donau-Kanal. Hier gibt es noch eine Schleuse des Ludwigkanals zu besichtigen, bevor es in die Siebenwasserstadt geht. Wer möchte, sollte sich hier für eine weitere Übernachtung entscheiden. Dann ist sicher noch Zeit für das Mühlenmuseum, das Museum im Hollerhaus oder die im Aufbau begriffene Keltensiedlung Alcmona. Zur Erholung kann man auch einen Tag mit einer Wanderung entlang der sieben Wasser einplanen.

Über Mühlbach geht es nun weiter nach Meihern und Eggersberg, zwei Burgenorten. Während in Meihern nur noch Reste einer Ruine zu sehen sind, gibt es auf Eggersberg das Schloss mit Museum und Restaurant zu besichtigen. Ein kurzer Wanderweg führt vom Parkplatz auf die kürzlich freigegebene Ruine der ehemaligen Burg Eggersberg mit einer tollen Aussicht auf die Altmühl. Nun ist Riedenburg nicht mehr weit, und man kann sich entweder am Badesee St. Agatha erholen, Sommerrodelspaß genießen, den Dreiburgensteig erklimmen, das Kristallmuseum, das Klingende Museum oder den schönen Biergarten beim Kloster St. Anna besuchen. Langweilig wird es hier nicht.

Riedenburg – Kelheim
Der letzte Abschnitt entlang der Altmühl ist nur 16 km lang und lässt viel Zeit für Besuche. Da wären die schönste Burg des Altmühltals, Schloss Prunn, dann der wunderbare Ort Essing mit Brucktwurm und Karstquelle, das Schulerloch, dass zu einem Besuch unter die Erde einlädt, und in Kelheim locken Kloster Weltenburg mit einer Donauschifffahrt oder der Besuch der Befreiungshalle und des Archäologischen Museums, das eine wertvolle und interessante Ausstellung bereithält.

Kelheim – Regensburg
Nun sind es noch 21 km entlang der Donau bis nach Regensburg.

Fossa Carolina

Wandgemälde am Klohäuschen neben den unübersehbaren Resten des Karlsgrabens in der Ortschaft Graben.

Der Karlsgraben wird oft als das größte frühmittelalterliche Bauwerk Europas bezeichnet. Zu seiner Entstehung gibt es viele Theorien. An Fakten ist nur wenig bekannt. Neben den etwa 3.000 m langen Spuren im Gelände gibt es nur den Hinweis in den Reichsannalen Karls des Großen, dass der Bau im Herbst 793 eingestellt wurde. Und je ferner die Geschichtsschreiber dem Ursprungsdatum waren, desto detailreicher wurden ihre Schilderungen. So ist es heute schwierig, in historischen Quellen zwischen Dichtung und Wahrheit zu scheiden. Warum bricht ein vom Erfolg verwöhnter König ein Bauvorhaben ab, dass ihn neben dem großen Feldherrn, der er unumstritten war, noch als genialen Bauherrn in die Geschichte hätte eingehen lassen können? Um dies nachvollziehen zu können, muss man sich der Person Karls des Großen nähern.

Der Über-Kaiser

Karl der Große wurde wahrscheinlich zu Ostern 747 in Aachen geboren. Mit 7 Jahren wurde er zusammen mit seinem Bruder Karlmann und seinem Vater zum König gesalbt und nahm bereits an der Schlacht um Narbonne teil. 768 starb der Vater und übergab seine Herrschaft den beiden Söhnen. Nach Karlmanns Tod im Jahre 771 regierte König Karl alle Franken und Langobarden allein. Kein anderer Herrscher regierte auf deutschem Boden solange und so erfolgreich wie Karl der Große. Seinen Beinamen bekam er nicht nur wegen seiner Körpergröße – er soll alle anderen überragt haben – sondern auch wegen seiner militärischen und politischen Erfolge.

Sein halbes Leben verbrachte er kämpfend im Sattel. Er war ein guter Schwimmer, der oft und gerne in Gesellschaft badete, am liebsten im heißen Wasser vulkanischer Quellen. Und er erfreute sich zeitlebens einer eisernen Gesundheit, von den letzten vier Lebensjahren einmal abgesehen.

Ab dem Jahr 774 führte Karl mit den Sachsen Krieg, was ihn fast einmal jährlich zu einer Schlacht nach Norddeutschland führte. 788 hatte die Expansion seines Reiches ein vorläufiges Ende gefunden. Nun ging es vornehmlich um die Sicherung desselben. Diese betrieb Karl mit äußerster Brutalität, tausende Sachsen und Alemannen kamen grausam um. Die Aufstände ließen nicht nach, und so pendelte Karl der Große mit seinem etwa 10.000 Mann starken Frankenheer von einer Ecke des Reichs zur anderen.

Den Winter 788 verbrachte er in Regensburg, nachdem er sich in diesem Jahr Bayern einverleibt hatte; mag sein, dass ihm hier die Idee der Verbindung von Rezat und Altmühl – also Rhein und Donau – zum ersten Male vorgetragen wurde.

791 zog er mit seinem Heer gegen die Awaren die Donau hinunter bis an die Raab. Er traf kaum auf Gegenwehr, zog immer weiter ostwärts, und dadurch riss sein Nachschub ab. Unter den Pferden seines Heeres grassierte eine Seuche, so dass er sich wieder zurück zog und die Awaren anderen überließ. 793 ließ sich sein in Ungnade gefallener Sohn – Pippin der Bucklige – zu einem gemeinsamen Aufstand mit einem Teil des Adels hinreißen, was Karl jedoch rechtzeitig bemerkte und Pippin ins Kloster steckte. Im Herbst des Jahres 793 bekam er wohl Nachricht über erneute Sachsenaufstände.

In diese Zeit also fällt der Abbruch der Bauarbeiten auf der vermutlich größten Baustelle dieser Zeit. Die Entscheidung darüber wird Karl dem Großen nicht leicht gefallen sein.

Der Kanal

Manche Historiker sehen die Römer als die ersten Bauherren am Projekt Rhein-Main-Donau-Kanal. Die Römer waren versierte Bauherren, die jedoch jeden Bau einer Kosten-Nutzen-Rechnung unterzogen, um das Beste mit geringstmöglichem Einsatz herausholen zu können. Was hätten sie für einen Vorteil von diesem Kanal gehabt? Ihr Herrschaftsgebiet endete wenige Kilometer nördlich bei Ellingen.

Ein Grund könnte der im wahrsten Sinne des Wortes kanalisierte Warenverkehr gewesen sein, dessen Überwachung ebenso einfach gewesen wäre wie die Erhebung von Zöllen und Benutzungsgebühren. Möglicherweise fiel die Erbauung in die Zeit um das Jahr 240, und die Römer mussten sich vor Vollendung zurückziehen, weshalb auch kein Geschichtsschreiber dieses Werk erwähnt. Dagegen spricht, dass man bislang keine römischen Bauspuren gefunden hat.

So war vermutlich der von den Awaren zurückkehrende Karl derjenige, der eine Pause zwischen seinen Schlachten nutzte, das Vorhaben umzusetzen, und dafür einen Teil seiner Soldaten abstellte. Nach Berechnungen von Historikern müssten etwa 6000 Mann an dem Kanal gearbeitet haben, wenn man eine Bauzeit ausschließlich im Jahr 793 annimmt. Das wiederum würde das Ende plausibel machen, da Karl sicher in voller Mannstärke gegen die Sachsen ziehen wollte. Da ihn die Sachsen noch bis in das Jahr 804 beschäftigten, die Awaren aber bis 799 unterworfen waren, war eine schnelle Verbindung für Nachschub an Nahrung und Kriegsmaterial nicht mehr von Bedeutung. Die Idee sollte erst 863 Jahre später wieder aufgegriffen werden.

Nur mit Pickel, Schaufel, Eimern und viel Muskelkraft ausgehoben: der Karlsgraben bei Treuchtlingen.

Weißenburg in Bayern

Weißenburg ist selbst dann noch eine schöne Stadt, wenn man schlecht geschlafen, eine Grippe im Genick und den Morgenkaffee nicht genossen hat.

Mit dem Bau des Römerkastells, der für das Jahr 89 angenommen wird, beginnt auch die Geschichte der Stadt Weißenburg. Neben den militärischen Bauten gründeten die Römer auch eine Siedlung und gaben ihr den Namen *Biriciana*. Das es nicht nur ein Dorf gewesen ist, ersieht man an der zweitgrößten bisher ausgegrabenen und restaurierten Therme in Deutschland.

Menschen besiedelten die Umgebung schon in der frühen Jungsteinzeit. Die römische Siedlung macht Weißenburg aber zu einer der ältesten Städte Bayerns. Als *Biricianis* taucht er auf der im 3. Jh. entstandenen Karte *Tabula Peutingeriana* als einer von wenigen Ortsnamen dieses Gebiets auf.

Nachdem die Alemannen um 253 die Römer vertrieben hatten, siedelten sie im ehemaligen stadtähnlichen Gebiet. Danach kamen im 5. und 6. Jh. die Merowinger, die einen fränkischen Königshof gründeten. Kaiser Karl der Große soll 793 hier gewohnt haben, als er sich die Baustelle des Karlsgrabens ansah.

Mit seinem deutschen Namen taucht Weißenburg erstmals 867 als *Uuizenburc* in einer Urkunde auf. Aus dem merowingischen Königsgut wurde erst salisches, später staufisches Hausgut. In diese Zeit fällt auch die erste Befestigung der Stadt mit einer Mauer. 1241 wird die Stadtwerdung mit der Verleihung eines Wappens bekräftigt. Ende des 13. Jh. wird Weißenburg zur freien Reichsstadt erhoben, ein Status, den in Franken nur sechs Städte bekamen. Die Stadt wuchs rasch. 1372 bis 1376 wurde das Siedlungsgebiet fast verdoppelt, zuvor hatte Kaiser Karl IV. den ehrgeizigen Plänen der Stadtväter seinen Segen gegeben.

Fassade des alten Amtsgerichts.

Eine Stadt blüht auf

Im Laufe der zweiten Hälfte des 15. Jh. erreicht Weißenburg seine Blüte als freie Reichsstadt. Zahlreiche Gebäude, die noch heute das Stadtbild prägen, entstehen in dieser Zeit. Zum Zeichen des Wandels verleiht Kaiser Friedrich III. der Stadt 1481 ein neues Wappen, welches noch heute benutzt wird.

Über die Einführung der Reformation lassen die Stadtväter in einer Abstimmung der Bürger entscheiden, maßgebend ist aber der Entschluss des großen Verbündeten, der Reichsstadt Nürnberg. 1530 wird die *Confessio Augustana* unterzeichnet.

Argwöhnisch beäugen die Markgrafen von Brandenburg-Ansbach die aufstrebende Reichsstadt Weißenburg, die inmitten ihres Territoriums liegt. Damit der Stadt nicht zu wohl wird, erbauen sie auf dem nahegelegenen Berg 1588 die Wülzburg, die in ihrer schieren Monumentalität gegenüber der Stadt ein Versuch der Einschüchterung darstellte. Doch nach allen Plünderungen und Zerstörungen des 30-jährigen Krieges erhält die Stadt – geschwächt und geschrumpft – alle ihre Privilegien zurück. Im 18. Jh. erlangt sie wieder gewissen Wohlstand, was sich zum Beispiel in der Barockisierung der Spital- und der Karmeliterkirche ablesen lässt. Der kleinwüchsige Korse, der halb Europa erobert, bringt auch für die Stadt Einschnitte. 1802 verliert sie ihre Selbständigkeit und wird Kurbayern eingegliedert, kommt dann an Preußen und schließlich 1806 an das Königreich Bayern. Die Bürger von Weißenburg, das zu dieser Zeit noch den Zusatznamen „am Sand" führt, sind mit dieser Entwicklung nicht zufrieden. Sie grollen gegenüber den neuen Machthabern. Nach hundert Jahren aber kommt es zur Versöhnung: Weißenburg nimmt auf Antrag der Bürger den Zunamen „in Bayern" an, obwohl es ebenso wenig bayerisch ist wie Schwäbisch Hall schwäbisch.

Drei-Stammes-Eck

Durch die Gegend um Weißenburg liefen im Lauf der Geschichte immer wieder länger währende Grenzen, die zu gewissen Eigenheiten führten. Standen sich am Limes Jahrhunderte lang Kelten, Markomannen und Römer gegenüber, so waren es später die Franken nörd-

Ein Teil der Weißenburger Altstadt: ein Häusermeer mit Wogen aus roten Ziegeldächern.

lich der Altmühl, die Alemannen südlich und die Bajuwaren östlich davon. Dann waren es Protestanten und Katholiken, deren Grenze zwischen Pappenheim und Solnhofen verlief. So kristallisierten sich im Lauf der Geschichte Franken, Bayern und Schwaben als Volksstämme heraus.

Weißenburg ist eine fränkische Gründung, es liegt an der schwäbischen Rezat und gehört politisch seit 200 Jahren zu Bayern. Die Stadt hat jedoch nie unter dieser Grenzsituation gelitten, sondern hat vom Kulturmix profitiert.

Das Gotische Rathaus

Zwischen 1470 und 1476 wurde der historische Stadtmittelpunkt erbaut. Er markiert den Schnittpunkt der beiden wichtigen Fernhandelsstraßen, die durch Weißenburg liefen: Nürnberg–Augsburg und Würzburg–Eichstätt, die heute noch in den Bundesstraßen 2 und 13 weiterleben. Einzigartig dürfte der Umstand sein, dass an drei Seiten des Rathauses Marktplätze anschließen. Die Schlichtheit des Baus ist der kleinsten der freien Reichstädte angepasst. Neben dem städtischen Festsaal sind die beiden Ratsstuben im zweiten Obergeschoss bemerkenswert.

St. Andreas

Die Hauptkirche des Ortes wurde 1327 geweiht. Zwischen 1390 und 1425 erfolgte der spätgotische Umbau mit Hallenchor und Michaelskapelle. Der Ostturm wurde zwischen 1459 und 1520 angebaut. Im Innern der Kirche einige sehenswerte Altäre und Figuren sowie ein berühmtes Konfessionsbild (1606). Seit 1995 wird der Kirchenschatz in der Sakristei präsentiert. Zwischen 1999 und 2001 wurde die Kirche umfassend renoviert. Mit dem Pfarrhaus bildet sie ein wunderschönes Ensemble.

Ellinger Tor

Das einzig erhalten gebliebene Stadttor der äußeren Stadtbefestigung gilt als eines der schönsten in Deutschland. Schon mehrfach war es auf Briefmarken abgebildet und ziert fast jeden Prospekt der ehemaligen Reichsstadt. Der Torturm stammt aus dem 14. Jh., das Vorwerk mit den beiden Stadtwappen und die flankierenden Türme wurden 1510 ergänzt. Das oberste Geschoss wurde im 17. Jh. aufgesetzt. Rechterhand das erste Wappen von 1241, links das zweite aus dem Jahr 1481. Dazwischen prangt der Reichsadler. Heute ist in diesem Bauwerk die historische Ratsbibliothek untergebracht.

Karmeliterkirche

Kaiser Ludwig der Bayer stiftet 1325 das Karmeliterkloster in Weißenburg. Zweihundert Jahre später sind Kloster und Kirche im Besitz der Reichsstadt. Die Kirche

Die Frauentorstraße (oben) lenkt den Blick auf die Altstadt Richtung Spitaltor (verdeckt) und St. Andreas-Kirche (im Hintergrund). Auf der anderen Seite befindet sich das einzig erhaltene Stadttor der äußeren Befestigungsanlage: Das Ellinger Tor (unten) ist eines der schönsten Stadttore Deutschlands. Im Vorwerk befindet sich das erste reichsstädtische Wappen von 1241 (rechts) und das heute noch gültige Stadtwappen von 1481 (links). In der Mitte prangt der Reichsadler.

wird 1729 im Stile des Barock umgestaltet. Die Nordseite des Chors birgt ein Gemälde, dessen Entstehungsdatum um 1400 liegt. Die Orgel stammt aus dem Jahr 1712. In den Jahren 1981 bis 1982 wurde die Kirche in ein Kulturzentrum umgestaltet.

Der Klostergarten wurde nach einer Neugestaltung in Anlehnung an alte Pläne im Jahr 2000 wieder der Öffentlichkeit zugänglich gemacht. Er war nach der Profanierung der Kirche im Jahr 1544 unterschiedlich genutzt worden.

Schranne

An diesem Platz stand die Urpfarrei Weißenburgs, die karolingische Martinskirche, deren Entstehung in die erste Hälfte des 8. Jh. fallen dürfte. Nach der Reformation wurde die Kirche profaniert und als Getreidelager und Verkaufsstelle (Schranne) genutzt. 1863 wurde sie abgebrochen und durch einen Neubau nach Plänen des Architekten Eduard Bürkelein in historisierender Form ersetzt. Auch dieser schmucke Bau diente als Getreideschranne, bis 1925 die Feuerwehr einzog. Zwischen 1990 und 1991 wurden alle störenden Einbauten entfernt und das Gebäude nach abgeschlossener Renovierung der Öffentlichkeit als Ausstellungs- und Veranstaltungsort übergeben.

Augustinerinnenkloster

Kaiser Friedrich II. stiftet 1237 ein Augustinerinnenkloster in Weißenburg, das 1296 schon wieder aufgehoben wird. Das Gebäude wird 1331 dem Kloster Wülzburg als Spital unterstellt. Später ist es im Besitz der Markgrafen von Brandenburg-Ansbach. Mit der Zugehörigkeit der Stadt zu Preußen 1804 wird das Haus Amtssitz; noch heute ist dort ein Teil des Landratsamtes untergebracht.

Türme und Stadtmauer

Die Stadtbefestigung hat sich weitgehend bis heute erhalten. Lediglich die äußeren Stadttore wurden abgebrochen, um einen ungehinderten Verkehr sicherzustellen. Von den Türmen der Stadt sind immerhin noch 38 erhalten.

Im Osten der Stadtmauer ist ein Teil des Grabens geflutet. Die Seeweihermauer ist eines der pittoresken Wahrzeichen der Stadt. Auf alten Karten ist zu sehen, dass mehrere Grabenbereiche geflutet waren. Weitere Abschnitte konnten im Angriffsfall mit Wasser gefüllt werden. Der Mauerabschnitt zwischen Scheibleinsturm, Frauentorstraße und Seeweiher stammt noch aus dem 14. und 15. Jh., als den Weißenburgern erlaubt wurde, auch ihre Südstadt zu ummauern. Bei der Finanzierung griffen die Stadtväter schon damals in das Säckel des kleinen Mannes und erhoben eine extra Getränkesteuer.

Der in diesem Abschnitt liegende Schießgraben wurde von den seit 1250 urkundlich belegten Weißenburger Schützen zum Üben benutzt.

St. Andreas mit spätgotischem Hallenchor, ein asymmetrisches Meisterwerk.

Römische Thermen

Außer diesen Menschen, deren Stimmen, wenn schon nichts anderes, so doch wenigstens natürlich sind, denke dir einen Haarauszupfer, der seine dünne, schrille Stimme, um sich dadurch bemerkbarer zu machen, in einem fort ertönen läßt und niemals schweigt, außer solange er aus Achselhöhlen die Haare zupft und einen anderen an seiner Stelle zu schreien zwingt. Schon höre ich die verschiedenen Ausrufe eines Getränkehändlers, einen Wursthändler, einen Zuckerbäcker und alle Inhaber von Garküchen, wie sie ihre Ware mit ihrer persönlichen, auffallenden Tonart anpreisen.

Seneca, Epist. 56, 1-2

Durch die sehr umsichtige Restauration sind heute die einzelnen Bauabschnitte gut erkennbar. Historische Befunde wurden dezent ergänzt.

Am südwestlichen Rand von Weißenburg wurden 1977 bei Bauarbeiten für Reihenhäuser die großen römischen Thermen entdeckt. Nur einen halben Meter unter der Oberfläche verbarg sich ein wichtiger Fund, der viel über die Lebensweise der Römer zu erzählen hatte. Die Bedeutung wurde erkannt, und es begannen Sicherungsmaßnahmen und Restaurierungsarbeiten.

Es konnten drei Bauphasen rekonstruiert werden: die erste um das Jahr 90, um 130 wurde erweitert und um 180 nochmals vergrößert und umgebaut. Wie aus der Schilderung eines Badbesuchs durch Seneca ersichtlich, waren römische Bäder alles andere als ein Ort der Ruhe. Hierher kamen die Menschen nicht nur zur Körperpflege, mit der Zeit entwickelten sich die Thermen immer mehr zu Freizeittempeln und Spaßbädern heutigen Zuschnitts. Neben Sport und Spiel konnte man sich von Masseuren durchkneten lassen, nebenher gut Essen und Trinken oder sich der vergnüglichen Unterhaltung hingeben.

Die Thermen verfügten über Fußboden- und Wandheizungen, Warmwasser- und Kaltwasserbecken. Beliebtester Raum war das Warmbad, das *caldarium*. Hier herrschte eine Raumtemperatur von ca. 32°C, die Warmwasserbecken hatten 20 bis 30°C. Eine Sauna stand den Besuchern ebenso zur Verfügung wie ein Dampfbad, von dort erreichte man die Kaltwasserbecken im *frigidarium*. Im Osten schloss sich eine 40 m lange Sporthalle, die *basilika*, an.

Die Thermen hatten einen gewaltigen Energiebedarf: 360-390 m³ Holz wurden im Jahr benötigt, was etwa 180.000 l Heizöl entspricht.

Wülzburg

Pippin der Jüngere, Vater Karls des Großen, soll 764 das Kloster Wülzburg gestiftet haben. Dies geschah zu einer Zeit, da die fränkischen Königshöfe und -burgen ihren strategischen Vorteil verloren hatten, da längst bedeutendere Städte in ihrer Nähe gewachsen waren. Allein dem Namen nach kann man annehmen, dass hier eine Burg zu einem Kloster umgewidmet wurde. Zuvor waren die Klöster Eichstätt (740) und Heidenheim (um 750) von Willibald gegründet worden, um die Gegend zu christianisieren.

Über weitere Geschicke des Klosters ist wenig bekannt. Die Benediktiner waren aber reich begütert, im 11. Jh. soll ein Adliger Otto, um 1060 geboren, seine Erziehung im Kloster genossen haben. Den aufkommenden Markgrafen war das Kloster stets ein Dorn im Auge. 1451 raubten Weißenburger Bürger das Kloster aus und steckten es in Brand. Das Kloster tat 1523 den Markgrafen den Gefallen, und schloss sich der Reformation an. 1582 wurde die in Zerfall befindliche Klosterbibliothek nach Ansbach verbracht.

Ende und Neuanfang

Ende des 16. Jh. waren die Markgrafen von Brandenburg-Ansbach endlich an ihrem Ziel: Sie konnten das Kloster auflösen und die Güter in ihr Herrschaftsgebiet integrieren.

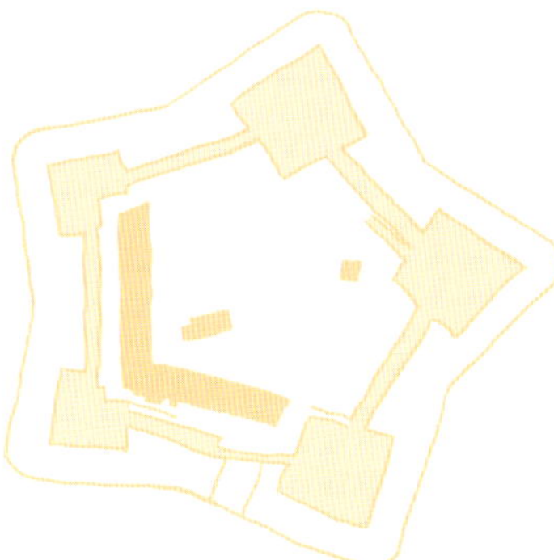

1588 gingen sie noch einen Schritt weiter. Markgraf Georg Friedrich lässt das Kloster abbrechen und erbaut über der verhassten Reichsstadt Weißenburg eine monumentale Veste mit fünfeckigem Grundriss. Damit nimmt er unbewusst auch der Nachwelt die Chance, den Ursprung der Wülzburg archäologisch zu ermitteln. Im 30-jährigen Krieg fällt die Wülzburg 1634 und wird niedergebrannt. 1658 erfolgt der Wiederaufbau. Der Brunnen ist einer der tiefsten: 166 m reicht er hinab. Damit ausreichend Wasser den langen Weg hinauf findet, wurden vier Brunnen gegraben, zudem noch Zisternen angelegt, die das Regenwasser auffangen. 1806 fällt die Wehranlage an das Königreich Bayern. Heute ist ein Teil privat, ein Teil staatlich.

Die bis zu 166 m tiefe Brunnenanlage ist der Mittelpunkt der Burg.

Kriegsgefangenenlager

Im Torbogen des Aufgangs zur Wülzburg ist rechter Hand eine Gedenktafel angebracht, die folgende Aufschrift trägt: *Zur Erinnerung an die Kriegsgefangenschaft des französischen Staatspräsidenten im Jahre 1918 Charles de Gaulle s. Zt. Capitaine auf der Wülzburg.*

Ausgangs des Ersten Weltkriegs wurden französische Kriegsgefangene in der Wülzburg interniert. Die Bastion war nicht nur uneinnehmbar, sie war auch ziemlich ausbruchssicher. Und der immense Platz innerhalb der Burg bot Möglichkeiten der Unterbringung genauso wie für Arbeitseinsätze. Die Lage mitten in Deutschland brachte den Vorteil, dass der Feind nicht in Reichweite kommen konnte, um einen Überfall zu planen oder durchzuführen.

Flüchtlingslager

Nach Ende des Zweiten Weltkriegs wurde die Wülzburg als Flüchtlingslager benutzt. Zwischen 1946 und Oktober 1952 waren insgesamt etwa 10.000 Menschen hier einquartiert, zumeist Heimatvertriebene aus dem Sudetenland, aus Pommern, Schlesien sowie Ost- und Westpreußen.

Nur aus der Luft ist die Form der Bastion in ihrer Gesamtheit zu erfassen, am Boden wirkt die Anlage monumental.

Die Verhältnisse waren auf dem beengten Platz mehr als schwierig, zumal zu dieser Zeit überall Mangel herrschte. So brach im Lager zweimal Typhus aus, die Bewohner wurden 1946 und 1947 unter Quarantäne gestellt, was die Lage nicht unbedingt besser machte.

Die Region Weißenburg erlebte durch den Zuzug der Flüchtlinge nach Auflösung des Flüchtlingslagers eine positive wirtschaftliche Entwicklung. Die Zahl der Betriebe stieg zwischen 1950 und 1957 deutlich an.

Das Schild am Eingangstor der Wülzburg mit der Aufschrift „Flüchtlingslager Wülzburg" wurde 1991 originalgetreu restauriert; im Jahr 1997 wurde ein Denkmal des Eichstätter Bildhauers Günter Lang zur Erinnerung an vergangene Epochen aufgestellt.

Das beeindruckend mächtige Eingangstor zur Wülzburg.

Ellingen

Ellingen hatte es in der Geschichte nicht leicht: Über 400 Jahre musste es sich gegen den Würgegriff der Markgrafen wehren; im 14. Jh. war es nur für zehn Tage Stadt, da Weißenburg intervenierte, im 30-jährigen Krieg schwanden alle Bewohner dahin und im Zweiten Weltkrieg ließen die Alliierten 285 Sprengbomben fallen. Aber der Reihe nach.

Start mit Kuhhandel

Zum 1. Mai 899 übergibt Kaiser Arnulf in einem gewagten Tausch mit dem Kloster Eichstätt kraft einer Urkunde unter anderem eine Hube zu Ellingen an Graf Meginwart. Vorher hatte er durch einen kaiserlichen Richtspruch alles einem Cozpreht und Theotger abgenommen.

Ellingen ist freilich älter – aufgrund der Endung auf -ingen kann man getrost eine Siedlung der Alemannen vermuten, die sich nach Vertreibung der Römer um das Jahr 235 ins gemachte Nest setzten. Zwischen 1057 und 1075 weihte der Eichstätter Bischof Gundekar II. in Ellingen eine St. Georgskirche, zwischen 1182 und 1196 weihte Bischof Otto zwei Kirchen. In dieser Zeit hatte Walter von Ellingen mit seiner Gemahlin Kunigunde einen Gutshof zu einem Spital umbauen lassen. Da er kinderlos blieb, überließ er seinen Besitz Kaiser Friedrich II. zur Verwaltung.

Aufstieg und Fall

Im Jahr 1216 erhält der Deutsche Orden das Spital zu Ellingen vom Kaiser als Lehen. Der Orden war 1190 bei der Belagerung von Akko von deutschen Kaufleuten zur Versorgung von Verwundeten gegründet worden. 1198 in einen geistlichen Ritterorden umgewandelt, erwarben die Templer Besitz in Unteritalien, Griechenland, Palästina und vor allem in Deutschland. Der rasch anwachsende Besitz im ganzen Reich teilte sich in zwölf Balleien auf, die jeweils von einem Landkomtur regiert wurden.

Markantes Erkennungszeichen der Ritter, die neben Priestern und dienenden Brüdern ab dem 13. Jh. auch Schwestern in ihren Orden aufnahmen, war der weiße Mantel mit schwarzem Kreuz.

In den Jahren des Interregnums verloren und gewannen die Ordensritter ihr Lehen in Ellingen, je nach dem, ob Papst oder Kaiser das Sagen im Reich hatten. Zu dieser Zeit unterstand das Stift Ellingen den Berchtesgadener Chorherren. Der Deutsche Orden nutzte die

Die mächtige Kirche St. Georg ragt aus den Ort wie ein roter Fels in der Brandung, davor die barocke Orangerie.

Rathaus (rechts) und Schloss bilden den Kern der „Perle des Barock".

Wirren in der Führung des Heiligen Römischen Reichs, um nach und nach ganz Ellingen aufzukaufen und Lehen in seinen Besitz zu überführen. Der Orden kaufte sich auch aus den kirchenrechtlichen Ansprüchen der Berchtesgadener Chorherren frei. So entstand – den komplizierten Gesetzen der Gerichtsbarkeit des Mittelalters folgend – in Ellingen die eigene Halsgerichtsbarkeit, das Recht, über Leben und Tod zu entscheiden, wovon der Orden regen Gebrauch machte. Ellingen wurde Sitz des Landkomturs der Ballei Franken. Bis zum Ende des 15. Jh. ging es nun mit Orden und Stadt steil bergauf. Die argwöhnischen Nachbarn – Markgrafen und Reichsstadt Weißenburg – ließen nichts unversucht, den Aufschwung Ellingens zu stoppen.

Zehn Tage Stadt

Am 14. März 1378 verleiht Kaiser Karl IV. Ellingen das Stadtrecht. Nach lautstarken Protesten und Drohungen der freien Reichsstadt Weißenburg widerruft er seine Entscheidung zehn Tage später. Den Deutschen Orden kümmert das wenig, er befestigt die Stadt mit Graben, Mauer und Türmen. Da mochten die reichen Weißenburger noch so viele Drohbriefe durch den Kaiser schreiben lassen – was sie dem stets klammen Herrscher gut vergolten – der Schwarzbau steht mehrheitlich noch heute.

1522 Schritt dann Markgraf Alkibiades von Brandenburg zur Tat und brannte den Ort nieder, obwohl oder weil sein Verwandter – Albrecht von Brandenburg-Ansbach – Hochmeister des Deutschen Ordens war. 1525 verliert der Orden seine Ostgebiete und damit an Einfluss und Finanzkraft. Mit der Reformation in den umliegenden Gemeinden schwand auch der Herrschaftsbereich in Ellingen.

Zerstört und ausgestorben

Mit dem 30-jährigen Krieg brechen schlimme Zeiten für Ellingen an. 1632 legen die Schweden Ort und Schloss in Schutt und Asche, bevor Wallenstein einschreiten kann. Von 769 Lehensleuten des Ordens überleben nur 141 den Angriff. Ein Jahr später kommen die Schweden wieder vorbei und sind nun noch gründlicher: 1633 ist Ellingen verwaist.

Phoenix aus der Asche

Der Orden – nun mit Sitz im nahen Mergentheim – baut den Ort systematisch wieder auf. Durch Getreidelieferungen in den folgenden Kriegen an das Reich, die Habsburger, Bayern und Franzosen sowie mit der Bereitstellung von Soldaten für die Türkenkriege kommt der Orden finanziell wieder auf die Beine. Von 1711 an wird das Schloss neu erbaut. Unter Landkomtur Carl Heinrich Freiherr von Hornstein erlebt Ellingen das goldene Zeitalter des Barock.

Perle des Barock

Im ersten Viertel des 18. Jh. entsteht in Ellingen der größte und prächtigste Barockbau des Deutschen Ordens. Die fürstliche Residenz wird nach und nach mit prächtigen Gebäuden bereichert. Gleich drei Ordensbaumeister wirken in Ellingen: Franz Keller, Joseph Roth und Matthias Binder schufen nacheinander Pfarrkirche, Mariahilf-Kapelle, Maxkirche, Franziskanerkloster, Reitschule, Brauerei und das Rokoko-Rathaus. Die vielen stolzen Bürgerhäuser geben dem Ort bis heute das barocke Erscheinungsbild und bilden zusammen mit den herrschaftlichen Gebäuden die „Perle des fränkischen Barock".

Mit der Eroberung halb Europas durch Napoleon ist auch das Ende des Deutschen Ordens besiegelt: Der Korse löst 1809 den Orden auf. Nur in Österreich kann der Orden unter dem Schutz Franz' I. weiterbestehen.

König Maximilian von Bayern verleiht 1815 das mannslehnbare Thronlehen Ellingen an den königlich-bayerischen Feldmarschall Fürst von Wrede. In der Lehensurkunde wird Ellingen nun erstmals als Stadt erwähnt.

Sinnlose Zerstörung 1945

Die vorerst letzte Zerstörung Ellingens kam aus der Luft: Nach einem Zielanflug von nur drei Minuten warfen 25 amerikanische Bomber am 23. Februar 1945 insgesamt 285 Sprengbomben auf Ellingen ab. Knapp 100 Zivilisten sterben. Der Bordschreiber des Geschwaders notiert: *Mindestens 120 Bombeneinschläge wurden im Zielgebiet beobachtet. Ellingen* [...] *scheint erheblich beschädigt worden zu sein.*

Sablonetum

Auf der Hochfläche östlich von Ellingen liegt – knapp 2 km vom Limes und 4 km von der römischen Siedlung *biriciana* entfernt – das Kastell Ellingen, von den Römern *sablonetum* genannt. Der Name leitet sich von *Sable* = Sichel ab und wird im Französischen heute noch für Sanddüne benutzt. Der alte Zusatzname Weißenburgs „am Sand" hat also denselben Ursprung – vermutlich eine stattliche Binnendünenlandschaft, die in der Zwischenzeit verschwunden ist.

Während der Regierungszeit Hadrians (117-138) entstanden, beherbergte das Lager zwei Hundertschaften Soldaten der Hilfstruppen. Die Ausgrabungen lassen den Schluss zu, dass die Römer ihre Waffen an Ort und Stelle selbst produzierten. Die Familienangehörigen siedelten etwas östlich des Kastells in einem *vicus*, einem Lagerdorf. Handelsniederlassungen und auch eine Schenke sind hier vorstellbar.

Etwa 88 x 80 m Ausdehnung hatte das Kastell und war zuletzt mit einer Mauer umgeben. Türme standen in jeder Ecke und beiderseits der Tore im Norden und Süden. Ein Graben von 5-6 m Breite und 2 m Tiefe umgab die Mauer. Die Kommandantur stand in der Mitte des Kastells, in der östlichen Lagerhälfte befanden sich die in Fachwerkbauweise ausgeführten Unterkünfte der Soldaten. Im Norden standen zwei Werkstätten. Auch ein massiv gemauerter Getreidespeicher und vielleicht ein Lazarett gehörten zum Lagerinventar. Mindestens fünf Brunnen sorgten für ausreichende Wasserversorgung.

Dem Imperator Cäsar Marcus Aurelius Commodus Antonius Augustus, Germanenbesieger, allergrößter Sarmatenbesieger, mit tribunizinischer Gewalt, Konsul zum 3. Mal, Vater des Vaterlandes, wurden vom Kastellum Sablonetum die Mauer mit den Toren durch Steine ersetzt auf Anordnung des Quintus Spicius Cerialis, des kaiserlichen Legaten mit proprätorischer Gewalt, unter dem Konsulat des Marmertinus und Rufus durch Singulares Pedites, unter der Leitung des Aurelius Argivus, Zenturio der 3. italienischen Legion.

Bauinschrift 182 n. Chr.

Ein irrer Kaiser

Der zur Zeit der Bauinschrift herrschende römische Kaiser war Commodus, Sohn des Marc Aurel und erster Cäsar, der von seinem leiblichen Vater eingesetzt wurde. Commodus war 19, als er zum Kaiser gekrönt wurde, scherte sich nicht um den Senat und auch nicht ums Regieren. Er mordete aus Lust am Töten, und ein schiefer Blick, Widerrede oder ein Lächeln zur falschen Zeit genügten, um seiner Tobsucht Nahrung zu geben.

Am Neujahrsfest 192 machte sich der Kaiser einen Spaß, aus gesicherter Stellung wilde Tiere in der Arena abzustechen. Seiner Mätresse Marcia entfuhr ein verächtliches Lächeln, was er sah. Um ihrer eigenen Ermordung zuvorzukommen, verschwor sie sich mit den Prätorianern, die Commodus noch in der Kaserne erdrosselten.

Schloss Ellingen

Ein Ortsadel von Ellingen wird erst zum Ende des 11. Jh. genannt, als Walter von Ellingen einen Gutshof für ein Spital stiftet. In der ersten urkundlichen Erwähnung Ellingens steht nur eine Hube verzeichnet. Spätestens seit dem 8. Jh. wird Ortsadel auf einer Ortsburg gesessen haben, um die königlichen Güter zu verwalten. Auch könnte der fränkische Königshof, der bei Weißenburg gelegen haben soll, hier gestanden haben. Über eine erste Burg oder auch einen Schlossbau ist allerdings wenig bekannt.

Der Deutsche Orden erhielt das Lehen Ellingen 1216 und baute den Ort planmäßig auf, worauf er für zehn Tage 1378 das Stadtrecht erhielt. Schon 1366 war erlaubt worden, die Siedlung mit Mauer, Graben und zwei Toren zu befestigen. Auf einem Gemälde von 1740, das das neue Schloss zeigt, sind im Hintergrund ältere Anlagen und eine Vorburg zu erkennen, die bis in das 12. /13. Jh. zurückreichen könnten. Ob dies so der Realität entsprach oder eher der Phantasie des Malers, ist nicht überliefert. Erst mit der Zerstörung durch die Schweden 1632 wird das alte Schloss in den Annalen sichtbar. Der Neubau erfolgt erst knapp 80 Jahre später. Ab 1711 wird am neuen Schloss gebaut, das zwischen 1718 und 1725 zum größten und prächtigsten Barockbau des Ordens wird. Die raffinierte Raumschöpfung mit der geschickten Verdichtung des französischen Pavillonsystems zeigt sich auf der Höhe der Schlossbaukunst des Hochbarocks. Das Brauhaus wird schon 1690 urkundlich erwähnt.

1806 fällt das Schloss dem bayerischen Königshaus zu, das es 1815 als mannslehenbares Thronlehen Ellingen an Fürst von Wrede verleiht. 1939 wird es an den bayerischen Staat verkauft.

Das Schloss untersteht heute der Bayerischen Verwaltung der Staatlichen Schlösser, Gärten und Seen. Neben einer Ausstellung über die Geschichte des Deutschen Ordens sind Teile des Schlosses ganzjährig – außer Montags – zu besichtigen.

Fürstliches Bier

Fürst von Wrede braut in Ellingen in der 6. Generation das „Fürst Carl"-Bier. Die fränkischen Bierspezialitäten der Brauerei können ganzjährig in der Braustube verkostet werden, im Sommer auch unter den herrlichen Kastanien des Innenhofs. Auch Brauereibesichtigungen werden angeboten.

Henker, Galgen, Hexen

Das Hochgericht Ellingen verfügte über drei Richtstätten für zum Tode Verurteilte: den Galgen, die Kopfstatt und den Hexenverbrennungsplatz. Im Mai 1703 richteten die Ellinger ihren Galgen wieder auf, der im November des Vorjahres von Gunzenhäusern und Weimersheimern zerstört worden war. Denn: War ein Galgen ein halbes Jahr nicht einsetzbar, konnte die Hochgerichtsbarkeit angezweifelt werden. Die Gerichtsbarkeit war Macht, wie wir später noch sehen werden, aber nicht einfach zu erlangen. Gerade in Franken war zwischen dem 16. und 18. Jh. das Gebiet in kleine Herrschaftssprengel aufgeteilt. Es konnte sein, dass in einem Dorf Lehensleute von mehr als zwölf Herrschaften lebten – wer durfte da über wen Recht sprechen? Das war nicht einfach. Hatte man eine Mehrheit im Flecken, konnte man eine Vogtei errichten, und somit auch über anderer Herrschaften Leute Recht sprechen.

Und so versuchten die Ellinger wie die Markgrafen, für Ellingen die Hochgerichtsbarkeit zu erlangen. Das Hl. Römische Reich beschränkte die Todesstrafe zu Beginn des 16. Jh. auf Mord, Brand, Raub und Notzucht. Weder die Ellinger noch die Markgrafen folgten dieser Einschränkung aus Furcht, gegenüber dem Anderen Rechte einzubüßen. So wurden allein 1590 in Ellingen 66 Menschen als Hexen verbrannt. Darunter auch die Frau des Bürgermeisters und eine angesehene Wirtin. In dieser Zeit war es leicht, unliebsame Zeitgenossen loszuwerden, der Verdacht der Hexerei genügte. Unter der Folter gaben die meisten zu, mit dem Teufel im Bunde zu stehen, und wenn man die Folter ertrug, war man dies sowieso. Insgesamt wurden in Ellingen zwischen den Jahren 1575 und 1777 knapp 100 Männer, Frauen und Kinder wegen Diebstahls, Sexualvergehen oder Hexerei hingerichtet.

Prächtige Stuckdecken im Treppenhaus von Schloss Ellingen.

Viel Rauch um nichts

Im Herbst des Jahres 1766 ereignete sich eine Posse zwischen Ellingen und Weißenburg, die gut die freiliegenden Nerven der Herrschenden am Ende des Spanischen Erbfolgekrieges dokumentiert.

Die Weißenburger veranstalteten ein Markungsreiten, und als sie am zweiten Tag auf das Hirschfeld zuritten, ging ihnen Zacharias Rückert mit seiner Flinte voraus. Nun veranstalteten aber zwei Jäger aus Ellingen just hier eine Hasenjagd und fühlten sich offensichtlich bedroht. Sie nahmen Rückert die Flinte ab, die einer von den beiden schnell nach Ellingen trug. Als die Reiterei dort eintraf, forderte sie die Flinte zurück, und als sie erkennen mussten, dass sie nicht mehr da war und die Mehrheitsverhältnisse sich nun gravierend geändert hatten, nahmen sie dem Jäger seine Flinte ab und verabreichten ihm noch dazu eine Tracht Prügel. Nachdem sich die Weißenburger auf die Galgenmühle zurückgezogen hatten, kam Herr von Bubenhofen auf die Mühle und forderte barsch die Ellinger Flinte. Nachdem er sich eine Abfuhr eingehandelt hatte, sprengte er zurück nach Ellingen, um kurze Zeit später mit dem halben Ort im Schlepptau – die Männer in Kriegsmontur, die Frauen und Kinder betend – und den Ellinger Kanonen auf die Mühle vorzurücken. Dort wurde es plötzlich sehr lebendig: Waffen wurden geladen, als Munition Steinchen aufgesammelt und Knöpfe abgeschnitten.

Nun kam Obristleutnant und Hauskommenthur von Eyb selbst zur Mühle und forderte die Ellinger Flinte. Er konnte glaubhaft versichern, dass die Weißenburger die ihre zurück bekämen, wenn sie ihrerseits die Ellinger herausrückten. So verlief sich der ganze Auflauf wieder wie an einem Sonntagnachmittag, wenn die Betglocken die Gläubigen zur Eile mahnen.

Der Weißenburger Wald ist eines der größten zusammenhängenden Waldgebiete Frankens und seit 1338 Stadtwald von Weißenburg, die ein eigenes Forstamt unterhält. Etliche Freizeiteinrichtungen – Erlebnis-, Lehr- und Trimmdichpfade ebenso wie die Bergwaldbühne – bereichern das touristische Angebot. Bei Geländer gibt es auch ein Wildgehege.

Der Wald bietet zur jeder Jahreszeit Erholung oder Motive für Naturfotografen, besondere kulinarische Freuden findet man im Herbst, etwa solch einen bildschönen Steinpilz (unten).

Dietfurt in Mittelfranken

In einer Schenkungsurkunde aus dem Jahr 802 wird *Theotfurt* erstmals erwähnt, als Reginsind, Tochter Germunts, ihre hiesigen Besitztümer dem Kloster St. Gallen vermachte. Im Urkundenverzeichnis der Marschälle von Pappenheim hat der Heimatforscher Ferdinand Pfeiffer eine Notiz gefunden, aus der hervorgeht, dass Graf Germunt schon 780 im Besitz der Güter war, die seine Tochter leichtherzig abgetreten hat. Die Ortsgründung (6.-7. Jh.) fällt in die Zeit der Merowinger

Der Name des Ortes ist in Süddeutschland, Österreich und der Schweiz häufig anzutreffen. Daher auch die klare Unterscheidung der beiden „Altmühl-Dietfurts" in Dietfurt in Mittelfranken und Dietfurt an der Altmühl. Der Name wird vom mittelhochdeutschen *Diet* abgeleitet (althochdeutsch *Deota*), was Volk oder Heer bedeutet. Da hier die Heeresstraße die Altmühl querte, die Nord und Süddeutschland verband, entwickelte sich ein kleiner Ort aus dem königlichen Instandhaltungsposten. Zumal die unter königlichem Schutz stehende Straße auch den Handelsleuten mehr Sicherheit bot, so dass sich schon im frühen Mittelalter eine Handelsachse zwischen Nord- und Südeuropa entwickelte. Da bot sich eine Relaisstation nebst Zoll- und Nutzungsgebührenstelle geradezu an. So vermachte 1034 Graf Leodegar von Lechsgemünd-Graisbach die örtliche Taverne dem Kloster St. Walburg. Später ein Gasthaus, sollte hier noch der ein oder andere König übernachten.

Das Altmühlufer in Dietfurt ist naturbelassen, der Ort schimmert durchs Gebüsch.

Gute Lage – schlechte Lage

Was Anfangs für den Ort positiv ist – die Lage an der Heeresstraße Nürnberg–Augsburg – erweist sich seit dem 30-jährigen Kriege als gravierender Nachteil: Wann immer Truppen auf dieser unterwegs sind, kommen sie zwangsläufig durch Dietfurt. Die 1625 erwähnte Steinbrücke über die Altmühl macht es den Soldaten leicht, mit all ihrem Kriegsgerät die Seite zu wechseln. Plünderungen und Brandschatzungen sind zwischen 1618 und 1648 an der Tagesordnung. Ausgezehrt durch die Versorgung tausender Soldaten, geht zum Ende des Krieges in der Bevölkerung die Pest um.

Die Dietfurter trotzten für ihre Geschichte dem Krieg auch ein paar Lichtblicke ab: 1632 logierte König Gustav Adolf von Schweden im hiesigen Gasthaus zur Post, Pfalzgraf Friedrich, König von Böhmen, bettete hier sein erlauchtes Haupt auf der Durchreise. Schon vor dem Krieg machte ein wohlbekannter, aber zu Lebzeiten nicht immer wohlgelittener Deutscher hier Station: Martin Luther.

Im Spanischen Erbfolgekrieg 1701 bis 1714 quartierten sich am 1. Januar 1702 über 10.000 Franzosen für vier Monate vor den Toren Dietfurts ein und belagerten Pappenheim. Reichstruppen und Österreicher versammelten sich hernach in der Nähe, um die Franzosen zu verjagen. Kaum 100 Jahre später zogen wieder Soldaten durch Dietfurt, die napoleonischen Kriege brachten erneut Not und Elend.

St. Johannes

Dietfurt wird 893 erstmals als Ort mit Kirche genannt. Ein Kirchlein wird sicher schon seit Anfang des 9. Jh. gestanden haben, denn zwischen 802 und 902 gehörte der Ort dem Kloster St. Gallen. Bischof Gundekar von Eichstätt weiht 1070 eine Kirche im Ort, vermutlich der erste Sakralbau aus Stein an dieser Stelle. Der Unterbau des Turmes stammt noch aus dieser Zeit. 1480 bekommt die Kirche Johannes den Täufer zum Patron, das Patronatsrecht liegt beim Kloster St. Walburg in Eichstätt. 1555 führen die Pappenheim die Reformation ein. Turm und Kirche werden 1619 umgebaut, 1716 folgt ein neues Langhaus, das 1901 vergrößert wird.

Die Hafner aus Dietfurt

Das Herstellen von irdenen Waren ist vermutlich das drittälteste Gewerbe der Welt. Die Schüssler aus dem Altmühltal waren im Mittelalter überregional bekannt. Viele Hafnermeister statteten die Märkte der Umgebung aus. Besonders hoch war die Töpferdichte im heute südlichen Landkreis Gunzenhausen-Weißenburg. Die vor den Toren Dietfurts gelegenen Tongruben brachten qualitativ hochwertigen und geschätzten Ton zutage.

So haben die Hafner in Dietfurt eine Lange Tradition. Das „made in Dietfurt" liest sich auf alten Schüsseln, Hafen und Töpfen so: *Der Herr hat alles wohl gemacht* oder *Handwerk hat goldenen Boden*. Zu Beginn des 15. Jh. lebte in Dietfurt ein Töpfermeister, der mehr konnte, als einen Klumpen Lehm auf der Drehscheibe in ein Gefäß verwandeln. Hafnermeister Vogel fertigte mit großem Erfolg Tonfiguren von Aposteln und Mergenbilder – Marienstatuen. Der Abt von Heidenheim bestellte um 1400 herum für seine Klosterkirche zwei Figuren von Königen und ein Marienbild.

Abschneidende Raubritter

Vermutlich in der zweiten Hälfte des 14. Jh. trieb in der Dietfurter Gegend der Raubritter Thomas von Absberg sein Unwesen. Aus Hass gegen alle Reichsstädter – besonders gegen die Nürnberger, die ihm wohl sein Schloss und seine Güter nahmen – ließ er allen gefangenen Städtern eine Hand abhacken. Vor dem Gasthaus „Zur Post" soll der Tagdieb einen Augsburger Boten und einen Reisenden ausgeraubt und erstochen haben.

Weiße Schlüsseljungfer

In regelmäßigem Abstand ziehen Weiße Jungfrauen oder Schlüssel-

Schön renoviertes Ensemble am Wegesrand in Dietfurt an der Altmühl.

maiden durchs Fränkische. Hier bei Dietfurt soll ein solch luftiges Wesen einen sagenhaften Schatz bewacht haben. Zu finden wäre er in den Ruinen des alten Schlösschens gewesen. Leider sind die Ruinen heute verschwunden, mit ihnen das Gespenst. Und der Schatz?

Saurer Wein

In der kurzen Warmzeit zwischen 900 und 1400 wurde auch im Altmühltal Wein gekeltert. Neben den Flurnamen *Weinberg*, die allenthalben zu finden sind, gibt es Aufzeichnungen über die Weinsteuer aus diesen Zeiten. So mussten 1214 der Meierhof zu Dietfurt 30 Pfennig, zwei weitere Höfe jeweils 16 Pfennig, fünf Huben jeweils 15 Pfennig und zwei Gütlein je 8 Pfennig abführen. Was für uns heute nicht nach großer Steuerlast klingt, wird schnell relativiert, wenn man erfährt, dass damals ein Schwein für 16 Pfennige, eine Gans für 3 Pfennige zu kaufen waren.

Erhalten gebliebene metallene Weingefäße zeugen vom hohen Säuregrad des beliebten Getränks: sie sind teilweise stark zerfressen. Aber saurer Wein war damals beliebter als verunreinigtes Wasser, zumal die Gastwirte mit allen Mitteln versuchten, den Wein schmackhaft zu machen. Honig und Waldmeister kamen beispielsweise zum Einsatz.

Galgen ohne Arbeit

Weithin sichtbar stand über Dietfurt ein Geleitsgalgen, dessen Fundamente noch heute zu sehen sind. Zum Einsatz kam die Richtstätte nie, denn die Hochgerichtsbarkeit lag in Pappenheim. So diente die Henkersstatt nur der Abschreckung.

Glitzernd und funkelnd verläßt die Altmühl das Städtchen Dietfurt.

Pappenheim

Etwa 400 v. Chr. siedelten die ersten Kelten hier, sporadisch war der Platz an der Altmühl schon seit der jüngeren Steinzeit genutzt worden. Doch erst die Kelten hinterließen größere Spuren, etwa die Fliehburg auf der „alten Bürg" sowie unzählige Hügelgräber. Die Franken legten um das Jahr 500 den Grundstein für die Ortschaft, die sich fortan nach ihrem fränkischen Grundherrn namens Papo oder Papin nannte. Nomen est omen: Der Name bedeutet: *der in der Schlacht glänzende*, und sollte sich später auf die Pappenheimer übertragen. Noch unter den Merowingern begann die Christianisierung, die der Mönch Sola aus Solnhofen vorantrieb.

Erste Erwähnung im Schrifttum als *Papinhaim im Sualafeld* 802. Zu dieser Zeit befand sich noch ein fränkischer Königshof neben dem Ort. Die Tochter des Grundherrn, Witwe eines Schweizer Grafen, vermachte ihre Güter in und um Pappenheim dem Kloster St. Gallen.

Älteste Kirche

Aus dieser Verbindung ging die in ihrem Kern eindeutig karolingische Kirche St. Gallus hervor, die heute zu den ältesten erhaltenen christlichen Sakralbauten Frankens zählt. Vermutlich war der erste Ortskern um diese im 9. Jh. entstandene Kirche gebaut, doch als Mitte des 11. Jh. auf dem Umlaufberg eine Höhenburg entstand, war es einfacher, dortige Gebäude in die Wehranlagen einzubeziehen. Die Reichsministerialen und Erb-Marschälle, die sich auf der Burg niederließen und fortan von Pappenheim nannten, machten den Ort zu einer Residenzstadt mit Mauern und Türmen. 1288 erhält Pappenheim das Stadtrecht, sowie später Halsgericht, Judenschutz und Asylrecht.

Erb-Reichsmarschall von Pappenheim wacht noch heute über seine Stadt.

Mit Fleiß gegen Unbill

Die gut bewachte Stadt entwickelte ein reiches Gewerbe, Zünfte der Töpfer, Nadler und Bortenmacher entstanden. Trotz häufiger Zerstörungen im Lauf der kriegerischen Geschichte bauten die Pappenheimer ihr Städtchen immer wieder auf, und jedesmal etwas schöner und größer. Auf die Burg folgt der Bau des neuen Schlosses, dass mit dem nächsten Neuen Schloss zum Alten Schloss wird. Heute zeugen viele Baudenkmäler von der reichen Vergangenheit der Stadt.

Die Klosterkirche

Die zweitälteste Kirche Pappenheims wurde 1372 durch Marschall Heinrich und seine Frau Elisabeth gestiftet. Das im gotischen Stil erbaute Kloster war ursprünglich für acht Priester vorgesehen. Es existierte keine 200 Jahre. Das Augustiner-Eremiten-Kloster wurde 1550 säkularisiert und kam wieder in den Besitz der Stifterfamilie. Ab dem 17. Jh. dient die Kirche als Grablege der Familie, seit der Reformation werden beide Konfessionen bestattet. Anfang der 1990er Jahre wurde die Kirche nach umfassender Restaurierung mit einem ökumenischen Gottesdienst wieder seiner Bestimmung als Gotteshaus übergeben. Seither finden Gottesdienste und kirchenmusikalische Konzerte statt.

Marienkirche

Die spätgotische Pfarrkirche der evangelischen Gemeinde wurde 1476 vollendet. Sie steht auf den Grundmauern eines älteren Baus, vermutlich einer Synagoge. Ein Opferstock von 1505 und bedeutende Grabsteine sowie Epitaphien der Grafen zu Pappenheim befinden sich im Innern der Kirche. Die Emporenbrüstung ist aus dem Jahr 1680 erhalten geblieben. Altar, Kanzel und Orgel stammen aus dem frühen 18. Jh. und sind barock gestaltet. Den schlichten, hohen Turm krönt ein grünes Dach mit Ornamenten.

Kirche Mariae Himmelfahrt

Die katholische Kirche wurde zwischen 1886 und 1888 im neoromanischen Stil erbaut. Zuvor wurden die Gottesdienste im „Eselstall" der Burg oder in verschiedenen Sälen abgehalten.

Jüdische Gemeinde

Älteste Hinweise auf einen Judenfriedhof reichen bis in das 12. Jh. zurück. Ab dem 13. Jh. ist eine unter dem Schutz der Reichsmar-

Die katholische Pfarrkirche Mariae Himmelfahrt.

schälle stehende jüdische Gemeinde nachweisbar. Auf dem heute noch existierenden Friedhof fanden ab 1579 Beerdigungen statt. Die älteste erhalten gebliebene Grabinschrift stammt aus dem Jahr 1687. 1811 wurde eine Synagoge neben dem Juden-Weiberbad erbaut, das die Stadt 1937 kaufte und zu einem – an Symbolik kaum zu überbieten – Feuerwehrhaus umbaute. Im Nachbarhaus befanden sich die Wohnung des Rabbiners und die Volksschule der Israeliten.

1937 endet die mindestens 800-jährige jüdische Geschichte Pappenheims. Die ehemalige Synagoge wurde 1980 abgebrochen, seit 1994 besteht hier eine Rotkreuz-Rettungswagengarage.

Ein weiteres Zeugnis aus der jüdischen Geschichte Pappenheims ist das Haus des Kaufmanns Abraham Reutlinger, das dieser 1849 errichten ließ. Auf der Südseite des Hauses gibt eine Inschrift über das Gestehungsjahr nach dem jüdischen Kalender Auskunft: *Erbaut im Jahre der Welt 5608.*

St. Gallus

Die Urkirche Pappenheims ist die älteste romanische Kirche Mittelfrankens, vermutlich Mitte des 9. Jh. unter dem Einfluss des Klosters St. Gallen als karolingische Saalkirche entstanden. 902 übereignet Kaiser Ludwig das Kind dem Adligen Meginwart unter anderem auch die Kirche St. Gallus zu Pappenheim. Nach einem Umbau wurde die Kirche 1060 von Bischof Gundekar II. geweiht. Erneute Umbauten zwischen 1284 und 1287 erweitern das Gotteshaus in eine dreischiffige, einer Basilika ähnlichen Anlage, allerdings ohne die dafür typischen Säulenreihen. Der spätgotische Schreinaltar zeigt Maria mit dem Kinde, die hl. Barbara und die hl. Katharina; Sakramentshaus von 1468. Aus dem 14. bzw. 15. Jh. stammen das Gestühl und die „Mondsichelmadonna". Seit dem 17. Jh. wird das Gotteshaus als Friedhofskirche genutzt.

Das Alte Schloss

Ende des 16. Jh. war die Höhenburg nicht mehr standesgemäß. So fügte Wolf Christoph zu Pappenheim neben der Pfarrkirche einen schlossähnlichen Bau an ein bestehendes Stadthaus. Obwohl man sich bemühte, die Baustile der

Die evangelische Marienkirche mit ihrem markanten Turm.

Die St. Galluskirche in Pappenheim ist ein sakraler Höhepunkt entlang der Altmühl: Sie ist die älteste Kirche Mittelfrankens.

beiden Häuser anzugleichen, ist noch heute der Unterschied zwischen rechter und linker Schlosshälfte gut zu erkennen.

Die Ausführung mit vier Ecktürmen, Rundfenstern, säulengestützter Portaleinfassung und die Form der Giebel lassen einfache Renaissanceelemente anklingen. Im Innern wurden zum Teil – vielleicht aus einem Vorgängerbau – spätgotische Tür- und Fensterlaibungen verwendet. Der Hof wurde früher zur Altmühl hin von einem einfachen Barockbau abgegrenzt, leider sind auch die Orangerie und kleine Pavillons im Garten nicht erhalten geblieben. Heute sind im alten Schloss Wohnungen und Büros untergebracht, eine Besichtigung ist daher nicht möglich.

Das schmucke Eingangsportal des Alten Schlosses.

Das Neue Schloss
Nachdem die Grafen von Pappenheim im Königreich Bayern ange-

Giebelfassade des Neuen Schlosses.

kommen waren und ihr Einfluss wieder zunahm, ließen sie sich vom Münchner Baumeister Leo von Klenze zwischen 1819 und 1822 das Neue Schloss erbauen. Für die neue Residenz mussten zwei Stadthäuser der gräflichen Familie weichen. Der dreiflügelige Bau erhielt eine zweieinhalbgeschossige Fassade mit dreibogigem Portikus im schlichten klassizistischen Stil. Zur Altmühl hin öffnet sich der Hof, eine Brücke führt in den Englischen Landschaftsgarten in den Altmühlauen. Orangerie und Lustschlösschen stammen noch aus dem Barock, als sich hier ein reich ausgestatteter gräflicher Garten befand.

Das Stadtschloss
Einen weiteren Schlossbau errichtete die Gräfenthaler Linie der Grafen zu Pappenheim. Zwischen 1594 und 1750 nutzte diese das Schloss als Stammsitz, danach wurde es Privathaus.

Gleich gegenüber wohnte später Baumeister J. G. Steingruber, der unter anderem das Dekanatshaus und die Apotheke erbaute. An seinem Haus befindet sich noch heute eine Sonnenuhr aus dem Jahr 1739.

Brau-, Rats- & Amtshäuser
Die Grafen von Pappenheim besaßen in der Stadt mindestens zwei Brauereien: das Rote Brauhaus, ein nach den Plänen Gilg Vältins 1590 errichteter Renaissancebau, und das Weißbierbrauhaus „Weißes Roß", in dem das gräfliche Weißbier zwischen 1578 und 1750 gebraut wurde. Später diente es als Unterkunft für Handwerksburschen überwiegend aus der Wagnerszunft.

Die jetzige Stadtapotheke wurde von J. G. Steingruber 1727 im Barockstil errichtet, seit 1802 befindet sich die Apotheke im Haus. Der dreigeschossige Rathausbau wurde 1595 als gräfliches Kanzleigebäude erbaut, 1722 neu gestaltet und 1812 von der Gemeinde gekauft. Noch viele Häuser gäbe es zu erwähnen in diesem Städtchen mit dem besonderen Flair.

Burg Pappenheim

Der langgestreckte Umlaufberg mit steilen Flanken auf drei Seiten läd geradezu ein, hier eine Burg zu errichten. Als Fluchtburg wurde der Berg wohl auch sporadisch seit der Jungsteinzeit genutzt. Doch erst im 11. Jh. beginnt die eigentliche Geschichte der Burg. Zur Zeit Kaiser Heinrichs II. wird eine burgartige Befestigung erstmals erwähnt: *anfänglich ein niedrig aufgebauter Thurm und ein kleins Häuslein darumb gewest*. Während der Fehde zwischen Herzog Ernst II. von Schwaben und König Konrad II. wird die Burg 1028 das erste Mal zerstört. Es folgt ein Wiederaufbau in der Logik des Lernens: wehrhafter und größer. Bischof Egilolf von Eichstätt weiht zwischen 1171 und 1182 die Burgkapelle der neuen Burg, Sitz des Marschalls Heinrich zu Pappenheim, Heerführer Heinrichs VI. Die Buckelquader des Bergfrieds weisen noch heute in die Zeit um 1160 und wären somit ein frühes Beispiel staufischer Baukunst.

Burgherr Heinrich von Calentin-Pappenheim baute die Burg zu Beginn des 13. Jh. weiter aus. Er war Vertrauter des Kaisers Barbarossa und begründete die fast 600-jährige Geschichte der Reichsministerialen von Pappenheim. Gegen Ende des 13. Jh. wurde auch die Stadt in die Wehrbauten einbezogen und mit Mauern und Türmen umgeben. Mitte des 14. Jh. wurde die Burg umfassend erweitert. Die Grafenfamilie begann sich in mehrere Linien aufzuteilen, und so entstanden nach und nach neue Wohngebäude auf der Burg. Das 16. Jh. stand ganz im Zeichen des Streits, den die vier auf der Burg lebenden Familien-Zweige miteinander ausfochten. 1593 kam dann der Entschluss, den Stammsitz in die Stadt zu verlegen: in ein deutlich bequemeres, aber weniger gut zu verteidigendes Schloss.

Trotzdem wurde die Burg weiter befestigt, um in Belagerungszeiten dort Unterschlupf finden und Widerstand leisten zu können. Bis zum Ausbruch des 30-jährigen Krieges trotzte die Burg wiederholt Angriffen. Erst am 21. Juni 1633 fiel sie in die Hände der übermächtigen Schweden – nach zweitägigem Beschuss mit Mörsern, Kanonen und Brandgranaten.

Im Spanischen Erbfolgekrieg wurde die Burg nochmals kurz benutzt, hielt der Übermacht von 5.000 Franzosen jedoch nicht stand. Seit dem 30. April 1705 ist sie nicht mehr bewohnt. Heute ist die Anlage wieder zu besichtigen und birgt mehrere Museen.

Zimmern

In einem weiten Bogen der Altmühl, direkt an ihren Ufern und unterhalb einer ausladenden Wacholderheide, liegt Zimmern wie hingegossen unter dem Hollerstein.

In den Archiven der Marschälle von Pappenheim findet sich eine Notiz unter der Jahreszahl 1214, darunter sind verzeichnet: ein Hof, eine Mühle, ein Fischlehen. Die Besiedlung begann aber schon weit vorher, vielleicht war sie nicht immer kontinuierlich. Grabhügel in der Umgebung bargen Schmuck und Alltagsgegenstände aus der Zeit um 800 v. Chr.

Viel Bier und Buddelei

Das Haus Nr. 1 erhielt 1609 das Tavernrecht, und war fortan eine gut besuchte Wirtschaft. Während des 30-jährigen Krieges quartierten sich auch Schweden in Zimmern ein, und die hatten einen gemeinen Plan: Sie wollten einen Stollen unter die Burg Pappenheim treiben, um sie dann zu sprengen. Für die Arbeiten unter Tage suchten sie sich Bürger aus Zimmern aus. Aus Zeitgründen ging der Plan nicht auf und wurde fallengelassen.

Um 1700 erweiterte die Wirtschaft um eine eigene Brauerei, was wiederum eine gute Idee des Wirtes war. Im Jahr wurden 65-70.000 l Bier ausgeschenkt – das entspricht 190 Maß Bier täglich.

Das geteilte Dorf

Im Jahr 1735 war das Dorf in zwei Teile getrennt worden, der eine gehörte zu Solnhofen, der andere zu Pappenheim. Die Untertanen waren streng nach Hausnummern quer durch den Ort getrennt. Die Zweiteilung währte bis in den Tod: je nach dem, aus welchem Haus der Tote kam, wurde er entweder in Solnhofen oder in Niederpappenheim begraben – ohne Rücksicht auf Konfession oder Familienbande.

Ab 1791 wurden wenigstens die Toten an einem Platz vereint. Neun Jahre später zählten die preußischen Beamten 21 Häuser in Zimmern.

Animalische Waschstraße

Zu Anfang des 20. Jh. betrieb der Mühlenbesitzer an der Altmühl eine Schafschwemme. Hier wurden die Schafe gewaschen, bevor die Wolle geschoren wurde.

Anscheinend hat das gut funktioniert, denn unter der Brücke wurde auch noch eine Sauschwemme eingerichtet, um die Sauen vor dem Schlachten sauber zu bekommen. Aber auch die Menschen wuschen zu dieser Zeit noch sich und ihre Kleider in der Altmühl.

Die Mühle in Zimmern steht stattlich am Altmühlufer, im Hintergrund erhebt sich die ausladende Wacholderheide.

Solnhofen

Solnhofer Bodenplatten wurden in die halbe Welt exportiert, auch in Istanbul wusste man sie zu schätzen. Kelten und Römer verwendeten den hellen Kalkstein zum Mauern. Die Erfindung der Lithographie brachte Solnhofen Weltruhm und das weltweite Monopol. Die bedeutenden Fossilienfunde an Flugsauriern und der Archaeopteryx prägten dann den Namen Solnhofen endgültig in das Bewusstsein vieler Menschen. Und doch verspürt man von all dem nichts, wenn man durch Solnhofen geht, radelt, paddelt oder fährt.

Britischer Namensgeber

Der südenglische Mönch Sola kommt zwischen 745 und 750 vom Benediktinerkloster Fulda nach *Husen* an der Altmühl, eine unwirtliche Gegend im südlichen Sualafeldgau. Er wird zum Namensgeber des Ortes.

Die von fränkischen Mönchen gegründete Kirche, deren Anfänge auf das Jahr 650 datiert werden, baut Sola in einer dritten Phase um. Bis 793 ist Sola in der Gegend seelsorgerisch tätig. Auf dem Weg von Regensburg zum Königshof Weißenburg macht Karl der Große Halt in Solnhofen. Der fränkische König schenkt Sola den Ort seines langjährigen Wirkens, in Anerkennung seiner Verdienste um die Christianisierung Bayerns. Am 3. Dezember 794 stirbt Sola und vermacht testamentarisch seinen Besitz dem Kloster Fulda.

In Anlehnung an dieses Testament errichtet das Kloster Folda in Solnhofen 833 eine Propstei. Gundram, Hofkaplan Ludwigs des Frommen und Neffe des Fuldaer Abtes Hrabanus Maurus, wird nach Solnhofen gesandt, um die Propstei zu führen. Auf Bitten des Fuldaer Abtes schenkt Kaiser Ludwig der Fromme dem neugegründeten Kloster Solnhofen 19 Ländereien mit Fron- und Salhöfen.

Sola-Basilika: Detail der Säulen.

Gundrams Verehrung Sola gegenüber gipfelt in der Heiligsprechung im Jahr 838 durch Bischof Altuin von Eichstätt und der Beisetzung der Gebeine Solas in der Basilika. Zwei Jahre zuvor hatte Ermanrich von Ellwangen angefangen, die Lebensgeschichte des hl. Sola aufzuschreiben, die er 842 vollendete.

Die Klosteranlage wird in den folgenden Jahrhunderten immer wieder umgebaut und erweitert. Die Saalkirche wird in der ersten Hälfte des 9. Jh. durch eine dreischiffige Basilika ersetzt.

Die Vogtei über Solnhofen üben bis 1424 die Grafen von Hohentrüdingen aus, ab 1440 gehen diese Rechte an die Burggrafen von Nürnberg über und kommen von da an die Markgrafen von Brandenburg-Ansbach.

1533 tritt Probst Willibald Zeller zum protestantischen Glauben über. Ein Jahr später heben die Markgrafen die Probstei auf und richten ein weltliches Klosteramt ein. Die Mönche werden aufgefordert, ihr Kloster zu verlassen; Teile der Anlage werden eingerissen.

Die Basilika wird Baufällig und immer wieder notdürftig instand gesetzt. Zwischen 1734 und 1735 erfolgt der Neubau der Pfarrkirche in markgräflichem Stil etwas unterhalb des alten Gotteshauses. Die Basilika wird 1783 abgebrochen.

1798 kommt für Solnhofen ein neuer Aufschwung, eine neue Drucktechnik mittels einer Solnhofer Platte wurde erfunden: die Lithographie. Gut hundert Jahre erfreuen sich die Solnhofer Steinbruchbetriebe an dem weltweiten Monopol. Heute wirbt Solnhofen um Touristen und wuchert mit seinem Pfund Archaeopteryx.

Sola-Basilika

Die erste Erweiterung des Frankenreichs Richtung Osten fand vorwiegend im 7. Jh. statt. Um diese Zeit müssen auch Mönche an die Altmühl nach *Husen* gekommen sein, haben vielleicht eine Bajuwarensiedlung christianisiert und um 650 eine erste Kirche aus Stein erbaut, was zu dieser Zeit recht ungewöhnlich war, entstanden doch die meisten Kirchen in Holzbauweise. Die erste Solnhofer Kirche war 9,5 x 7 m groß und hatte zwei nebeneinander liegende Apsiden. Dies ist der nördlichste Fund einer solchen Bauweise in Europa, die vorwiegend in der Schweiz, in Oberitalien und Dalmatien vorkommt.

In einer zweiten Bauphase wird das Langhaus deutlich nach Osten verlängert und durch einen schmalen Durchgang vom Altarraum abgetrennt. Diese Trennung ist typisch für Kirchen dieser Zeit im Mittelmeerraum. Der Bau lässt auf eine zunehmende Akzeptanz der neuen Religion unter der Bevölkerung schließen.

Das dritte Bauwerk an dieser Stelle entsteht unter dem Einfluss des Missionars Sola. Nach einem Brand wird die Trennwand zwischen Altarraum und Gemeinderaum abgebrochen, neue Mauerwangen geben mehr Stabilität, verkleinern aber auch den Innenraum. An dessen Wänden waren farbige Bemalungen nachweisbar.

Nach der Klostergründung um 795 wird die Kirche deutlich nach Westen erweitert. Der Altarraum wird zum Mönchschor, von dort führt eine 1,5 m breite Öffnung in den rechteckigen Altarraum.

Zwischen 800 und 850 entsteht die dreischiffige Sola-Basilika in karolingischem Stil. Die Größe ist beeindruckend: 28,8 m lang und 13,3 m breit ist das Gotteshaus nun. Die Seitenschiffe sind mit jeweils acht Arkaden vom Hauptschiff getrennt. Eine architektonische Besonderheit ist der Stützenwechsel, bei dem jeweils zwei Dreiergruppen Säulen von Pfeilern umrahmt werden. Im Osten der Basilika fanden sich Reste einer Stollenkrypta. Diese lag 2 m tiefer als das Mittelschiff und konnte über zwei stollenartige Zugänge erreicht werden.

BM-Müller-Museum

Das Bürgermeister-Müller-Museum befindet sich im modernen Rathaus von Solnhofen und zeigt eine überwältigende Anzahl an Fossilienfunden. Man kommt aus dem Staunen nicht mehr heraus über die vielen verschiedenen Tierarten und ihre detailgetreue Erhaltung. Vor allem aber ist man darüber erstaunt, dass die allermeisten der fossil erhaltenen Insekten wie die heute lebenden aussehen – nur manchmal eben etwas größer.

Museum Maxberg

Das Museum auf dem Maxberg hat seine Pforten geschlossen – und sie nach dem Umzug in Gunzenhausen wieder göffnet. In den neuen Räumen werden hauptsächlich die auf dem Maxberg gefundenen Fossilien gezeigt, wobei der Schwerpunkt bei Fischen und Sauriern liegt. Eine umfassende Schau über das Lithographenhandwerk rundet die Ausstellung ab.

Zwölf Apostel

Sie sind die wohl bekannteste Felsformation des Altmühltales: die Zwölf Apostel zwischen Solnhofen und Eßlingen. Die Dolomitfelsen waren vor rund 150 Millionen Jahren Korallenriffe im Jurameer, und wurden im Laufe der Zeit von Urdonau und Altmühl freigeschwemmt. Heute grüßen die bizarren Felsköpfe aus der Wacholderheide jeden vorübergehenden Wanderer – ob zu Fuß, per Boot oder Rad.

Die Zwölf Apostel zwischen Solnhofen und Eßlingen; ein reizvoller Wanderweg führt an der Talkante entlang.

Die Sola-Basilika aus dem 8. Jh. – eingeblendet die Mauergrundrisse der Basilika (schwarz) und der Klosterbauten.

Lithographie

Nachdem sich Solnhofen mit Bodenplatten und Mauersteinen bereits einen festen Platz unter den exklusiven Baustoffen in Europa erobert hatte, kam der zweite Ruhm mit der Erfindung des Steindrucks in das Altmühltal.

Alois Senefelder

Der 1771 in Prag geborene Senefelder war Bühnenschriftsteller und ärgerte sich ob seines stets klammen Geldbeutels über die hohen Druckkosten seiner Werke.

Da Not bekanntlich erfinderisch macht, erfand Senefelder so den Steindruck mittels Solnhofer Platten, der wegen seiner günstigen Produktionskosten schnell Verbreitung fand. 1798 fiel der Startschuss für die Lithografie – die Kunst, mit Steinen zu schreiben. In München erschien 1818 das Lehrbuch der Steindruckerei, in dem Senefelder den Wunsch äußert, seine Erfindung *möge der Menschheit durch viele vortreffliche Erzeugnisse vielfältigen Nutzen bringen!*

Als einer der wenigen Erfinder konnte Senefelder die weltweite Bedeutung und Verbreitung seiner Erfindung selbst miterleben. Für Solnhofen bedeutete dies einen zusätzlichen Gewinn, da es faktisch das weltweite Monopol auf die Druckplatten hatte.

Auch wenn der Offsetdruck seit mehr als 50 Jahren die Lithografie ganz aus dem täglichen Geschäft der Druckereien verdrängt hat, so sind die Solnhofener Steine immer noch weltweit bei Künstlern gefragt. Ein aufwändiges und zeitraubendes Verfahren, das dem Drucker ein hohes Maß an handwerklichem Können und künstlerischem Verständnis abverlangt.

Flachdruck

Im Gegensatz zu Hoch- und Tiefdruckverfahren, bei denen die Farbe entweder nur auf den Höhen der Druckwalze oder aber in den Vertiefungen steht, kommt bei der Lithografie das so genannte chemische Druckverfahren zur Anwendung, bei der Farbe und freie Stellen auf gleicher Höhe liegen – daher Flachdruck.

Am Anfang steht der Stein. Er wird zunächst in die richtige Größe gesägt, dann wird die zum Druck zu verwendende Seite fein abgeschliffen, denn sie muss plan sein.

Kurz vor dem Druck wird der Stein gereinigt und nochmals fein geschliffen. Nun wird mittels Fetttinte oder Fettstift die zu druckende Zeichnung aufgetragen, wobei dies spiegelverkehrt erfolgen muss. Die großen Karikaturisten des 19. Jh., wie z.B. Honoré Daumier, zeichneten ihre Werke direkt auf den Stein. Senefelder erfand aber noch ein Umdruckverfahren, bei dem die Zeichnung zuerst seitenrichtig auf ein Spezialpapier gezeichnet und dann durch Druck auf den Stein übertragen wurde. Das ist vor allem bei feingliedrigen Motiven und bei mehrfarbigen Drucken sinnvoll, bei denen es später auf die Passgenauigkeit ankommt.

Vor dem Einwalzen der Druckfarbe muss der Stein in einem komplizierten chemischen Umsetzungsverfahren präpariert werden. Dazu werden meist natürliche Stoffe wie Gummi arabicum, Talkum, Asphaltlack, Terpentinöl und wenige Tropfen Salpetersäure verwendet. Durch diese Umwandlung nimmt der Stein an den bezeichneten Stellen Druckfarbe an, während er sie an den offenen oder weißen Stellen abstößt.

Nach der Umwandlung wird der Stein mit einem Schwamm gleichmäßig mit Wasser benetzt. Danach wird die Druckfarbe aufgewalzt. Die Druckfarben sind so beschaffen, dass sie an den feuchten Stellen des Steines nicht haften.

Über den Stein wird nun das Druckblatt gelegt und mit einem Deckblatt abgedeckt. Über die Presse wirkt nun hoher Druck auf den Stein und das Druckblatt, dabei überträgt sich die Farbe auf das Papier. Diese Prozedur kann man fast beliebig oft wiederholen, sie ist aber zeitraubend. Meist wurden nur wenige Drucke hergestellt, zwischen 100 und 500 waren die Regel. Wurde die Vorlage nicht mehr gebraucht, konnte der Stein abgeschliffen und so mehrmals benutzt werden.

Farblithographien

Sollte ein Bild mehrfarbig gedruckt werden, so musste für jede Farbe ein Stein hergestellt werden. Für das spätere Übereinstimmen der Farben setzte man Markierungen und Passkreuze auf die Steine. Der Farbenvielfalt war nur durch den Geldbeutel des Künstlers Grenzen gesetzt, es entstanden Drucke mit 7, 12 oder 14 Farben, deren Ausstrahlung und Wirkung mit modernen Verfahren nicht erreicht werden kann. Dies ist mit ein Grund dafür, warum immer noch weltweit Künstler auf den Solnhofer Stein schwören.

Der Steindruck erlangte solche Bedeutung und Verbreitung, dass man noch heute zu einer druckfähigen Reproduktion eines Bildes – selbst wenn sie mittels eines Scanners digitalisiert wurde – „Litho" sagt.

Einer der wenigen noch erhaltenen Jura-Bauernhöfe mit Dachbedeckung aus Solnhofer Platten steht in Eßlingen.

Das Jurameer

Der Superkontinent Pangea war gerade auseinander gebrochen, die drei Kontinente Nordamerika, Eurasien und Gondwana drifteten voneinander weg. Das Zeitalter der Dinosaurier – der Jura – war angebrochen. Das ist nun 170 Millionen Jahre her. Von Mittel- bis Südeuropa erstreckte sich, von einzelnen Inseln unterbrochen, das nur wenige 100 Meter tiefe Jurameer.

Hohe Artenvielfalt

Das süddeutsche Oberjurameer hatte Verbindungen zum französischen Jurameer im Südwesten und zum südpolnischen Meeresbecken im Nordosten. So kam es hier zu einer interessanten Vermischung nordeuropäischer und mediterraner Arten. Der ständige Strom nährstoffreichen Wassers mit den hohen Wassertemperaturen von 17°-23°C bedeutete optimale Lebensbedingungen. In Wassertiefen bis 100 Meter kam es zur Bildung von Korallenriffen, die noch heute in den mächtigen Dolomitfelsen des Altmühltals oder der Schwäbischen Alb erhalten sind. Um die Riffe herum kam es zu Sedimentablagerungen – den Solnhofener Plattenkalken zum Beispiel. Gerade in diesen schichtweise abgelagerten Feinstsedimenten blieben tot auf den Meeresgrund gesunkene Tiere als Abdruck bis heute erhalten. Durch die sehr feine Korngröße dieser Kalke wurden auch feinste Details überliefert, was uns heute einen sehr genauen Einblick in die Lebewelt von damals ermöglicht. Bis heute sind in Solnhofen über 750 Tier- und Pflanzenarten ans Tageslicht befördert worden. Was vordergründig einen Fossilreichtum vortäuscht, ist letztendlich nur auf den seit Jahrhunderten von Hand abgebauten Plattenkalk zurückzuführen, der wahre Massen an Fossilien zu Tage förderte.

Gegen Ende des Juras wurde im Gebiet des heutigen Altmühltals eine flache Lagune vom Meeresstrom abgeschnitten. In dem flachen Stillgewässer, das vermutlich

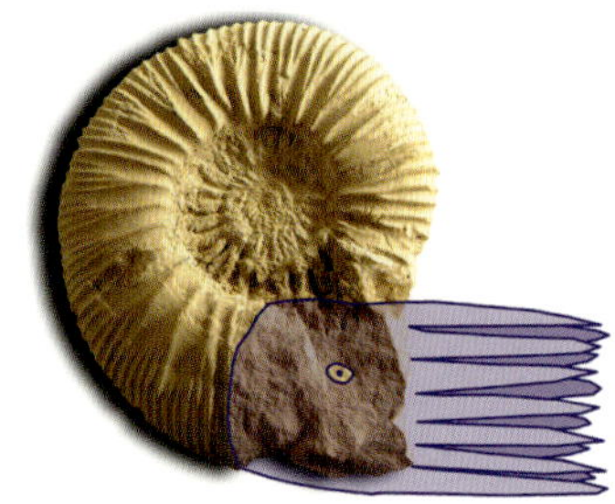

Ammoniten waren vielarmige Kopffüßler, die man sich etwa so im Wasser schwimmend vorstellen kann.

nur 500.000 Jahre bestand, entwickelte sich ein vielfältiges Korallenriff. Die Lagune hatte eine Ausdehnung von ca. 70 mal 30 km und war nur 30-60 m Tief. Im Norden wurde sie durch die riesige mitteleuropäische Landmasse begrenzt, im Osten, Süden und Westen durch bis knapp an die Wasseroberfläche reichende Korallenriffe. Vermutlich haben viele der über 180 gefundenen Insektenarten hier gelebt, darunter auch die vielen Libellen und Eintagsfliegen. Der Insektenreichtum lockte wiederum viele kleine Wirbeltiere an, wie den äußerst beweglichen Krabbelsaurier *Compsognathus* oder diverse Flugsaurier wie *Pterodactylus*, *Scaphognathus* bis zum *Rhamphorhynchus*.

Ein Tier – halb Vogel, halb Saurier – schien den Luftraum der Solnhofer Lagune zu beherrschen: *Archaeopteryx lithograficus*.

Lebensraum Luft

Hatte sich das Leben unserer Erde bisher im Wasser und auf dem Land abgespielt, eroberten während des Juras immer mehr Arten den Luftraum.

Libellen hatten seit dem Karbon fast als einzige diesen Lebensraum bevölkert. Vor 300 Millionen Jahren gab es Exemplare mit 70 cm Spannweite. Doch die Fressfeinde zogen nach: Mehr und mehr Arten verstanden es, sich in die Lüfte zu erheben, und sei es nur kurz. Im Zuge der Evolution wurden die Libellen kleiner und somit schneller, wendiger. Die häufigste in Solnhofen gefundene Libelle – *Aeschnogomphus intermedius* – erreichte eine Flügelspannweite von 21 cm und eine Körperlänge von 15 cm. Sie ist die bisher größte Libelle der Jura-Zeit. Für viele Menschen ist die Körpergröße unserer rezenten Libellen schon furchteinflößend, dabei kommt die Große Königslibelle gerademal auf 8 cm Körperlänge und höchstens 11 cm Flügelspannweite; sie ist damit die größte der häufigen Arten Europas.

Andere Insekten machten erst im Jura die Entwicklung durch, die die Libellen schon seit Jahrmillionen abgeschlossen hatten: der Trend zur Größe. So wurde in Solnhofen eine Florfliege mit 25 cm Spannweite gefunden – heute kommen die auch Goldauge genannten Netzflügler auf gerademal 25 mm. Die Heuschrecke *Pycnophlebia* hatte bis zu 15 cm lange Flügel.

Bei so vielen fliegenden Leckerbissen konnte es nur eine Frage der Zeit sein, bis die fleischfressenden Wirbeltiere ebenfalls mit Flugkünsten ausgestattet waren. Von Gleitreptilien bis zum Urvogel reichte das Artenspektrum.

Das Jurameer vor ca. 170 Millionen Jahren; die teils flachen Lagunen machten eine hohe Artenvielfalt möglich.

Fliegende Saurier

Gerade die kleinen Raubsaurier konnten sich in Richtung Flugfähigkeit entwickeln, da ihre Körpergröße in einem günstigen Verhältnis zur erreichbaren Flügelfläche stand. Mit den entsprechenden Happen vor Augen wundert es nicht, dass es nirgendwo sonst auf der Welt soviele Flugsaurier gab wie in Solnhofen. Von Spatzengröße bis zu einer Spannweite von 2,5 m reicht hier das Spektrum, wobei kleinster und größter Flugsaurier zu der selben Gattung *Pterodactylus* gehören. Wissenschaftler teilen die vielen gefundenen Arten von Solnhofen in zwei grob umrissene Gruppen ein: Langschwanzflugsaurier und Kurzschwanzflugsaurier.

Zur ersten Gruppe gehören u.a. *Rhamphorhynchus*, *Scaphognathus*, *Odontorhynchus* und *Anurognathus*. Diese Saurier hatten zusammenfaltbare Flughäute, die mit faserartigen Verstärkungen versehen waren. Ihre teilweise erhaltenen Schwimmhäute zwischen den Zehen und die dünnen, spitzen Zähne im Schnabel weisen sie als Fischfresser aus, die vermutlich ebenso schwimmen und tauchen konnten wie kurze Strecken fliegen. Gemeinsames und namengebendes Merkmal ist der lange Schwanz mit einem rhombisch-lanzettförmigen bis dreieckigen Schwanzsegel, das vermutlich zur Stabilisierung des Fluges diente.

Für einen *Rhamphorhynchus* mit 90 cm Flügelspannweite errechneten Wissenschaftler ein mögliches Körpergewicht von 480 g, was etwa halb soviel wie das Gewicht der ähnlich großen Silbermöwe ist.

Die Kurzschwanzflugsaurier der Gattungen *Pterodactylus*, *Gallodactylus*, *Germanodactylus*, *Ctenochasma* und *Gnathosaurus* hatten teilweise lange sichelförmige Flügel und waren die wahrscheinlich besseren Flieger. Zu Ihrer Nahrung dienten Fluginsekten genauso wie Plankton, das sie in flachen Gleitflügen über dem Lagunensee aus dem Wasser filterten. Sie konnten aus dem Wasser starten und wahrscheinlich auch ausdauernder fliegen.

Allen Flugsauriern gemeinsam waren die großen Augen und das vogelähnlich große Gehirn. Daraus kann man gute optische Eigenschaften und eine schnelle Reaktionszeit schließen. Schon 1927 wurden Haare auf den Flughäuten und am Körper nachgewiesen, was eindeutig auf Warmblütigkeit hinweist.

Während die Langschwanzflugsaurier an der Jura-Kreide-Grenze ausstarben, entwickelten sich die Kurzschwanzflugsaurier während der Kreidezeit weiter.

Archaeopteryx

Ob er jemals flog – oder etwa geschwommen und getaucht nach Art der Pinguine – ist bis heute ungeklärt. Auch sonst gibt der vermutlich erste Vogel unserer Welt weitere Rätsel auf. Nur in einem sind sich die Experten einig: Der *Archaeopteryx* stellt das lang gesuchte Bindeglied zwischen den Reptilien und den Vögeln dar, das sogenannte *missing link*.

Ein neuerer Fund des Urvogels, ein vermutlich nicht ausgewachsenes Tier.

Wobei er eher Reptil denn Vogel war. Er besaß Zähne im Ober- und Unterkiefer, frei bewegliche Rückenwirbel, gebogene Krallen an den Vordergliedmaßen und weitgehend offene Nähte am Schädel. Becken- und Beinmuskulatur waren eher saurierhaft. Das für Vögel typische verknöcherte Brustbein zum Ansatz der Flugmuskulatur fehlt.

Und doch hatte *Archaeopteryx* – der „Vorläuferflügel" – Federn, die sich kaum von denen heute lebender Vögel unterscheiden. Er besaß Schwung-, Steuer- und Deckfedern. Die Schwungfedern sind asymmetrisch, was heute eindeutig als Beweis der Flugfähigkeit angesehen wird, da dieses Merkmal rezenten flugunfähigen Vögeln fehlt. Weitere Indizien, die für einen Vogelvorläufer sprechen, sind das nach hinten gerichtete Schambein, die Flügel, das relativ große Gehirn, das Gabelbein sowie die verwachsenen Schlüsselbein- und Mittelfußknochen. So hatte der *Archaeopteryx* wohl von beiden etwas, konnte ebenso schnell über den Boden krabbeln wie unbeholfen fliegen. Doch den Luftraum musste er sich schon damals mit den Flugsauriern teilen.

Er flog, er flog nicht

Analysiert man die technischen Vorraussetzungen des Urvogels, so muss er geflogen sein. Allerdings fehlte ihm eine kräftige Muskulatur für ausdauernde Flüge. Flügelbau und breiter Schwanz sprechen eher für einen „Fallstarter", der nur von einem höheren Startplatz aus – Felsen, Bäume – für kurze Zeit in die Lüfte kam. Vermutlich war er hinter Libellen her, die es zu seiner Zeit in Mengen gab und die für die plumpen Flugsaurier viel zu wendig waren. Die reine Segeltheorie ist heute vom Tisch, da es im Lebensraum des Urvogels kaum hohe Bäume in ausreichender Anzahl gab, um ständig fliegen zu können.

Vielleicht kann man sich den tauben- bis hühnergroßen, etwa 500 g schweren *Archaeopteryx* am Besten wie ein Huhn vorstellen: gewandt und schnell auf dem Boden, ab und an mal einem Insekt mit Unterstützung der Flügel hinterherhüpfend und in der Not auch mal 20-30 m weite Strecken fliegend.

Fundumstände

1860 entdeckten Arbeiter im Gemeindesteinbruch Solnhofen bei ihrer Arbeit den Abdruck einer etwa 6 cm langen Feder. Diese Feder wurde einem Urvogel zugeschrieben und als *Archaeopteryx lithograficus* beschrieben. Ein Jahr später fand man im Ottmannschen Steinbruch auf der Langenaltheimer Haardt ein zierliches Skelett ohne Kopf mit gut erkennbaren Federabdrücken. Der Fund gelangte in den Besitz des Kreisarztes Carl Friedrich Häberlein, der sich oft von den Steinbrucharbeitern in Fossilien bezahlen ließ. Am 1. Oktober verkaufte er die Platte für 450 Pfund an das Museum of Natural History in London. Doch noch wollte keiner der Wissenschaftler das eigentlich Sensationelle dieses Fundes erkennen. Erst als 1876 ein weiteres Exemplar zum Vorschein kam – diesmal mit Kopf und prächtigem Gefieder, erwachte das Interesse. Der Steinbruchbesitzer verkaufte den ersten kompletten Urvogel für 2.000 Goldmark an den Sohn des Kreisarztes Carl Häberlein. Dieser ließ den Fund fachgerecht präparieren und bot ihn zum Kauf an. Da die Staatskassen der Museen nicht Willens waren, sprang Werner von Siemens ein und kaufte das als „Berliner Exemplar" berühmt gewordene Stück für 20.000 Goldmark für das Naturkundemuseum.

Schönster und berühmtester Fund eines Archaeopteryx: das „Berliner Exemplar" aus dem Naturkundemuseum Berlin.

Von den unzähligen entlang der Altmühl aufgestellten Kruzifixen seien hier vier vorgestellt: links oben ein goldglänzender Jesus auf einem Kirchhof in Kipfenberg, rechts daneben ein Feldkreuz südlich Eichstätt, darunter links ein rustikaler Jesus in einer Mauernische der Laurentius-Kirche in Großenried und rechts unten ein Heiland aus Essing.

Die Goldene Acht (links), ein gelber Schmetterling, hat seinen Namen von der Zeichnung auf der Unterseite seiner Hinterflügel. Im Altmühltal noch oft zu sehen ist die Kornblume (oben) mit ihrem strahlenden Blau. Sie wächst in Kornfeldern wie diesem (oben rechts) an der Altmühl. In Wiesen entwickelt sich die Schnake (rechts unten), die trotz ihrer Größe weder stechen noch beißen kann. Im Winter sammeln sich auf der oft eisfreien Altmühl viele Enten (unten).

Fossiliensteinbrüche

Selbst gefundene Fossilien sind zwar oft nicht so schön wie die aufwändig präparierten und teuer gekauften, an ihnen klebt jedoch persönliche Erinnerung, was sie dann doch wieder wertvoll macht. Im Naturpark Altmühltal gibt es ein paar offiziell freigegebene Steinbrüche, in denen jedermann ganz legal Steine klopfen und alle Ergebnisse kostenlos – bis auf den an manchen Stellen zu entrichtenden Eintritt – mit nach Hause schleppen kann.

Auf ihrer Zeitreise sollten sie festes Schuhwerk, „Dreckklamotten" – die Kalksteine geben einen hellen, sehr feinen Staub ab – und viel Ausdauer respektive Geduld mitbringen. Wer kein eigenes Werkzeug hat, kann sich an vielen Stellen für wenig Geld welches leihen. Wer mit kleinen Kindern unterwegs ist, sollte ausreichend zu Trinken und ein Basispaket Pflaster nicht vergessen. An heißen und sonnigen Tagen ist auch eine Kopfbedeckung gut, in den Steinbrüchen brennt die Sonne gnadenlos.

STEINBRÜCHE

Hobby-Steinbruch Solnhofen
Anmeldung, Kasse und Werkzeugverleih im BM-Müller-Museum in Solnhofen (Rathaus). Infotelefon: (09145) 832 020. Erwachsene 2,50 €, Kinder 1,00 €, in der Gruppe jeweis 2,00/0,70 €. Einmal die Woche Steinbruch- und Betriebsführung. Zufahrt ist ausgeschildert

Fossiliensteinbruch Mörnsheim
Fossilienerlebnisplatz Apfeltal mit Steinbruchlehrpfad, ohne Gebühr. Werkzeugverleih im Gasthof „Zum Brunnen" in Mörnsheim. Infotelefon: (09145) 83 15 -0

Blumberg Eichstätt
Der Fossiliensteinbruch am Blumberg ist der touristisch erschlossenste: Es gibt einen Kiosk, Sanitäranlagen und Werkzeugverleih vor Ort. Erwachsene 2,00 €, Kinder 1,00 €, Familienkarte für zwei Erwachsene mit max. 4 Kindern bis 18 Jahre 5,00 €. Infotelefon: (084 21) 98 76 -0. Geöffnet Montag bis Sonntag 9:30 bis 18:00 Uhr

Für die Kleinen immer ein Erlebnis: Fossilien selbst finden.

Sammelstelle Titting
Etwas abseits der Altmühl, zwischen Eichstätt und Kinding, liegt die Sammelstelle Titting. Hier gibt es keinen Steinbruch im eigentlichen Sinn. Die Sammelstelle liegt etwas oberhalb des Ortes und ist ausgeschildert. Sie eignet sich eher für Profis, da die zu bearbeitenden Steinblöcke größer sind und mehr Kraft erfordern – neben der richtigen Technik. Dafür kann man hier eher mal etwas Außergewöhnliches finden. Infotelefon: (08423) 9876 0. Werkzeugverleih im Verkehrsbüro, Rathausplatz 1, Telefon: (08421) 99 21 -0

Steinbruch Schamhaupten
Bei Altmannstein – über die B 299 gut zu erreichen – liegt der ausgeschilderte Fossiliensteinbruch Schamhaupten. Keine Gebühr, kein Werkzeugverleih. Infotelefon: (09446) 1330 oder 902 10

MUSEEN

BM-Müller-Museum Solnhofen
Das Bürgermeister-Müller-Museum befindet sich im Rathaus, Bahnhofstraße 8. Telefon: (09145) 8320 30. Aktuelle Öffnungszeiten finden sie unter: www.solnhofen.de

Museum auf dem Maxberg
Das älteste Museum für Solnhofer Fossilienfunde residierte von 1929 bis 2004 in einem Fabrikraum direkt im Steinbruchgelände auf dem Maxberg. Seit 6. April 2005 ist es nun in neuen Räumen und mit überarbeiteter Ausstellung in Gunzenhausen zu finden. Neue Adresse: Sonnenstraße 4, 91710 Gunzenhausen. Info (09831) 508 -300 Fax -302

Museum Bergér
Das Museum Bergér zeigt einen tollen Querschnitt durch die auf dem Blumberg gefundenen Fossilien. Auf dem Harthof, an der B13 oberhalb Eichstätts, ausgeschildert. Telefon: (08421) 979 20. Aktuelle Öffnungszeiten finden sie unter: www.museum-berger.de

Jura-Museum-Eichstätt
Das Jura-Museum und das Museum für Frühgeschichte sind immer einen Besuch wert, auch mit Kindern. In der Willibaldsburg, oberhalb Eichstätts, ausgeschildert. Telefon: (08421) 29 56. Aktuelle Öffnungszeiten unter: www..jura-museum.de

Steinbrüche, die zum Fossiliensammeln offiziell freigegeben wurden, sind mit einem großen roten Punkt gekennzeichnet; rote Quadrate zeigen Museen an, in denen Geologisches zu sehen ist. Näheres im Text.

Hollerhaus Dietfurt
Das Museum im Hollerhaus zeigt neben einer Fossilien- und Geologieabteilung auch Frühgeschichtliches aus dem Altmühltal. Telefon: (08464) 9145. Aktuelles unter: www.dietfurt.de

Hofmarkmuseum Eggersberg
Befindet sich im Schloss Eggersberg; großer Parkplatz, Spielplatz, kurzer Wanderweg zur Ruine Burg Eggersberg. Im Museum der kleinste Saurier, Archaeopteryx als Modell u.a. Telefon: (09442) 1374. Aktuelles unter www.riedenburg.de

Kristallmuseum Riedenburg
Der weltgrößte Bergkristall mit 8 t Gewicht und Wissenswertes über Kristalle. Telefon: (09441) 18 11 oder 144 70. Aktuelles unter: www.kristallmuseum-riedenburg.de

Kleines Eiszeitmuseum
Über dem Eingang des Schulerlochs befindet sich eine kleine Sammlung eiszeitlicher Funde. Eintrittspreis im Höhlenbesuch enthalten. Der beschwerliche Aufstieg lohnt sich. Höhlenführungen alle 30 Minuten. Zwischen Essing und Kelheim. Telefon: (09441) 32 77. Aktuelles wie Konzerte, Sondervorführungen etc. unter: www.schulerloch.de

Archäologisches Museum
Das Archäologische Museum in Kelheim bietet den umfassendsten Überblick über die Geschichte des Altmühltals. Empfehlenswert. Lederergasse 1, Telefon: (09441) 104 92. Aktuelle Öffnungszeiten unter www.kelheim.de

Lehrpfade

Geologischer Lehrpfad
Ausgangspunkt ist die Altmühltherme Treuchtlingen. Für die rund 15 km muss man einen ganzen Tag rechnen. Schautafeln und Gesteinsaufschlüsse informieren u.a. über Geologie der Fränkischen Alb. Infotelefon: (09142) 202 180

Steinbruchlehrpfad
Ab Parkplatz bei Mörnsheim. Informiert über Entstehung der Plattenkalke, Fossilien, Verwendung des Naturgesteins etc. Infotelefon: (09145) 831 50

Mörnsheim

Die Mörnsheimer Geschichte beginnt in Altendorf, und das gewissermaßen zwei Mal.

Das Grafsloch bei Altendorf war eine steinzeitliche Wohnhöhle. Während der Hallstattzeit kamen die Kelten an die Gailachmündung, wovon noch Abschnittswälle auf dem Burgberg künden.

Fränkischer Neuanfang

Die fränkische Besiedlung vom 6.-8. Jh. ließ südlich von Solnhofen auffällig viele -heim-Orte entstehen, darunter auch das 918 erstmals erwähnte *Morinesheim*, das damals noch an der Gailachmündung lag. Noch früher wird das benachbarte Mühlheim genannt: 793 schriftlich als Jagdplatz der Könige und im Besitz des hl. Sola. Nach dessen Tod 794 kam Mühlheim mit der Cyriakus-Kapelle an Fulda, während Mörnsheim Eichstättischer Besitz wurde.

Um das Jahr 1000 errichteten die Bischöfe von Eichstätt auf einem Bergsporn über der Gailach eine einfache Burg, zunächst ein festes Haus für ihre Vögte. Unterhalb der Burg entsteht ein neuer Siedlungsplatz, und die Bewohner nehmen ihren Ortsnamen beim Umzug mit: Mörnsheim. Das alte Dorf an der Gailachmündung wird zu Altendorf.

1138 ist Ortsadel nachweisbar, die Ritter von Morinesheim oder Mörnsheim. Sie sind bis 1579 ununterbrochen aktenkundig. Die Ritter waren jedoch nie Besitzer der Burg; anfangs bischöfliche Burgvögte, wurden sie später nur noch Pfleger genannt.

Um 1228 wird die Burg wehrhafter gestaltet, sie bekommt einen Bergfried. Die Eichstätter Bischöfe vermehren im 13. Jh. gezielt ihren Besitz um Mörnsheim. 1282 kaufen sie Mühlheim von den Grafen von Truhendingen. In der Kaufurkunde sind neben 20 Hofstätten noch drei Mühlen und ein Meierhof aufgeführt. Zwischen 1297 und 1305

Der 1404 erbaute Torturm.

umgibt Bischof Konrad II. von Eichstätt den Ort Mörnsheim mit einer Mauer.

Fehde und Marktrecht

Nach dem Aussterben der Hirschberger Grafen streiten sich die Bischöfe von Eichstätt mit den Grafen von Oettingen um das Erbe. Mörnsheim und Mühlheim werden durch Oettinger Landsknechte zerstört. Wegen knapper Kassen verkauft der Bischof die Vogteirechte über Mörnsheim an die dortigen Ritter.

Bischof Marquard I. kauft die Burg und umliegende Besitzungen wieder zurück, um die Vogtei über das Gebiet zurückzuerhalten. Sein Nachfolger Bischof Berthold bekam daraufhin für Burg und Ort das Halsgericht zugesprochen. Kaiser Karl IV. gab in seiner am 24. Juni 1354 ausgestellten Urkunde auch noch das Marktrecht *auf ewige Zeiten* für vier Jahrmärkte und einen Wochenmarkt. Zu dieser Zeit war der Ort wieder ummauert und die Burg stark befestigt worden.

Mörnsheim wurde nun zum Verwaltungs- und Gerichtsstand erhoben. Um 1404 entsteht der bischöfliche Sitz, später Kastenhof, mit dem heute noch vorhandenen Torturm.

Ihre vorläufige Blüte erlangten Ort und Burg Mitte des 15. Jh., als die Burg mit einem großen vierstöckigen Herrenhaus den endgültigen Ausbauzustand erreichte. Auch die Wehranlage mit den sechs Wehrtürmen stammt aus der Zeit um 1440. 1494 bekam der Ort ein Osttor, dass aber 1901 abgerissen wurde. Um 1500 umfasste der bischöfliche Verwaltungsbereich neben dem Markt Mörnsheim noch die Siedlungen Altendorf, Lichtenberg, Mühlheim, Ochsenhart, Ruppertsbuch, Sappenfeld, Schernfeld und Schönau.

Adelsumzug und Urteile

Die Ritter von Mörnsheim hatten sich im Laufe der Zeit Eigenbesitz erworben. So gehörten ihnen neben einem Haus in Mörnsheim Teile der Dörfer Tagmersheim und Blossenau. Durch Heirat war ein Zweig der Familie mit den Oettingen verwand und nannte sich Ottinger. Diese sind 1560 in Tagmersheim belegt. Die Mörnsheim aber zogen noch vor 1500 nach Aurach bei Herrieden.

Das Mörnsheimer Halsgericht war ursprünglich nur für den Ort gegeben worden, doch durch ihre gezielte Besitzpolitik weiteten die Bischöfe ihre Gerichtsbarkeit – vom Kaiser geduldet – immer weiter aus. An Urteilsvollstreckungen ist nur wenig überliefert. 1444 wird ein Mann namens Benlein aus Hagenau enthauptet; 1520 wird ein Dieb zur Abschreckung am Galgen gerichtet; 1527 wird Enderlein aus Mühlheim wegen des Diebstahls von zwei Gulden ausgepeitscht und auf 10 Meilen des Ortes verbannt; 1540 wird die Frau des Kolbmüllers an dessen Ermordung überführt und zum Tode verurteilt, sie kann jedoch aus dem Gefängnis fliehen; 1614 wird eine der Hexerei bezichtigte Frau namens Strobel verbrannt.

Harte Fron und vereitelter Mord

Gegen Ende des 15. Jh. regierten die bischöflichen Pfleger immer freier, und sie unterhielten ausschweifende Jagden bis weit über ihre Grenzen hinaus. Die Eichstätter Bischöfe schienen dem Treiben machtlos zuzuschauen. Unter Androhung von Kerker mussten gar die Mesner und Handwerksmeister als Treiber mit zur herrschafftlichen Jagd. Die Mörnsheimer stöhnten unter der argen Last. Von drei Seiten her kam der neue Glaube an das Dorf heran, allein die Mörnsheimer Frauen wollten bei ihrem alten Glauben bleiben. Auch der standhafte Pfarrer Sighard konnte seine Schäfchen überzeugen, besser katholisch und den Pflegern zu Diensten zu bleiben, als lutherisch zu werden.

Doch als 1525 ringsum im Land die Bauern aufstanden, wollten auch die Mörnsheimer ihre Peiniger loswerden. Sie verabredeten, diese während einer Jagd zu ermorden. Das Gespräch wurde belauscht, die drei Verschwörer mit weiteren acht Komplizen – oder den Pflegern unliebsamen Personen – nach Eichstätt gebracht, zum Tode verurteilt und hingerichtet.

Not, Leid und Krieg

Um 1600 standen in den Mauern Mörnsheims 53 Häuser. Darin siedelten auch viele Handwerker wie Bäcker, Leineweber, Löffelmacher, Müller, Nadler, Schneider oder Schmiede. 1612 erbaut Bischof Konrad von Gemmingen den heute noch stehenden Kastenhof. Vier Mühlen sind zwischen Mühlheim und Mörnsheim erwähnt, die das klare Wasser der Gailach nutzten. Die älteste ist die Schwammühle, die 1282 erwähnt wird, 1304 folgt die Kohl- oder Kolbmühle, um 1500 die Gröblmühle und zuletzt die Marktmühle 1668.

Mit Ausbruch des 30-jährigen Krieges kam auch die Not nach Mörnsheim. 1634 konnten sich die Mörnsheimer in der Burg den Schweden erwehren, aber ihr Dorf wurde niedergebrannt. Danach kamen die Kaiserlichen und nahmen alles mit, was noch brauchbar war. Kriegsgerät requirieren nannte man das. Kriegsgerät war auch alles Essbare, da die Soldaten oft keinen Sold erhielten und sich unterwegs selbst verpflegen mussten. Die Einquartierungen dauerten bis Kriegsende. Ein Chronist der unmittelbaren Nachkriegszeit hinterließ eine ungeschminkte Schilderung der Zustände (s. Kasten), die sicher auch für viele andere Dörfer in Süddeutschland gelten kann.

Mörnsheim 1648

Da liegen die Felder unangebaut, alles Vieh, groß und klein ist hinweg, die Häuser sind zerrissen, Tür und Fenster, Kisten und Kasten zerschlagen und verwüstet, alles Gerät, Kleider und Gewand ausgeraubt und den armen Leuten nichts als das elende Leben, welches bitterer als der Tod selbst ist, gelassen worden. Man sieht und findet fast nirgends mehr einen alten Mann. die jungen verschmachten vor Hunger und Kummer, sie gehen dahin wie Skelette und sehen dermaßen jämmerlich und grässlich aus, als wenn sie in Rauch gedörrt wären.

Ein Chronist der Nachkriegszeit

Bescheidene Anfänge

Nur allmählich erreicht der Ort wieder einen besseren Zustand. Den Pfleger hält es im verwüsteten Mörnsheim nicht länger – die Ratten verlassen das sinkende Schiff – er siedelt 1645 nach Dollnstein über. Die Burg wird nicht wieder aufgebaut und als Steinbruch für den Bau neuer Häuser und Keller in Mörnsheim und Umgebung benutzt.

Der Neudorfer Hofmedicus versuchte in den Nachkriegsjahren vergeblich, den Bischof von Eichstätt zu überzeugen, das alte Wildbad in Mörnsheim zu einem Wasser- und Luftkurort umzubauen. Dagegen erlaubt Bischof Marquard II. 1661 den Bau einer Brauerei und Gastwirtschaft mit Alleinverkaufsrecht für Brot und anderer Wegzehrung.

Für wirtschaftlichen Aufschwung sorgt die Wiederinbetriebnahme des Altendorfer Hammer- und Eisenwerks. Aber erst mit dem Beginn der Steinbrüche im ausgehenden 17. Jh. kam Mörnsheim auch wirtschaftlich wieder auf die Beine.

1704 erhält der Aufschwung Mörnsheims nochmals einen Dämpfer, als der Ort von durchziehenden französischen Truppen niedergebrannt wird. Mitte des 19. Jh. brach die Cholera aus und forderte innerhalb weniger Wochen im Jahr 1854 insgesamt 32 Opfer. In den beiden Weltkriegen mussten 286 Mörnsheimer ihr Leben lassen.

Seit 30 Jahren wächst ein neuer Wirtschaftszweig in Mörnsheim heran: der Tourismus. Mit einer Bettenkapazität von knapp 200 können im Jahreslauf inzwischen 12.000 bis 15.000 Übernachtungen verbucht werden.

St. Anna
Von dem frühgotischen Bau aus dem Ende des 13. Jh. ist heute nur noch der Turm erhalten geblieben. Zwei Schießscharten auf jeder Seite erinnern an den einstigen Wehrcharakter. 1401 wurde die Kirche nach Um- und Erweiterungsbauten neu geweiht, und drei Altäre wurden konsekriert. Nach erneuter Verlängerung und Erhöhung des Langhauses fand 1630 abermals eine Weihe statt. Der Turmoberbau erhielt damals sein heutiges Aussehen. 1855 wurde das Kirchenschiff weiter verlängert, um die steigende Zahl der Gläubigen aufnehmen zu können. Doch schon 1956 war die Kirche wieder zu klein, so dass sie komplett umgebaut wurde und ihre jetzige Form erhielt.

Älteste Inventarstücke sind der Taufstein und das Sakramentshäuschen von 1490. Haupt- und Seitenaltäre wurden 1946 neu errichtet.

Maria End
Der Legende nach hat ein gottesfürchtiger Schafhirt auf einem Hügel nahe Altendorf aus Brettern und Schindeln ein Kapellchen gebaut und ein Bild der hl. Jungfrau in einem selbsgeflochtenen Weidenkörbchen darin aufgestellt. So mancher hat das schöne Bild mit nach Hause genommen, aber über Nacht lag es wieder in seiner Wiege in der hölzernen Kapelle. Daraufhin stellte man eine steinerne Marienfigur an diesem Platz auf. Um die zunehmende Zahl der Wallfahrer aufnehmen zu können wurde schließlich eine Kapelle errichtet und später eine Kirche.

St. Anna und die Altstadt von Mörnsheim von der Burg aus gesehen.

Die Kirchweihe fand 1401 statt. Noch zu Beginn des 17. Jh. besaß die Kirche einen reichen Reliquienschatz, der aber in den Wirren des 30-jährigen Krieges verlorenging.

Fürstbischof Marquard II. Schenk von Castell wollte 1665 die *uralte Kapelle* renovieren und erweitern lassen und stiftete 400 Gulden. Eine daraufhin angestellte Sammlung brachte aber nur ein kümmerliches Ergebnis, was so kurz nach Kriegsende auch kaum verwunderlich ist. So wurde erst Anfang des 18. Jh. mit dem Neubau der Kapelle und des Benefiziatenhauses begonnen. Die Baukosten von 2.569 Gulden wurden zu zwei Dritteln vom Fürstbischof Johann Anton Knebel von Katzenellenbogen übernommen.

Kostbarster Schatz des Kirchleins ist heute der Gnadenaltar. Er stammt aus dem Jahr 1680 und wurde 1710 nochmals ausgeschmückt. Eine Terracotta-Figurengruppe veranschaulicht den Marientod, die 12 Apostel scharen sich um das Sterbebett der Muttergottes. Die Marienfigur ist einen Meter lang, die Apostel zwischen 60 und 70 cm hoch. Die Figuren sind spätgotisch und entstanden im frühen 15. Jh., wurden also später in den Gnadenaltar eingebracht.

Hauptsächlich im 18. und 19. Jh. war die Marienkapelle Ziel vieler Walllfahrten. Von den dankbaren Wallfahrern zeugen besonders schöne Votivtafeln in der Kirche. Auch hohe Herren hatten sich mit ihren Leiden an die Muttergottes von Altendorf gewandt, so zum Beispiel einer der Grafen von Pappenheim, der hier von seinem Aussatz geheilt wurde. Auch Wunder sollen in der Marienkapelle geschehen sein. Ein neunjähriger blinder Junge soll vor dem Marienbild seine Sehkraft wiedererlangt haben, so dass er *ohne Führer, ohne Stab, Steg und Weg nach seinem Hause hat gehen können, sehend verblieben sei bis an sein Ende und auch zeit seines Lebens alljährlich allhier wallfahrten gekommen*.

Lebendige Geschichte
Die Mörnsheimer Geschichte um die Harte Fron wird unregelmäßig in einem Festspiel mit über 100 Laiendarstellern aufgeführt.

Kulinarischer Event
An einem der ersten Maiwochenenden treibt der Schäfer seine Schafe und Lämmer auf die Wacholderheiden im Gailachtal. Bei diesem Schafauftrieb des „Altmühltaler Lamms" gibt es in Mörnsheim kulinarische Schmankerl und einen Handwerker- und Schäfermarkt.

Tagesanbruch im Altmühltal: An einem frühen Sommermorgen schält sich die Altmühl aus ihrem Nebelkleid; am Talrand werden Häuser und Kirchturm von Schernfeld als Schattenriss sichtbar. Der Himmel färbt sich aus dem Dunkel der Nacht erst Blau, dann Rosa (oben). In etwa dreißig Minuten werden die ersten Sonnenstrahlen sichtbar und die bereits Erwachten wärmen. Mitte Juni, wenn die Tage am längsten sind, herrscht bereits geschäftiges Treiben in der Natur, wenn der Mensch erwacht.

Die Gemeine Keiljungfer (unten, Männchen) fliegt ab Mitte Mai und den ganzen Juni hindurch an der Altmühl. Sie war früher einmal so häufig gewesen, dass Carl von Linné ihr 1758 den Namen „vulgatissimus" – „äußerst gemein" gab. In den 1980er Jahren entbrannte ob der Seltenheit der Art in Mitteleuropa unter Experten ein Streit, ob Linné die Art nicht vielleicht verwechselt haben könnte. Heute ist sie durch erfolgreiche Schutzmaßnahmen häufiger anzutreffen und erobert sich ihre angestammten Biotope allmählich zurück.

Dollnstein

In und um Dollnstein gaben sich die verschiedensten Kulturen seit der Neandertalerzeit praktisch die Klinke in die Hand.

Südlich Dollnstein siedelten die ersten Menschen in einer Höhle im Beixenstein. Die dort gefundenen Faustkeile, Spitzen und Schaber zeichnen sich durch hohe Kunstfertigkeit aus. Die Neandertaler dürften sie vor etwa 80.000 Jahren hier hergestellt haben. Damit wäre Dollnstein eines der ältesten Siedlungsgebiete im Altmühltal. Die Menge der Funde aus nachfolgenden Epochen lässt vermuten, dass hier bis etwa 5000 v. Chr. immer wieder Menschen gesiedelt haben.

Kelten, Römer, Germanen

Funde aus der Bronzezeit zwischen 1700 und 1300 v. Chr. sowie aus der Hallstattzeit ab 800 v. Chr. belegen auch eine frühkeltische Epoche an der Altmühl. Besonders interessant sind die vielen Spuren der Eisenverhüttung, darunter auch die Tondüse eines Rennfeuerofens, in dem die Kelten ihr Eisen schmolzen. Im nahe gelegenen Breitenfurt führte eine keltische Handelsstraße über die Altmühl, später in Dollnstein eine Römerstraße. Römische Gutshöfe lagen bei Dollnstein und Obereichstätt.

Die um 500 hier siedelnden Germanen hinterließen ein Reihengräberfeld. Um diese Zeit wird der Meierhof das Zentrum eines Ortes gewesen sein. Die erste urkundliche Erwähnung fällt in das Jahr 1007, als König Heinrich II. dem Benediktinerinnenkloster in Bergen ein Gut in Dollnstein schenkt. In diese Zeit dürfte auch der erste Bau der Burg auf dem Stein fallen; die Kirche St. Peter wird während der Amtszeit Bischof Gundekars II. – 1057 bis 1075 – geweiht. Um den „tollen Stein" herum ensteht eine neue Siedlung unter dem Namen Dollnstein.

Die Burg wird erst 1147 erwähnt, als Graf Gebhard I. von Grögling Besitz in *civitate sua Tolnstaine* an das Kloster Weihenstephan vermacht. Ab 1205 nennen sich die Grafen nach Hirschberg.

Steil ragt der „dolle Stein", der dem Ort den Namen gab, 20 m in die Höhe.

Für die Autos ein neues Tor, für Fußgänger reicht das alte noch aus.

Markt, Mauer, Moneten

Mit dem Aussterben der Mannlinie der Grafen von Hirschberg kommt Dollnstein 1307 an die Grafen von Oettingen. Zwischen den Jahren 1320 und 1330 entsteht der gotische Chor der Pfarrkirche und wird mit Fresken ausgestattet.

Um 24.000 Gulden verkaufen die Grafen von Oettingen Burg, Dorf, Vogtei und Kirchensatz 1360 an Friedrich I. von Heideck. Dessen Sohn – Friedrich II. – erwirkt das Marktrecht für Dollnstein und umgibt die Burgsiedlung mit einer Mauer, die 1401 erstmals erwähnt wird. Auch das erste Siegel der Stadt entsteht unter seiner Regie. Burg und Markt Dollnstein werden 1440 von den Heidecker Herren um 9.000 Gulden an das Hochstift Eichstätt verkauft. Bischof Albrecht von Hohenrechberg lässt in der Folgezeit die Burg zum bequemeren Schloss ausbauen. Dollnstein wird Sitz eines Pfleg- und Kastenamtes. Die bis heute erhaltene Stadtbefestigung wird 1490 von

diu küneginne rîche
streit dâ ritterlîche,
bî Gâwân si werlîche schein,
daz diu koufwîp ze Tolenstein
an der vasnaht nie baz gestriten:
wan si tuontz von gampelsiten
unde müent ân nôt ir lîp.

Wohl stritt die reiche Königin
bei Gawanen da so kühn,
sie warf so ritterlich darein,
dass die Kauffraun zu Dollnstein, an
Fastnacht nie besser gestritten:
sie tun es nach Narrensitten
und mühen ohne Not ihren Leib.

Wolfram von Eschenbach, Parzival

Bischof Wilhelm von Reichenau errichtet. 1632 belagern die Schweden unter Gustav Adolf Dollnstein, doch sie müssen unverrichteter Dinge wieder abziehen. Dafür kommen sie ein Jahr später und 1634 erneut vorbei und legen den Ort in Schutt und Asche. Der Fürstbischof gewährt nach dem Krieg 20 Jahre Steuerfreiheit, um den Wiederaufbau der Stadt zu finanzieren.

Auch im Spanischen Erbfolgekrieg wird Dollnstein nicht verschont, den randalierenden und plündernden Franzosen fallen drei Bürgerhäuser zum Opfer.

Der Baumeister der Eichstätter Domfürsten – Gabriel de Gabrieli – baut 1744 den Pfarrhof um. 1785 führt Fürstbischof Johann Anton III. die allgemeine Schulpflicht auch in Dollnstein ein. Mit der Säkularisation 1802 endet die Herrschaft Eichstätts über Dollnstein, für drei Jahre hat Dollnstein einen Herrn aus der Toskana: Großherzog Ferdinand III. Der lässt die Burg auf Abbruch versteigern, da sie baufällig ist und nicht mehr gebraucht wird. 1806 wird der Ort dem Königreich Bayern zugeteilt.

Dampfross und Flussverbau

Die Neuzeit brachte große Veränderungen für die Landschaft um Dollnstein. Zwischen 1867 und 1870 wird die Eisenbahnstrecke Ingolstadt–Treuchtlingen gebaut. Während des Ersten Weltkrieges wird mit Hilfe russischer Kriegsgefangener die Eisenbahnstrecke Dollnstein–Rennertshofen fertig gestellt. Hätte man damals schon gewusst, dass sie nur für 44 Jahre gebraucht würde, hätte man den Aufwand vielleicht gescheut. 1985 fährt auf diesem Teilstück der letzte Museumszug.

Telefon und Elektrizität kommen 1920 nach Dollnstein, 1953 erfolgt der Anschluss an die Wasserversorgung, zwanzig Jahre später wird auch das Abwasser kommunal geregelt.

Für die Altmühl brechen zwischen 1927 und 1930 schwere Zeiten an: im wasserbaulichen Fachjargon wird der Fluss „reguliert". Als ob sich die Altmühl die letzten zehntausend Jahre nicht selbst hätte regulieren können. Nun floss das Wasser durch ein Regelnormprofil – zumindest bei Normalwasserstand. Der Landwirtschaft brachte der Eingriff ein paar Hektar mehr an Wiesen. Waren Hochwässer davor normal und naturgegeben, so waren es danach Ereignisse mit hohen Schäden, für die es Schuldige zu suchen galt.

1958 wurde die erstmals durchgängig geteerte Straße nach Eichstätt fertig gestellt. Mit der Gebietsreform 1972 erweitert Dollnstein sein Gemeindegebiet beträchtlich, in den 1980er und späten 90er Jahren erfolgen umfangreiche Renovierungsarbeiten im Ortskern.

Der Schmerzensmann schaut von der Mitte der Altmühlbrücke auf Dollnstein.

Der Biber

Die letzten bayerischen Biber wurden 1858 an der Amper und 1867 an der Sur gesichtet. Danach war Bayern fast 100 Jahre biberfrei. Doch schon lange zuvor war der Rückgang des Bibers bemerkt worden. Am 16. August 1706 ordnete König Friedrich I. von Preußen an,

Lautlos und stetig streicht der Biber durch die Wasseroberfläche.

dass bei 20 Talern Strafe kein Biber mehr gejagt werden durfte, keine Netze und Fallen aufgestellt und seine Dämme und Baue nicht zerstört werden durften. So hat der Biber an der Elbe überlebt, während er im Rest Deutschlands aus den Gewässern verschwand. Ein Lexikon von 1970 schreibt: *In Dtschld. nur noch bei Wittenberg/Elbe*. Die Jagd auf den begehrten Pelz und das Bibergeil – das stark riechende Sekret einer Drüse des männlichen Bibers – brachten den Biber an den Rand der Ausrottung. Bibergeil ist noch heute Bestandteil vieler Hexenarzneien und Aphrodisiaka.

Kofferraumbiber

Zwischen 1966 und 1975 wurde durch Aussetzen schwedischer Biber an unterschiedlichen Orten die Wiederbesiedlung (West-) Deutschlands eingeleitet. In Bayern wurden Biber unter anderem an der Donau und im Reichswald bei Nürnberg ausgesetzt. Lange Zeit geschah dann auf den ersten Blick wenig. Die Donaubiber mehrten sich redlich, aber schienen nur die Nebengewässer der Donau in unmittelbarer Nähe zu besiedeln. Mitte der 80er Jahre entdeckten die Biber dann die Altmühl für sich und wanderten an ihren Oberlauf. Dort schien es für Biber besonders geeignet zu sein: Heute ist der Biber von Hornau abwärts überall an und in der Altmühl zu finden. Der Bestand der bayerischen Biber wurde 1997 auf etwa 1.600 Individuen geschätzt, 2004 beliefen sich die Schätzungen auf über 5.000. Inzwischen gibt es zwei hauptamtliche Biberwarte – einen für Franken und einen für Bayern. Immer wieder kommt es vor, dass ein fleißiger Biber über Nacht einen kleinen Ort überschwemmt, oder seinen Bau ausgerechnet in einem Weiherdamm anlegt, der dann bei nassem Wetter aufweicht. Viele bayerische Biber haben das Land schon als „Kofferraumbiber" in andere Länder Europas verlassen, um dort eine erfolgreiche Ansiedlung zu unterstützen.

Auch wenn der Biber nun wieder zahlreich vorkommt, ist sein Schutz nach wie vor gerechtfertigt. Als Baumeister einer intakten, sich selbst regelnden Natur ist er im Naturschutz unersetzlich. Auch der befürchtete Kahlschlag durch den Biber blieb bislang aus. Dennoch darf der Biber in Ausnahmefällen nun wieder geschossen werden. Einige gehen bereits einen Schritt weiter und fordern, den Biber auf die Speisekarte zu setzen – als lokale Besonderheit. Schon Conrad Gesner schreibt in seinem 1669 erschienen „Thierbuch": *dann je schwarzer er ist / je köstlicher er*

So einer Mannsperson der Saamenfluß zu Handen stiesse /
so nehme er Bibergeylin / den Safft von Schafmilt / und ein wenig Essig / laß es undereinander sieden / lege es dann also gepflastert über die Nieren / das Schamgewölb / und andere männliche Glieder / es hilfft.

Welchem das männliche Glied erlahmet / der mache ein Pflaster aus Bibergeylin darüber / und schlage ihm stäts warme Tücher in Wein genetzt / darinnen Bibergeylin gesotten worden/ über das Scham=Gewölbe.

Conrad Gesner, 1669

Hier war untrüglich ein Biber am Werk: die scharfen Zähne hinterlassen eindeutige Spuren.

Frühjahr und Herbst sind die besten Zeiten, einen Biber an Land zu erwischen, wenn man frühmorgens unterwegs ist oder einfach Glück hat.

wird geachtet. Derselbe Autor zählt auf sechs Seiten auf, wozu man das Bibergeil medizinisch einsetzen kann. Es scheint gegen alles gut, wenn man es vermischt mit Honigwasser und Essig und vielleicht noch ein paar anderen Zutaten trinkt, sich damit einsalbt oder es zum Beräuchern nimmt. Eine Auswahl der Einsatzmöglichkeiten: Zahnweh, Halsstarre, Geschwüre, Nachgeburt, Erfrierungen, Schlafstörungen, Hörprobleme, Impotenz, Haarausfall, Insektenbefall, Schlangenbisse, Kopfweh, Lähmungen, Zittern, Schlaganfall, Rekonvaleszens, Sehstörungen, Bauchweh, Herzdrücken, Verstopfung.

Die Super-Ratte

Der Biber ist nicht nur medizinisch ein Superlativ, er birgt noch weitere unter seinem dichten Pelz. Er ist mit bis zu 105 cm Länge und bis zu 30 kg Gewicht das größte Nagetier Europas. Der nächste Verwandte ist die Bisamratte, die oft fälschlich als junger Biber angesprochen wird. Im Pelz des Bibers haust ein eigener Parasit, ein Käfer, der wiederum die einzige Art seiner Familie ist und eher an Schaben oder Flöhe erinnert. Dieser Käfer lebt ausschließlich im Biberfell. Dieser Pelz hat mit 24.000 Haaren pro Quadratzentimeter eine der höchsten Haardichten im Tierreich – der Mensch kann da mit mageren 200 Haaren/cm^2 keinen Stich machen. Die hohe Haardichte hält den Biber warm und trocken – denn der schwergewichtige Nager hält keinen Winterschlaf. Er muss auch im Winter ab und an Fressen. Dazu verläßt er seinen Bau und geht an seine Vorräte: gefällte Bäume, deren Rinde er unter Wasser konserviert. Daher fällen Biber verstärkt im Herbst Bäume und legen Staudämme an, um ihre Vorräte auch im Winter bei zugefrorenen Gewässern erreichen zu können. Dazu kann er Staudämme über mehrere hundert Meter Länge bauen, wenn es die Landschaftsform nötig macht. Diese Dämme baut er aus verflochtenem Astwerk, Blättern und Schlamm.

Der Landschaftsarchitekt

Ähnlich wie der Specht im Wald ist der Biber als Wegbereiter für eine Vielzahl von Tieren und Pflanzen im Gewässerökosystem wichtig. Er hält besonders kleine Bäche im Wald baumfrei, verhindert Erosion, mindert die Flutgefahr und erhöht so die Artenvielfalt. Es ist zu wünschen, dass sich der Biber in den nächsten Jahren alle seine angestammten Landstriche zurückerobert.

Breitenfurt

Breitenfurt präsentiert sich von Osten als freundliches, kompaktes Dorf (links). Nördlich Richtung Dollnstein, nach der Bubenrother Mühle, steht einer der vielen Bildstöcke zur Verehrung Marias (rechts).

Neandertaler hausten schon vor 75.000 Jahren in einer Höhle nördlich von Breitenfurt. 800 v. Chr. nutzten die Kelten die an dieser Stelle zwar breite, aber flache Altmühl zur Überquerung. Vielleicht entstand der Ortsname schon vor der eigentlichen, dauerhaften Besiedlung. Eine wichtige Handelsstraße verband die Siedlung *Alcimoennis* beim heutigen Kelheim mit den Kelten-Orten des oberen Altmühltals.

Nach den Kelten nutzten die Germanen diese gute Lage und die strategisch wichtige Furt. Bei Breitenfurt wurde ein Reihengräberfeld aus der Zeit um 500 ausgegraben. Erstmals tritt Breitenfurt urkundlich 1158 in Erwähnung.

St. Ulrich

Die kleine Dorfkirche stammt in ältesten Teilen aus der romanischen Zeit, vielleicht aus der Zeit des im 12. Jh. nachgewiesenen Ritters Berthold von Breitenfurt. Obergeschoss des Turmes und Langhaus stammen aus dem Spätmittelalter, die Sakramentsnische aus dem 16. Jh., ein Epitaph von 1589. Im 18. Jh. wurde die Innenausstattung modernisiert, als letztes wurden die Weißdecken 1780 eingezogen. Nach 1945 wurde die hübsche Kirche umgreifend renoviert.

Altenbrunnmühle

Die Mühle ist heute nicht mehr in Betrieb. Auf dem Luftbild (unten) sieht man den früheren Verlauf des Mühlgrabens noch als braunen Streifen unterhalb des Ortes.

Wittmess-Meteorit

In der Nähe Breitenfurts befindet sich das Waldgebiet Wittmess mit einem kleinen Einödhof samt Ziegelei. Genau dort, in einem Ziegelstoß, endete die mehrere Jahrmillionen dauernde Reise eines Meteoriten am 19. Februar 1785. Der etwa 3 kg schwere Nickel-Eisen-Klumpen schlug in der Mittagszeit mit lautem Getöse ein. Erst nach einer Abkühlung im Schnee konnte der Meteor gehoben und transportiert werden. In kleinen Stücken wurde er bald in alle Welt versandt. Das größte erhaltene Stück ging in den Wirren des Zweiten Weltkriegs verloren. Im Naturhistorischen Museum München sind noch ein 122 g und ein 6 g großes Teilstück des Wittmess-Meteoriten erhalten.

Winter an der Altmühl: In einem Büschel Schilfrohr steckt noch eine übriggebliebene Eisscholle vom letzten Hochwasser (oben). Die überschwemmten Wiesen sind zugefroren kaum für Wintersportfreuden nutzbar, da sich der Wasserspiegel oft kurz nach einem Hochwasser wieder senkt, und so die dünnen Eisschichten nicht mehr tragen. Dafür kann man an den Ästen, die ins Wasser hängen, die schönsten Eisformationen beobachten.

Breit und meist ruhig strömt die Altmühl dahin. Der Wechsel zwischen flachen und tiefen Stellen, baumbestandenen (links) und offenen Ufern (oben) macht den besonderen Reiz des Flusses aus.

Der Fischreichtum der Altmühl wurde schon vor hunderten von Jahren gerühmt. Heute werden die Fischbestände allerdings künstlich eingesetzt. So kommen nun Zander und Aal hier vor, die es früher nicht gab. Darüber hinaus werden Forellen, Schleien, Karpfen und Hechte eingesetzt. Die Bachforelle (Mitte) ist in den klaren, wasserreichen Nebenbächen am häufigsten anzutreffen.

Panoramawanderweg

Seit Ostern 2005 gibt es ein weiteres Schmankerl im Naturpark Altmühltal: den 200 km langen Panoramawanderweg.

Ausgangspunkt ist Gunzenhausen am Altmühlsee und Endpunkt Kelheim an der Mündung der Altmühl in die Donau. Die Tagestouren sind zwischen 10 und 20 km lang und nur für geübte Wanderer mit dem nötigen Schuhwerk und Erfahrung gedacht. Die Tour kann sowohl in Etappen auf eigene Faust begangen als auch im Paket inklusive Übernachtung und Gepäcktransport gebucht werden.

Gunzenhausen – Treuchtlingen
Gleich zu Anfang eine große Tour, die über die Gelbe Bürg auf den Hahnenkamm führt, vorbei am Naturschauspiel der Steinernen Rinne und wieder hinunter nach Treuchtlingen. Eine Strecke mit viel Wald, Aufstiegen und imposanten Ausblicken ins Altmühltal.

Treuchtlingen – Pappenheim
Auf den Spuren der Reichserbmarschälle von Pappenheim geht es nun durch das enge Tal in die Frankenalb. Steile Dolomitfelsen und die traumhafte Burgruine in Pappenheim bereiten neben den 140 Vogelarten der Altmühlaue einen kurzweiligen Tag.

Pappenheim – Solnhofen
Auf der kürzeren Strecke bleibt Zeit, in einem der Steinbrüche nach Fossilien zu suchen. Doch Vorsicht: Alles Gefundene muss mitgetragen werden! Die Solnhofer Plattenkalke sind nicht nur weger ihrer *Archaeopteryx*-Funde weltberühmt.

Solnhofen – Mörnsheim
Gleich am Morgen grüßen uns die 12 Apostel, eine der bekanntesten Felsformationen der Altmühl. In Eßlingen sehen wir einen der letzten mit Kalkplatten gedeckten Jurabauernhöfe; es geht weiter an Wacholderheiden und Felsnasen vorbei nach Mörnsheim.

Mörnsheim – Dollnstein
Die kurze Strecke lässt noch Zeit für eine kleine Bootspartie, Steinepicklen oder Seele baumeln lassen. Der „Dolle Stein" erhebt sich inmitten des Ortes aus der Altmühlaue und trug früher einmal eine Burg, obwohl er nur 5 m breit ist.

Dollnstein – Eichstätt
Entlang des Urdonautals kommen wir nach Blumberg, wo es wiederum die Möglichkeit gibt, 150 Millionen Jahre alte Fossilien zu suchen. Am Nachmittag lockt dann die Bistumsstadt Eichstätt mit Residenzen, Klöstern, Kirchen und Willibaldsburg.

Eichstätt – Walting
Die Stadt hinter sich lassend, geht es weiter nach Pfünz. Hier steht die Rekonstruktion des Römerkastells Vetoniana. Der überraschende Angriff der Alemannen um 230 bereitet den Archäologen von heute Freude: Viele seltene und wertvolle Fundstücke wurden von den Römern auf der Flucht zurückgelassen.

Walting – Kipfenberg
Schon von weitem sieht man den guterhaltenen Bergfried der Wasserburg Rieshofen. Die größte Wacholderheide mit etwa 70 ha Fläche liegt an unserem Weg in Gungolding. Das gemütliche Kipfenberg lädt zur Einkehr und ins Römer- und Bajuwarenmuseum auf die Burg.

Kipfenberg – Kinding
Eine keltische Fliehburg, eine komplett erhaltene Wehrkirche und ein Quellbach mitten im Ort, wo man seine müden Füße kühlen kann, erwarten den Wanderer in Kinding.

Kinding – Beilngries
Durch ein natürliches Felsentor geht es vorbei an Burgruinen zum Schloss Hirschberg und hinunter nach Beilngries, dass mit kulinarischen Besonderheiten erfreut.

Beilngries – Dietfurt
Vorbei an der pittoresken St. Vituskirche in Kottingwörth erreichen wir die Siebenwasserstadt Dietfurt. Der Arzberg ragt wie eine Insel aus dem Tal und lockt zur nächsten Wanderung.

Dietfurt – Riedenburg
Vorbei am glasklaren Mühlbach, in dem stets Forellen stehen, hinauf zu Schloss Eggersberg, kommen wir zur Dreiburgenstadt Riedenburg: ein vielfältiges Programm vom Falkenhof über das Kristallmuseum bis hin zum gemütlichen Biergarten erwartet den Urlauber.

Riedenburg – Essing
Schloss Prunn grüßt von weitem von seinem Burgfelsen; es geht vorbei an Höhlen, schattigen Ufern und über die längste Holzbrücke Europas nach Essing.

Essing – Kelheim
Alter und neuer Kanal liegen nebeneinander, das Schulerloch macht einen Besuch in der Unterwelt möglich, und Kelheim lockt mit Archäologischem Museum, Befreiungshalle oder einer Donaufahrt zum Kloster Weltenburg.

Wasserzell

Die Anfänge des Ortes reichen in das 10. Jh. zurück, als Mönche aus Eichstätt hier eine ihrer *Cellen* gründeten. Auffällig oft findet man im Umkreis von Eichstätt Ortsnamen auf -zell Orte: Oberzell, Echenzell, Attenzell, Rapperszell und Workerszell. Im Gegensatz zum fränkischen Siedlungsgebiet südlich von Würzburg, in dem planmäßig an jedem Fluss eine Celle gegründet wurde – Kocherzell, Jagstzell, Bühlerzell, Kupferzell, Tauberzell und Leinzell – finden sich in Bayern die Mönchszellen eher im Umfeld größerer Klosteranlagen.

Vierzehn Nothelfer

Die Anfänge des Kirchenbaus liegen im Dunkeln, jedoch wird 1446 Wasserzell als Wallfahrtsort genannt.

Die jetzige Kirche wurde 1489 unter Fürstbischof Wilhelm von Reichenau vollendet. Ein der Kirche zur Eröffnung verliehener Ablassbrief führte wenig später wieder zu einer blühenden Wallfahrt. Der Turm der Kirche wurde 1610 angebaut, das Langhaus erst 1927 erweitert. Anfang des 18. Jh. fand eine grundlegende Renovierung statt, an deren Ende auch die Konsekrierung der Altäre 1727 stattfand.

Das Innere der Kirche erhielt ein barockes Gepräge, der prächtige Hochaltar und die beiden Seitenaltäre tragen die Handschrift des Engel-Handschuher-Kreises. Die Altarblätter wurden erst 1790 durch die Hand des Eichstätter Malers Johann Adam Weber erstellt und angefügt.

Besonderes Kleinod der Kirche ist die spätgotische Steinmadonna aus der Erbauungszeit der Kirche.

Obereichstätt

Die romanische Kirche St. Johannes Evangelist ist eine Gründung aus dem 12. Jh., die in den Jahren 1626 und 1888 erweitert und umgestaltet wurde. Die Lage hoch über dem Ort diente auch als Teil der Wehranlage, von der noch die Schießscharten des Turmes zeugen.

Im Innern der Kirche steht ein Monumentalkreuz, dessen ergreifende Eindringlichkeit und kraftvolle innere Durchbildung es zu einem der bedeutendsten Kruzifixdarstellungen der Spätgotik machen. Das Kunstwerk wurde zwischen 1490 und 1500 geschnitzt und stand ursprünglich auf dem Kreuzaltar des Klosters Rebdorf.

Wasserzell verbindet noch immer Tradition und Moderne miteinander, trotz der Nähe zu Eichstätt.

Im späten Frühling leuchten auf den Wacholderheiden an den Altmühlflanken die silbrigen Samen der Küchenschellen (oben), auch Wilde Manderl genannt. Drei Wochen früher verzaubern die Blüten der Schlehen (links) die bis dato kahlen Äste der Hecken. Sammlerstücke wie diesen Ceratites-Abdruck kann man dagegen ganzjährig finden.

Kloster Rebdorf

Innenhof des Klosters Rebdorf: sicher eine der schönsten Schulen im Land.

Der Ort Rebdorf wird 1055 erstmals erwähnt. Die Geschichte des Ortes ist stark von der des Klosters bestimmt.

Mitte des 12. Jh. schenkt Friedrich Barbarossa dem Bischof Konrad von Morsbach, der sich bis 1059 an den Italienfeldzügen des Kaisers beteiligte hatte, für *ausgezeichnete Treue, die er dem Reiche stets bewiesen*, den Reichsort *Reuedorph in pago Bawarie*. Der Bischof hatte schon 1056 auf diesem Grund ein Augustiner-Chorherren-Stift für diejenigen Mitglieder des Eichstätter Domkapitels gegründet, die die Beibehaltung der *vita communis* wünschten. 1239 gehörten 47 Orte zum Besitz des bischöflichen

Eigenklosters. 1458 trat der Konvent der Windesheimer Kongregation bei. 1491 besiedelt Rebdorf das Kloster Schamhaupten bei Altmannstein. Dem Sift unterstehen zu dieser Zeit zwölf Pfarreien in der Umgebung.

Besuch von Faust

Während des Wirkens von Kilian Leib, Prior des Klosters seit 1499 und ab 1503 Propst, schaut der in Ingolstadt studierende Johannes Faust im Kloster Rebdorf vorbei. Vermutlich ist dies die Zeit, in der der junge Faust, um sein Wissen zu mehren, Bibliotheken und Klöster besucht. Letztere unternahmen in dieser Zeit nicht selten selbst Versuche in der Schwarzkunst und Alchemie. Rebdorf war wegen seiner Bemühungen um die Wissenschaft weithin bekannt und besaß eine der bedeutendsten Bibliotheken in Süddeutschland. Über 20.000 Bücher, Inkunabeln und 789 Handschriften aus dem Altertum standen in den Regalen. Die Säkularisation zerstörte ein klösterliches Mustergut, dass über 191 Tagwerk Wiesen, 533 Tagwerk Äcker und 2.040 Tagwerk Wald, eine Brauerei, eine Ziegelei, ein Gestüt und vieles mehr besaß. Die Klosterbibliothek ist heute über ganz Europa und die USA zerstreut.

Phoenix aus der Asche

Schon im 18. Jh. bot das Kloster den *Anblick einer mißgestalteten Spelunke* und die Kirche glich eher einem *Keller als einem Tempel Gottes*. So wurde der gesamte Bau von Gabriel die Gabrieli zwischen 1711 und 1732 völlig neu gestaltet. Die 183 m lange Fassade betont die Monumentalität des Klosters.

Ende der 1950er Jahre erwarben die Herz-Jesu-Missionare das Kloster und richteten eine Realschule mit Internat ein. 1990 übernahm die Diözese Eichstätt die Schulträgerschaft.

Die Frühe Adonislibelle ist eine unserer schönsten Libellen. Ihr wissenschaftlicher Name bedeutet „Feuerbauch", womit das wunderschöne Rot am Hinterleib gemeint ist. Sie ist meist die erste Libelle im Jahr und fliegt ab Mitte April .

Marienstein

Der Ort wird 1216 noch Steingrub genannt, vermutlich holten sich die Eichstätter hier ihr Baumaterial. Die Umbenennung erfolgte wahrscheinlich mit der Klostergründung.

Färberstochter Walburga

Um 1460 gründet die Tochter eines Eichstätter Färbers, Walburga Eichhorn, ein Jungfrauenkloster des Augustiner-Chorfrauen-Ordens. Solche Klostergründungen waren bei Bürgerlichen selten – oftmals ging der Wunsch, in ein Kloster zu gehen, auf eine nicht erwiderte Liebe zurück. Sei es, der Geliebte musste in den Krieg ziehen und kam nicht mehr zurück, sei es, der Geliebte gehörte einem Stand an, der ihm die Heirat mit einer Bürgerlichen verbot. Auch Wunderheilungen konnten der Anlass für eine Klostergründung sein. In diesem Fall liegen die Gründe im Dunkeln.

Am 7. Februar 1634 zerstören schwedische Truppen das Marienkloster, da sie es für Rebdorf halten, gänzlich. Erst 1669 wird die Klosterkirche wieder aufgebaut. Mit der Säkularisation 1806 wird das Kloster aufgelöst. Die Gebäude werden verkauft und des Baumaterials wegen abgebrochen. Die Inneneinrichtung der Klosterkirche wird nach Großnottersdorf bei Titting verbracht und in der dortigen Kirche verwendet. 1843 wird die ehemalige Klosterkirche von Marienstein wieder für Gottesdienste geöffnet.

Sprechendes Kruzifix

In Marienstein befand sich ein Kruzifix, das lange vor den Don Camillo-Filmen zu den Seinen sprach, wie die Schwestern immer wieder vorgaben. Und das soll sich so zugetragen haben:

Im ganzen Kloster war seit drei Tagen der Geruch von Rauch verspürt worden, ohne dass man einen Brandherd entdecken konnte. Alle Feuerplätze in Bäckerei und Brauhaus waren inspiziert worden. Da kniete eine der Schwestern vor dem Kruzifix nieder und fing an zu beten, der Herr möge seine Dienerinnen nicht verlassen. Da sprach der Gekreuzigte: *Gehe hin in das Kohlhäuslein, auf dem Kasten wirst du das Feuer finden.* Und so ist es gefunden worden.

Dasselbe Kruzifix soll 1633 am 23. Juli gegen 9 Uhr am ganzen Leib geschwitzt haben, obwohl es immer trocken gestanden habe. Die Schwestern verharrten die ganze Nacht im Gebet. Dieser Schweißausbruch ist später als Vorahnung der Zerstörung durch die Schweden ein halbes Jahr später angesehen worden.

Nebel lichtet sich bei Sonnenaufgang an einem noch jungfräulichen Tag an der Altmühl.

Willibaldsburg

Under andern fieng er erstlichen an das fürstlich schloss S. Willibaldzburg genannt, vor der stat Aystet auf dem berg gelegen, aus dem grund auf zu bauwen, welches er mit seyner fürsichtickait und empsigen sorgen dahyn fürderet, das es under das thach gebracht, also das man es bewonen mocht.

Bischofschronik Eichstätt, 16. Jh.

Der erste Stein

Nachdem der heilige Bonifatius im Jahr 739 die bayerische Kirche organisiert und vier Diözesen eingerichtet hatte – Salzburg, Passau, Freising und Regensburg – entstand um 743 in Eichstätt ein eigenes Bistum. Erster Bischof war der heilige Willibald. Die Bischöfe Eichstätts standen unter dem Schutz der Grafen von Hirschberg. Als dieses Geschlecht 1305 ausstarb, übernahmen sie selbst die Rechte und Pflichten der Grafen. Und so wurde der Gedanke an eine eigene Feste wenig später Realität in Stein.

Bischof Berthold von Zollern begann 1355 auf dem an drei Seiten von der Altmühl umflossenen Umlaufberg mit dem Bau einer ersten Burg. Bestehend aus großem Steinhaus, Kapelle und Turm, wurde sie von seinen Nachfolgern beständig ausgebaut.

Bautätigkeit im Mittelalter

Das nächste wichtige Bauwerk wurde unter Bischof Rabno von Wilburgstetten errichtet: die mächtige Schildmauer, die die Hauptburg nach Südosten sichert. Die bestehende Schildmauer ist auch heute noch furchteinflößend riesig.

Die Bischöfe von Eichstätt schienen über gute Einnahmequellen zu verfügen, denn unter jedem Bischof wurde die Burg – mit der Maßgabe, sie sicherer zu machen – kräftig erweitert. Bischof Friedrich von Oettingen schien gegen Ende des 14. Jh. alle seine Vorgänger übertrumpfen zu wollen: Er ließ eine dreiflügelige Vorburg erbauen, begann mit dem Bau des Löwenturms zum Schutz der Toreinfahrt und stärkte den Befestigungsring mit einem Zwinger. Weniger als Bollwerk gedacht war der Bau des *Aestuariums*, des Sommersaals, einer Halle, die mangels Heizmöglichkeit nur in den warmen Monaten genutzt werden konnte.

Mitte des 15. Jh. fielen die Hussiten ins Land ein und erzwangen unter Bischof Albrecht II. Graf von Rechberg erneut eine Erweiterung der Schutzbauten. So wurden die älteren Türme nebst dem Löwenturm weiter erhöht, Befestigungsmauern verstärkt und die Schildmauer mit zwei Türmen ausgebaut. Doch damit nicht genug: Ein weiterer Befestigungsring schützte alsdann die Burg im Norden und Westen mit halbrunden Schalentürmen.

Der 76,5 m tiefe „Tiefe Brunnen".

Johannes III. von Eych und Wilhelm von Reichenau erweiterten am Ende des 15. Jh. die Burg mit einer weiteren Vorburg nach Osten. Doch auch die Stadt selbst hatte nun Wehrbauten nötig. So wurde die Stadtmauer erhöht und ausgebaut. Später wurden Dirlitzturm und Löwenturm mit einer Wehranlage verbunden und der Tiefe Brunnen weiter ausgebaut.

Die Renaissance naht

Unter Bischof Gabriel von Eyb gerät der Schutzzweck der Burg langsam ins Hintertreffen. Die frühe Moderne verlangt nach repräsentativen und wohnlichen Eigenschaften des Bischofssitzes. Das Tor in der Schildmauer wird erweitert, im Osten werden größere Vorwerke errichtet. Das Monument des hl. Willibald im Eichstätter Dom wird ebenfalls um diese Zeit in Auftrag gegeben und vom Steinmetz Loy Hering ausgeführt, der auch den Wappenstein über dem neugestalteten Tor schuf.

Die endgültige Umgestaltung der wehrhaften Burg zu einem wohnlichen Palast leitete Bischof Martin von Schaumberg Mitte des 16. Jh. ein. Im Südosten wurde die Hofanlage völlig neu gestaltet und mit dem so genannten Schaumbergbau überbaut. Die Neubauten gruppierten sich nun um zwei Höfe. Schaumberg rechtfertigte die neuerlichen Umbauten damit, dass er durchreisenden Fürsten standesgemäßes Quartier bieten müsse, was in den beengten Verhältnissen im Tal für ihn nicht möglich schien. Zudem war die Burg sicherer – der Schreck des Bauernkrieges saß den klerikalen Herrschern noch immer tief in den Knochen.

Auf über 650 Jahre Geschichte kann die Willibaldsburg zurückblicken. Im letzten Abendlicht leuchtet die Feste vom schmalen Umlaufberg der Altmühl herunter. Im Hintergrund rechts versteckt sich die Frauen-Kapelle.

Das endgültige Gesicht

Johann Konrad von Gemmingen beauftragte den Baumeister Elias Holl mit dem Neubau eines Wohnbaus im Westen der Burg im Stil der deutschen Spätrenaissance. Holl war Protestant und erst 1602 Stadtwerkmeister der Reichsstadt Augsburg geworden. In Venedig hatte er die moderne Architektur italienischer Baumeister studiert. Auf dem Höhepunkt seines Schaffens – er plante gerade das Augsburger Rathaus – ereilte ihn der Ruf des Eichstätter Bischofs. So ist es kaum verwunderlich, wenn sich Augsburger Rathaus und Eichstätter Fassade sehr ähnlich sind; Holl stand unter Zeitdruck, war doch das Reisen zwischen den Baustellen nicht so leicht und bequem wie heute.

Die Burg wurde nun nach Westen orientiert und in fast allen Teilen umgestaltet. Die ehrgeizigen Baupläne des Bischofs wurden nie vollständig ausgeführt. Als Konrad von Gemmingen 1612 stirbt, ist noch nicht einmal die Hälfte aller Umbauten fertig gestellt.

Hortus Eystettensis

Nicht nur die Renaissance hatte es Konrad von Gemmingen angetan, auch die Botanik. Und so ließ er um die Willibaldsburg herum von dem Nürnberger Apotheker Basilius Besler Gärten anlegen, in denen Pflanzen aus ganz Europa wuchsen. Viele von ihnen mussten den Winter in geheizten Räumen überdauern und wurden im Sommer in Töpfen auf Terrassen arrangiert. Dafür wurden etwa im Jahr 1600 einhundert eisenbeschlagene und bemalte Pflanzkübel gekauft.

Der *Hortus Eytettensis* (= Eichstätter Garten) wurde weit über die Grenzen des Bistums bekannt. Viele Menschen reisten schon damals nach Eichstätt, um die vielen Pflanzenarten zu erleben. Leider ist über die Anlage und die Pflanzen wenig Genaues überliefert. 1998 wurde auf der nördlichen Bastion ein Informationsgarten angelegt, der einen kleinen Eindruck der damaligen Anlage vermittelt.

Der Tiefe Brunnen

Die fehlende Wasserversorgung war oft das Aus für die Höhenburgen des Mittelalters. Da die Willibaldsburg erst spät erbaut wurde, war von Anfang an ein Tiefenbrunnen eingeplant. Bereits 1609 erreichte er einen Durchmesser von 3,25 m und eine Tiefe von ca. 75 m. König Ludwig I. von Bayern ordnete 1828 neben der Erneuerung der Burg auch die Instandsetzung des Brunnens an. Das Wasser wurde damals als *frisch und ohne nachtheiligen Geschmack* beschrieben.

Von den Zinnen des westlichen Turmes schweift der Blick über Innenhaf, Schildmauer und Umlaufberg weit in das Tal der Altmühl hinein. Links hinter der Burg breitet sich Eichstätt im Talgrund aus.

Aussichtsturm

Der westliche der beiden Türme ist begehbar und bietet durch seine Zinnen eine prächtige Aussicht auf die Altmühlschleife und Eichstätt. Vor dem Aufgang zum Turm ist ein Modell der Willibaldsburg ausgestellt, dass den Zustand der Burg um 1800 zeigt.

Jura-Museum

Das Jura-Museum bildet das Herzstück der Willibaldsburg und ist eines der schönsten und informativsten Museen an der Altmühl. Für einen Besuch sollten interessierte ruhig zwei bis drei Stunden Zeit einplanen, Familien mit Kindern etwa zwischen 45 und 90 Minuten. Aussichtsturm und Tiefer Brunnen sorgen zwischendurch für Spannung.

Schwerpunkt der Ausstellung sind natürlich die Fossilien aus den Solnhofer Plattenkalken, die es nur hier an der Altmühl gibt. Höhepunkt ist natürlich der sechste Archaeopteryx aus Eichstätt, der neben Abgüssen weiterer Funde hier präsentiert wird. Aber auch einige seltene Flugsaurier sind zu sehen.

Ein klassischer Ammonit aus dem Jura-Meer, zu sehen im Museum.

Das Spektrum der zur Schau gestellten Versteinerungen reicht von winzigen Urzeitkrebsen bis hin zum 4 m langen Urzeitkrokodil. Die Versteinerungen ermöglichen eine Zeitreise in die Tierwelt vor 150 Millionen Jahren, als es hier das Jurameer gab und speziell eine Flachwasserlagune, in der das Leben pulste: eine tropische Lagunenlandschaft mit Riffen und Inseln, bevölkert von Flugsauriern, Krokodilen, Korallenfischen und Krebsen, großen Libellen, Eintagsfliegen und anderen Insekten.

Neben den unbeweglichen Fossilien ist auch ein Großaquarium eingerichtet, dass noch heute lebende Verwandte der damaligen Lebewesen zeigt. Neben dem berühmten Perlboot, dem Nautilus, dem „Enkel" der Ammoniten, sind noch Pfeilschwanzkrebse oder Knochenhechte zu sehen, allesamt „lebende Fossilien". Das Korallenbecken und ein großes Korallenfisch-Aquarium vermitteln einen Eindruck von der Vielfalt der Lebensformen in einem Jura-Korallenriff.

Weitere Themen im Museum sind die Entstehung der Fossilien, die nachvollziehbar erklärt wird, die große Anzahl der wirbellosen Tiere des Jura sowie die regionale Geologie.

Wem die Ausstellungsstücke an sich zu langweilig sind, der kann sich die gut 30-minütige Multivisionsschau über „Die Entwicklung des Lebens" anschauen, oder an interaktiven Computerterminals auf Entdeckungsreise gehen.

Wer das Besondere liebt, dem seien die Führungen und Exkursionen des Museums empfohlen, die auf Anfrage vermittelt werden (Infodaten im Serviceteil). Einmal im Monat wird eine Forschungswerkstatt für Kinder durchgeführt, im Hochsommer gibt es öffentliche Aquarienfütterungen oder Schaupräparationen.

Extra für Kinder gibt es ein Programm der Museumspädagogik. Die Themen wechseln ständig: u.a. Schmuckstück-Erstellung aus kleinen Fossilien und Dendriten, Zeitreisen in die Unterwasserwelt des Jura-Museums, „wie die Tiere das Fliegen erlernt haben", „Trinkwasser aus dem Karstuntergrund" bis hin zu „kleine Altmühl – großes Tal". Das aktuelle Programm kann unter www.jura-museum.de eingesehen werden.

Speziell für Schulklassen der 5. und 6. sowie der 9. und 10. Klasse gibt es Arbeitsmaterialien.

In den beiden Museen in der Willibaldsburg gibt es viele unterschiedliche und interessante Dinge zu entdecken. Nur ein paar Beispiele: Ein versteinerter Fisch (links), bei dem man jede Schuppe zählen kann, ein echtes, lebendes Riff (ganz oben) mit Korallenfischen oder ein Merowingergrab (oben).

Museum Ur- und Frühgeschichte

Der Historische Verein Eichstätt betreibt das Museum für Ur- und Frühgeschichte, dessen Ausstellungsräume sich ebenfalls in der Willibaldsburg befinden.

Der Schwerpunkt liegt hier auf der Entwicklungsgeschichte der Region von der Steinzeit bis zum Frühmittelalter. Im ersten Raum befinden sich die Skelette eiszeitlicher Tiere: Mammut, Höhlenhyäne und Rentier. In weiteren Räumen sind Funde aus der Steinzeit ausgestellt. Ein Hauptthema ist die römische Besatzungszeit mit einer staunenswerten Fülle an gut erhaltenem Material. Besonders die Metallgegenstände – Schreibgriffel, Schlüssel – sind bewundernswert detailreich.

Ein Modell des römischen Kastells in Pfünz macht das Lagerleben der damaligen Zeit anschaulich. Einige seltene Figurinen aus dem spirituellen Leben der Römer komplettieren die hervorragende Sammlung aus der römischen Zeit.

Ein Höhepunkt der Sammlung ist die spätmerowingische Grabanlage, die hier detailgetreu nach den Grabungsbefunden rekonstruiert wurde. In einem für diese Zeit typischen Kastengrab liegen vermutlich ein Clanchef mit seiner getreuen Frau. An Grabbeigaben sind neben Waffen auch ausgezeichnet gearbeitete Schmuckstücke zu sehen.

Übersichtlich und gut geordnet präsentiert sich die Ausstellung des Museums für Ur- und Frühgeschichte in der Willibaldsburg.

Eichstätt

Erste Spuren menschlicher Besiedlung in und um Eichstätt reichen 12.000 Jahre zurück. Die Römer unterhielten in Eichstätt eine kleine Siedlung, deren Lage bisher unentdeckt geblieben ist. Ganz in der Nähe befanden sich das Kastell *Vetoniana* (Pfünz) und die Siedlung *Vicus Scuttarensium* (Nassenfels). Nachdem die Alemannen um 260 die Römer erfolgreich bis südlich der Donau vertrieben haben, übernehmen sie wohl auch die Siedlung Eichstätt. Die Franken bringen im 8. Jh. das Christentum durch Entsendung von Mönchen in das Gebiet an der Altmühl.

Gründer Willibald
Im Jahr 740 kommt Willibald nach Bayern. Bonifatius schickt ihn zusammen mit dem Adligen Suidger nach *Eihstat*, das *noch ganz wüst war, so daß kein Haus daselbst war, außer jener Kirche der heiligen Maria*. Nachdem Bonifatius zum Seelenheil Suidgers das Land empfangen hatte, vertraute er es Willibald an. Dieser läßt noch im selben Jahr eine größere Kirche erbauen, die von Bonifatius am 22. Juli geweiht wird. Willibald wird gleichzeitig zum Priester erhoben. 741 wird das Kloster erbaut, die Keimzelle der heutigen Siedlung. Nach 18 Jahren Trennung sieht Willibald auch seine Geschwister Wunibald und Walburga wieder, zu dritt machen sie sich erfolgreich an die Christianisierung und Entwicklung der Region. 745 wird Willibald Bischof von Eichstätt, der Ort selbst zum Bischofssitz und Zentrum des neuerschaffenen Bistums erhoben.

Reliquien, Kirchen, Klöster
Zwischen 870 und 879 werden die Gebeine Walburgas von Heidenheim nach Eichstätt überführt. Der Legende nach wurde der Sarg von zwei Pferden gezogen, die – ohne Führung – vor der Heilig-Kreuz-Kirche hielten. So lässt Bischof Otgar die Reliquien in dieser Kirche beisetzen. Auf dem Weg sollen zwei Epileptiker den Sarg berührt haben und geheilt worden sein. Später setzt eine Wallfahrt ein und ein Kanonissenstift wird gegründet. 893 bekommt das Benediktinerinnenkloster Monheim einen Teil der Reliquien.

Wacht noch immer über „seine" Stadt: der hl. Willibald als steinernes Standbild auf dem Marktplatz.

König Ludwig das Kind verleiht dem Bischof Erchanbald 908 das Recht, im Kloster Eichstätt Markt und Münze einzurichten sowie eine Stadt zu erbauen. In dieser Zeit wird auch begonnen, die Stadt zu ummauern. Bischof Reginold erweitert den Dom und lässt die Reliquien Willibalds erheben, um sie 989 in der neuen Westkrypta des Doms beizusetzen. Zwischen 1022 und 1042 wird mit dem Bau des romanischen Doms begonnen, 1035 beziehen Benediktinerinnen das St. Walburg-Kloster. Das klösterliche Leben und das Chorgebet sind seither ohne Unterbrechung fortgesetzt worden.

Im Jahr 1042 wird Eichstätt erstmals als Stadt erwähnt. 1055 wird Bischof Gebhard Papst (Victor II.) in Rom, zugleich ist er Reichsverweser und Vormund Heinrichs IV. Bischof Gundekar II. vollendet während seiner Amtszeit 1057 bis 1075 den romanischen Dom. Im ganzen Bistum weiht er über 100 Kirchen. Er lässt das nach ihm benannte Pontifikale schreiben und ausschmücken. 1072 werden die beiden Turmkapellen geweiht.

Um 1150 entsteht das Schottenkloster Heilig Kreuz, das fast 300 Jahre Bestand hat. Bischof Konrad von Morsbach gründet 1156 das Augustiner-Chorherren-Stift Rebdorf auf dem Boden, den ihm Friedrich Barbarossa geschenkt hat. Ende des 12. Jh. verleiht König Philipp dem Eichstätter Bischof Hartwig von Grögling das Recht, eine 14-tägige Messe zu halten. Im Norden des Domklosters entsteht eine neue Bürgerstadt, Kirche und Kloster St. Walburg werden in die Ummauerung einbezogen.

Um 1254 stiften die Grafen von Hirschberg das Heilig-Geist-Spital. Zwei Jahre später werden die Gebeine des hl. Willibald aus der Gruft zum Hochaltar übertragen und bleiben zwischen dem 10. Juni und 13. Oktober zur Verehrung ausgestellt. An Opfergeld kommen 1.404 Pfund Pfennige zusammen. Davon wird der Dom mit Blei gedeckt, zwei Glocken werden gegossen, Decke und Fenster der Kirche renoviert. Bischof Hildebrand von Möhren verlegt die Reliquien Willibalds 1269 in eine

Nachts erstrahlt die katholische Universitätsstadt Eichstätt in weltlichem, bunten Licht.

eigene Kapelle am Dom, wo sie in einem zierlichen Steinsarg ihre Ruhe finden.

Sophie Gräfin von Hirschberg stiftet 1279 das Dominikanerkloster. Am 14. September 1309 werden die Gebeine Gundekars II. erhoben, die schon über 200 Jahre vom Volk verehrt wurden. Bischof Bertold Burggraf von Nürnberg erbaut 1351 bis 1365 die Willibaldsburg. Um diese Zeit beginnt auch die gotische Umgestaltung des Doms, wozu Bischof Raban von Wilburgstetten 3000 Gulden spendet.

Um 1460 wird das Augustinerinnenkloster Marienstein gegründet. Ab 1614 wirken die Jesuiten in Eichstätt, 1623 lassen sich die Kapuziner im ehemaligen Schottenkloster nieder. Noch heute zählt Eichstätt vier Klöster und 16 Kirchen im Stadtgebiet.

Siechen, Juden, Aufstand

Um das Jahr 1210 verordnet Abt Donat von der Heilig-Kreuz-Kirche eine der frühesten Wohltätigkeitsstiftungen in Eichstätt: Jede Woche sollen außerhalb der Stadt den Siechen und den Armen jeweils sieben Brote verabreicht und am Willibaldfest am 7. Juli und an St. Martin am 11. November jeweils 52 Denare ausgezahlt werden.

1237 erheben sich Bürger und Adel gegen den Bischof und das Domkapitel, verjagen sie aus der Stadt und wählen ein eigenes Domkapitel und einen neuen Bischof. Der rechtmäßige Bischof Friedrich von Parsberg belegt die Aufrührer mit dem Interdikt und versperrt ihnen die Kirche. Doch die Bürger verschaffen sich mit Gewalt Zugang zur Domsakristei und plündern sie. Es kommt zu Beerdigungen der Toten unter feierlichen musikalischen Aufzügen. Ein gemeinsamer Bußgang von Bischof und Bürgerschaft nach St. Walburg trägt zur Aussöhnung bei, der Streit wird beigelegt.

Bischof Philipp von Rathsamhausen stellt 1307 den Bürgern der Stadt Eichstätt einen Freiheitsbrief aus, der auf erzwungene Dienste verzichtet und den Bürgern Selbstverwaltung zusichert. Die Stadt entrichtet stattdessen eine jährlich zu bezahlende Steuer über 250 Pfund Heller, die am 16. Oktober – am Gallustag – fällig ist. Diese Entscheidung bringt dem Bürgertum der Stadt Eichstätt im 14. und 15. Jh. die Blütezeit. Vier Vorstädte entstehen und werden ummauert.

Heinrich Probst, Bürger zu Eichstätt, stiftet 1346 sein Haus mit Garten am Stadtrand einer Siechenhausstiftung (heute am Ortsausgang Richtung Ingolstadt rechts vor der Tankstelle: Siechenhof). Um 1400 wird ein Leprosenhaus hinzugefügt – Folge der seit Mitte des 14. Jh. immer wieder grassierenden Pestwellen, nach dem Erscheinungsbild auch der schwarze Tod genannt. Mehrere solche Häuser werden vor den Toren der Stadt eingerichtet. 1395 stiftet Ulrich Groß ein ewiges Almosen: Acht Arme sollen alle Sonntage Brot und Fleisch erhalten.

Der Pappenheimer Altar: ein Meisterwerk der Steinmetzkunst, nach sechsjähriger Bauzeit 1495 vollendet.

Der Rat der Stadt legt 1412 den Totengräberlohn fest, da es bei den Epedemiefällen wohl immer wieder zu Wucher gekommen war, und Extraleistungen gesondert bezahlt werden sollten. Ungeachtet eines lockeren oder gefrorenen Bodens erhält der Totengräber von nun an für einen alten Menschen 10 Pfennig, für einen jungen vier Pfennig und für einen Armen nichts.

Unter Bischof Johann III. von Eych wird Eichstätt zum Mittelpunkt des Frühhumanismus in Deutschland. Von der reinen Lehre eines von Eyb sind die Eichstätter aber noch meilenweit entfernt: Sie verjagen zwischen 1445 und 1464 alle Juden aus Stadt und Bistum. Durchreisende Juden mussten besondere Abzeichen an der Kleidung tragen: Männer vorne einen roten Punkt und Frauen einen gelben Streifen auf der Kopfbedeckung. Darüber hinaus waren alle Christen vom Empfang der Sakramente ausgeschlossen, die unter Juden dienten, deren Kinder erzogen oder sonstwie Gemeinschaft mit ihnen hatten. Desgleichen galt für Gaukler, Wahrsager, Zauberer und Kartenleger. Jährlich wurden von nun an die Wuchergesetze verkündet, damit ein jeder sehen konnte, ob er zuviel bezahlt hatte.

Bücher, Bauern, Kriege

Im letzten Drittel des 15. Jh. hielt in Eichstätt der erst dreißig Jahre zuvor erfundene Buchdruck einzug. Michael Reyser baute zwischen 1479 und 1484 eine Buchdruckmaschine in Eichstätt auf und produzierte mehrere kirchliche Werke. Die Stadt schien jedoch nicht das beste Pflaster für die Gutenberg-Jünger gewesen zu sein: sie bauten die Presse ab und translozierten sie nach Würzburg, wo es anscheinend mehr zu drucken gab.

1525 erreicht der Bauernaufstand Eichstätt. Der Mässinger Haufen verwüstet Teile des unteren Hochstifts, zu allem Übel schließen sich den Bauern noch 200 Eichstätter Tuchknappen an. Größere Schäden oder Verluste sind jedoch nicht zu beklagen.

Im 30-jährigen Krieg kann sich die Stadt dank der von Wallenstein gelenkten Reichstruppen und der

Glasfenster von Hans Holbein d. Ä. im Kreuzgang des Eichstätter Doms.

Soldaten der katholischen Liga unter Tilly bis 1632 aller Belagerungen erwehren. Doch zwei Tage vor der Ermordung des besten Generals der Kaiserlichen – Wallenstein war sicher nicht der loyalste und treueste, was ihm das Leben kostete – stürmen die Schweden die Stadt. Sechs Kirchen und 444 Häuser werden Raub der Flammen, was einer nahezu völligen Zerstörung der Altstadt gleichkommt. Nur der Dom, St. Walburg, drei weitere Kirchen und 127 Häuser blieben verschont – am 3. September gehen erneut 44 Häuser in Flammen auf. In den Jahren 1633 und 1634 stirbt jeder dritte Eichstätter bei Kampfhandlungen.

Noch ein halbes Jahrhundert später klaffen große Lücken im Eichstätter Stadtbild. Um diese rasch schließen zu können, erlässt Fürstbischof Johann Euchar die ersten „Wohnungsbauprogramme" in der Geschichte Eichstätts: Wer stadtmäßige, von Grund auf gemauerte dreistöckige Häuser erbauen wollte, die mit Ziegeln und nicht mit Schiefer gedeckt sein sollten, bekam den Bauplatz verbilligt, das Holz zum Bau geschenkt und musste 15 bis 20 Jahre lang keine Abgaben und Steuern entrichten. Von der Wirksamkeit dieses Programms kann sich noch heute jeder überzeugen, der durch die Gassen der Altstadt schlendert.

Dom Mariä Himmelfahrt

Der Dom steht an Stelle der ersten Kirche aus dem 8. Jh., die auf Willibald zurückgeht. Im 11. Jh. wurde die Kirche durch einen romanischen Dom ersetzt; unter Verwendung der romanischen Türme und des frühgotischen Westchors entstand zwischen 1350 und 1420 die gotische Pfeilerhalle mit Querschiff und Ostchor. Die barocke Westfassade wurde erst 1714-18 von Gabriel di Gabrieli erschaffen.

An der Rückseite des Altars ist die Figur des Bistumsgründers Willibald in einem Meisterwerk der Renaissance aus der Hand Loy Herings zu finden. Beeindruckend ist auch der Pappenheimer Altar, der figurenreich zwischen 1489 und 1495 von einem unbekannt gebliebenen Künstler aus dem Kalkstein gehauen wurde. Die Buchenhüller Madonna, die meistverehrte Muttergottesdarstellung des Doms, stammt aus dem Jahr 1430. Der an den Dom anschließende Kreuzgang gehörte ursprünglich zum Domkloster, das im Frühmittelalter den Domherren zu klösterlichem Leben diente. Der westliche Flügel des

Kreuzgangs wurde Ende des 15. Jh. zu einer zweischiffigen Halle erweitert, die dem adligen Domkapitel als Grablege diente. Bemerkenswert sind die Glasfenster von 1500, die Hans Holbein d. Ä. schuf, und die reichen Zeugnisse gotischer Steinmetzkunst, die im Eichstätter Dom zu einer der bemerkenswertesten Anlagen Süddeutschlands gipfeln.

Kapuzinerkloster

Gegenüber der Universität, im Ostteil der Stadt, liegt das 1166 gestiftete Kloster. Ursprünglich stand am selben Fleck ein Kloster der Schottenmönche aus dem 8. Jh. Als Dompropst Walbrun von Rieshofen von einem Kreuzzug zurückkam, ließ er das Heilige Grab Christi verkleinert nachbauen und stellte darüber eine Rundkirche.

Das Kloster, das noch ein Spital versorgte, erlosch Mitte des 15. Jh. Die Kirche wurde dann von den Dompröpsten verwaltet und kam in der zweiten Hälfte des 16. Jh. an das Collegium Willibaldinum.

Das 4,10 m hohe Heilige Grab aus dem 12. Jh. ist heute die besterhaltene romanische Darstellung des Jerusalemer Grabes Christi. Durch die mehrfache Zerstörung des Originals ist die Eichstätter Nachbildung die authentischste Darstellung, die es heute gibt.

Schutzengelkirche

Nicht weniger als 567 Engelsdarstellungen in Holz, Stuck, Fresko oder in Öl finden sich in der zwischen 1617 und 1620 errichteten Wandpfeilerkirche.

Bischof Johann Christoph von Westerstetten holte 1614 die Jesuiten nach Eichstätt und ließ ihnen nach dem Münchner Vorbild St. Michael die Schutzengelkirche erbauen. Das 1634 durch Schweden schwer beschädigte Gebäude erhielt erst 1661 wieder ein Dachgewölbe. 1717 wurden die Stuck- und Freskoausstattungen geschaffen, 1730 und 1739 die Altäre.

Die Engeldarstellungen fußen auf der einheitlich theoretischen Idee des Wirkens der Engel im Heilsgeschehen. Höhepunkt dieser Aussage ist der Hochaltar, das Meisterwerk des Eichstätter Hofbildhauers Mathias Seybold aus dem Jahr

Einer von 567 Engeln in der Schutzengelkirche in Eichstätt.

1739. Das Altarbild – der Kampf Michaels mit dem Teufel – wurde von einem der begabtesten Maler des Barock, Johann Evangelist Holzer, erschaffen. Die Deckenfresken stammen aus der Hand des Wormser Künstlers Johann Michael Rosner und wurden 1717 vollendet.

Kloster St. Walburg

Zu Ehren der Schwester des hl. Willibald gründeten Benediktinerinnen 1035 das Kloster St. Walburg. Walburga wurde und wird noch heute als Helferin und Heilsbringerin in Kinds- und Krankheitsnöten, bei Augenleiden und bei Unfällen von Mensch und Tier verehrt.

Die jetzige Klosterkirche stammt aus dem Frühbarock und wurde zwischen 1629 und 1631 von Martin Barbieri erbaut. Durch den 30-jährigen Krieg kam der Bau ins Stocken, und der Turm konnte erst 1746 vollendet werden.

Der Reliquienbehälter mit den Gebeinen Walburgas befindet sich in einem spätgotischen, um 1450 erschaffenen Seitenaltar, der einen tabernakelartigen Aufbau besitzt und von zwei Reliefs flankiert wird. Darüber stehen fünf vorzüglich um 1500 gearbeitete Holzfiguren der Geschwister Willibald, Wunibald und Walburga neben ihren Eltern Wuna und Richard. Die Kirche ist reich an Fresken und Stuck, die zu Beginn des 18. Jh. von bekannten Künstlern geschaffen wurden.

Das Kloster selbst ist eine weitläufige, durch die Lage am Talhang monumental wirkende Anlage.

Notre Dame du Sacre Coeur

Das Kloster des aus Lothringen stammenden Ordens der regulierten Chorfrauen des hl. Augustinus wurde 1711 von Fürstbischof Johann Anton Knebel von Katzenellenbogen gestiftet. Den Anstoß dazu gab ihm seine Nichte Maria Anna Charlotta. Ein Jahr später wurde mit den Bauarbeiten begonnen. Der Entwurf Gabriel di Gabrielis wurde zwischen 1719 und 1722 ausgeführt. Am 11. Juni 1722 konnte die Kirche geweiht werden. Mit diesem Kirchenbau schuf Gabrieli seinen ausgereiftesten Sakralbau. Das reich ausgestaltete Innere ist auf der Höhe des Barock entstanden und eine Perle dieser Bauzeit.

Nach der Säkularisation 1809 wurden die Altäre, Kirchengestühl, Kanzel, Orgel und die Bilder veräußert. Die Kirche wurde profaniert und als Lagerraum und Scheune genutzt. 1907 war man nahe daran, die verwahrloste Kirche zu sanieren und neuen Nutzungen zuzuführen. Doch erst

Nachbildung des Hl. Grabes Christi in Jerusalem. Es steht hier seit der Vollendung im Jahre 1166.

Die Spitalbrücke führt direkt auf den Dom zu und ist die einzige historische Verbindung der Altstadt über die Altmühl.

mit der umfassenden Renovierung von Kloster und Kirche 1987-89 erlebte das Ensemble eine glanzvolle Wiedergeburt. Heute ist in der Kirche eines der beiden Informationszentren des Naturparks Altmühltal untergebracht.

Gabriel de Gabrieli

Dreißig Jahre lang formte Gabrieli als Hofbaumeister nicht nur die Eichstätter Innenstadt mit über 30 Repräsentationsbauten, auch im ganzen Bistum schuf er ein unübersehbares Œuvre.

Gabrieli wurde am 18. Dezember 1671 in Roveredo im Schweizer Kanton Graubünden geboren. Ab 1685 machte Gabrieli bei seinem Vater eine Maurerlehre und brachte es kurze Zeit später zum Meister. Von 1694 bis 1705 stand Gabrieli in Diensten des Fürsten Johann Adam Andreas von Liechtenstein zu Wien. Er unternahm in dieser Zeit viele Reisen, unter anderem nach Rom, Venedig und Frankreich. Vom Maurermeister stieg er zum fürstlichen Hofbaumeister auf. Gleichzeitig arbeitete Gabrieli auch für den Ansbacher Markgrafen Georg Friedrich, wo auch seine ersten selbstständigen Arbeiten entstanden. 1704 zog Gabrieli dann ganz nach Ansbach und trat die Stelle des markgräflichen Hofbaumeisters an. Schon 1702 hatte Gabrieli die Stelle des fürstbischöflichen Hofbaudirektors in Eichstätt im Auge.

Als der Markgraf finanziell auf die Bremse trat, wechselte Gabrieli 1714 nach Eichstätt und wurde dort Hofbaudirektor des Fürstbischofs. Bis zu seinem Tod am 21. Mai 1747 lebte und arbeitete Gabrieli in Eichstätt. Er prägte das barocke Erscheinungsbild der Domstadt bis heute und schuf ein Kleinod des Barock, das bis heute fasziniert und die Menschen nach Eichstätt lockt.

Regen und Schnee im Mittel

Das Eichstätter Intelligenzblatt von 1791 brachte eine Übersicht der gemessenen Regen- und Schneemengen der Jahre 1779 bis 1790. Danach fielen im Mittel *für jedes Monat eines ins andere gerechnet, zween Zolle Regenwasser*. Die niederschlagsreichsten Jahre waren 1789 mit 31 Zoll (rund 800 mm) und sechs Überschwemmungen, gefolgt von 1781 mit 28 Zoll Regen. Trocken war es dagegen 1784 und 1787, da wollten nur 20 Zoll (500 mm) Niederschlag niedergehen.

Viehmarkt 1791

Auf dem Viehmarkt vom 3. Oktober 1791 kamen folgende Tiere zum Verkauf: *26 Pferde, 53 Ochsen, 10 Stiere, 48 Kühe, 5 Kalben, 4 Follen, 6 Gaiße, 36 Schweine.*

Insgesamt wurden 2988 Gulden und 38 Kreuzer an *Baarschaft* umgesetzt.

Feilschaften

Angebote aus dem Intelligenzblatt Jahrgang 1791 und 1793:

Bey Franz Xaver Eckerler, Orgelmacher von hier, sind zween neue Flügel a fortè Piano mit drey Veränderungen, auch eine neue Orgel mit vier Register zu verkaufen. Für jedes dieser Instrumente wird Jahr und Tag lang gut gestanden. Kaufliebhaber haben sich hirinnenfalls an ihn selbst, oder an das Intelligenz-Comtor zu wenden.

Zu Weißenkirch werden von der Höchstherrschaftlichen Schäferey kommenden Montag über 8 Tag, den 16ten dieß, 199 St. Schafe von verschiedener Gattung verkäuflich angelassen; welches den Kaufslustigen hierdurch bekannt gemacht wird, um am bestimmten Tage in Weißenkirch sich einzufinden, und ihre Anbothe äußern zu können.

Rosa Mystica Madonna

In Eichstätt gibt es noch heute die Marianische Männer-Congregation, die 1615 gegründet wurde. Seit zwei Jahren wird beim Hauptfest der Congregation am vierten Fastensonntag – im Volksmund als Steckerlfest bezeichnet – die Rosa Mystica Madonna auf der Prozession getragen. Seit dem steigen die Mitgliederzahlen wieder deutlich, 2005 wurde das 1.500ste Mitglied aufgenommen.

Die sehr anmutige Madonnenstatue ist eine Pilgermadonna, die sich dort aufhält, wo gebetet wird. Nur nach dem Fest ist sie einige Tage in der Schutzengelkirche zu sehen. Dann wechselt sie den Ort und ist meist in privaten Häusern unterwegs. Auch Papst Johannes Paul II. hatte eine Rosa Mystica in seiner Privatkapelle.

Die Rosa Mystica-Verehrung entstand im italienischen Montichiari, wo sich die Muttergottes höchstselbst im Frühjahr 1947 der Krankenpflegerin Pierina Gilli zeigte. Im Laufe des Jahres erschien sie sieben Mal. Nachdem sich Gilli in die Stille eines Klosters zurückgezogen hatte, erschien ihr Unsere Liebe Frau 1966 weitere vier Mal in Fontanelle.

Die Altmühl fließt träge um die Eichstätter Altstadt mit Dom und Fürstbischöflicher Residenz herum.

Hl. Willibald

Am 22. Oktober 700 wird Willibald als erstes Kind seiner Eltern im Königreich Wessex in England geboren. Die Eltern Richard und Wuna – die Namen werden erst ab dem 12. Jh. benutzt – gelten als dem damaligen Königshaus nahestehend, waren aber vermutlich reiche Adelige. Nachdem Willibald im Alter von drei Jahren eine schwere Krankheit überlebt hatte, wurde er mit fünf Jahren in ein Kloster gegeben, um das Gelübde der Eltern zu erfüllen, dass sie in Todesangst um ihn an das heilige Kreuz abgelegt hatten. Als Sechzehnjähriger machte sich Willibald mit seinem Vater und seinem Bruder Wunibald zu einer Pilgerreise auf. Noch in Oberitalien starb der Vater, sein Leichnam wurde in der Kirche des hl. Frigdianus in einem unbekannt gebliebenen Ort beigesetzt. Am 11. November 720 erreichten die Brüder die heilige Stadt Rom.

Pilger Willibald

Nach Ostern 723 brach Willibald mit Gefährten auf, die heiligen Stätten zu besuchen. Seinen Bruder Wunibald ließ er wegen dessen gesundheitlichen Problemen in Rom zurück. In Neapel schiffte sich Willibald mit einem ägyptischen Schiff ein und segelte über Catania und den Peloponnes nach Ephesus. Kein Heiligtum wurde ausgelassen: Auf Sizilien das Grab der hl. Agatha, in Ephesus das Siebenschläfer-Heiligtum und die Johanniskirche. Sie trafen weitere Wallfahrer, machten in Milet Bekanntschaft mit zwei auf einer Säule hausenden Einsiedlern, erlagen fast dem Hunger und gelangten schließlich über Zypern in das Reich der Sarazenen, wo sie als Spione verhaftet und eingesperrt wurden.

Ein reicher Kaufmann, ebenfalls Christ, versuchte die Wallfahrer um Willibald aus dem Gefängnis freizukaufen, was aber misslang. So ließ er ihnen täglich Essen und sie selbst sonntags in die Kirche bringen. Nach einigen Wochen kamen sie frei, als ihre Gefangenschaft endlich vor den König gebracht worden war. Sie erhielten eine Aufenthaltserlaubnis und pilgerten weiter nach Jerusalem. Am Martinstag 724 kommen sie in Jerusalem an.

Weitere drei Jahre pilgern sie kreuz und quer durch das Heilige Land – mit der Bibel als Reiseführer.

Willibald erblindet

Als Willibald 725 in Bethamar in der Kirche des hl. Matthias der Messe beiwohnt, verliert er plötzlich sein Augenlicht. Zwei Monate lang muss er von seinen Gefährten geführt werden, bis er in Jerusalem vor das Heilige Kreuz Jesu tritt und sein Augenlicht wiedererlangt.

Im Herbst 726 besteigen die Gefährten in Thyrus ein Schiff, doch erst an Ostern 727 kommen sie in Konstantinopel an. Willibald geht hier an die Verwirklichung seines Ideals der Heimatlosigkeit um Christi Willen, und er will im Orient in die Vergessenheit eingehen. Nach zwei Jahren aber entscheidet er anders. 729 segelt er über Griechenland und Sizilien zurück nach Neapel. Auf der Insel Vulcano erlebt er hautnah einen Vulkanausbruch, nachdem er direkt in das Innere der Hölle hatte sehen wollen.

Mönch Willibald

Von Neapel aus kommt Willibald in das Bergkloster Montecassino, das gerade wieder aufgebaut wurde, nachdem Langobarden es 140 Jahre zuvor zerstört hatten. Zehn Jahre wirkte er in dem Kloster, zunächst als Küster, dann als Dekan und später als Pförtner. Papst Gregor erfährt vom Aufenthalt Willibalds in Rom 739 und läßt ihn kommen. Er überzeugt ihn, dem hl. Bonifatius in Bayern zur Seite zu stehen, und so kommt Willibald 740 in Freising bei Bonifatius an.

Willibald in Eichstätt

Willibald gründet in Eichstätt ein Kloster nach der Regel des hl. Benedikt. Noch im selben Jahr weiht ihn Bonifatius in der neugebauten Marienkirche zum Priester. Nur ein Jahr später wird Willibald von Bonifatius in Erfurt zum Bischof geweiht, und er gründet in Eichstätt ein zweites, ein Bischofskloster. Mit seinem Bruder Wunibald, der aus Rom nachgereist kam, gründet er auf dem Hahnenkamm in Heidenheim ein weiteres Kloster, fügt 760 ein Frauenkonvent an und übergibt dessen Leitung seiner Schwester Walburga. 778 diktiert er hier der Schwester Hugeburc seine Lebensgeschichte.

Lichtgestalt Willibald

Der Sage nach ließen Willibald und Walburga ihre Pferde den Ort für ein neues Kloster finden: Da wo das Ross verweilte oder eine Quelle fand, beglückten sie die Nachwelt mit einem Kloster. So entstand in Eichstätt durch das Wirken Willibalds ein religiöses Zentrum, das es bis heute geblieben ist.

Wunibald stirbt bald nach der Klostergründung in Heidenheim am 18. Dezember 761, Walburga segnet das Zeitliche am 25. Februar 779. Am 7. Juli 787 folgt Willibald und wird in seinem ersten Dom zu Eichstätt beigesetzt.

FIDES SPES CARITAS
IUSTICIA
FORTITUDO

Figurenfeld

Am östlichen Ortsrand von Eichstätt, eingebettet in eine harmonische Landschaft aus Wacholderheiden, liegt in einer Senke das Figurenfeld des Künstlers Alois Wünsche-Mitterecker (1903-1975). Die zwischen 1958 und 1978 gefertigte Folge von 78 überlebensgroßen Plastiken ist das Hauptwerk des Künstlers. Ein Teil der Figuren wurde nach dem Tod des Bildhauers und Malers angefertigt. Stiftungen von Freunden haben den Ankauf des Geländes und die Ausführung des umfangreichen Werks ermöglicht.

Das im Mittelpunkt stehende Figurenfeld – weitere Einzelskulpturen sind im Umkreis von etwa einem Kilometer aufgestellt – soll den Menschen an das tragisch-sinnlose Kämpfen erinnern. Der Künstler wollte mit diesem Werk der Hinfälligkeit des Menschen und seiner gewalttätigen Bestrebungen ein Mahnmal setzen. Die Betonfiguren versprühen zu jeder Jahreszeit einen eigenartigen Charme, der zwischen Betroffenheit und Erinnerung schwankend, an den Kalten Krieg erinnert. Besonders eindrucksvoll ist die Szene bei Sonnenaufgang oder in der Dämmerung: Dann erweckt die eigene Vorstellungskraft und die jedem angeborene Fantasie – gepaart mit der eingeschränkten Sehkraft des Menschen im Dunkeln – die Figuren zum Leben. Im Halbdunkel wird man gewahr, dass es im Kampf, im Krieg, keinen Unterschied mehr zwischen Freund und Feind, Sieger und Besiegtem oder zwischen Mensch und Tier gibt.

Das Figurenfeld liegt an der Straße nach Kinding und ist ausgeschildert.

Landershofen

Landershofen war schon zur Römerzeit besiedelt, in der Nähe des alten Steinbruchs fand man Spuren eines Ortes. Landershofen selbst wird 1006 erstmals genannt, um 1190 wird die Kirche St. Benedikt konsekriert. 1962 entstand am Haselberg eines der größten Neubaugebiete Eichstätts.

Die letzten Sonnenstrahlen beleuchten Kirche und Maibaum von Landershofen.

Eberlestein

Auf dem Weg nach Pfünz steht ein Gedenkstein am Straßenrand, der folgende Inschrift trägt: *Hier stürzte am 19. Dezb 1856 der 9jährige Bauerssohn Johann Eberle von Pfünz vom Pferd u. gab plötzlich seinen Geist auf. Dieser Denkstein ruft jeden Gläubigen zu: Bete für ihm ein Vaterunser um ewiger Ruhe.*

Der Bauer Eberle war in Pfünz ein Großbauer, er hatte zeitweise mehr als vier Pferde. Als er nun mit seinem Wagen fünf Tage vor Weihnachten nach Landershofen unterwegs war, fiel sein auf dem Sattelpferd sitzender Junge herunter und fiel so unglücklich, dass er sofort tot war. Das eigentliche Unglück und Grund für den Gedenkstein war, dass der Junge nicht mehr die Sakramente hatte empfangen können. Um nun trotzdem das Seelenheil zu erlangen, wird jeder Vorbeigehende aufgefordert, für den Jungen zu beten.

Teure Kirchweih

Aus Pietenfeld ist eine Aufstellung der Verköstigungskosten der Kirchweihmahlzeit aus dem Jahr 1689 überliefert. Zu dem großen Fest im kleinen Dorf hatten sich Seine Hochwürden und Gnaden Herr Weihbischof samt zehn Geistlichen und weiterem Volk eingefunden, insgesamt mussten 40 Personen verköstigt werden. Hierzu wurde eingekauft: *44 Maß Wein, 1 Indianischer Hahn* (Puter), *1 Koppen, 3 Gäns, 21 Pfund Rindfleisch, 12 Pfund Kalbsfleisch, 28 Pfund Lambfleisch, 5 Hünner, Wersching zu 8 Kreuzern, Rettig zu 2 Kreuzer, Salath, Petersil und anderes Küchengewürz, 16 Lerchen, 3 Antischocken, Kappern, 4 Zitteronen, Schönsmehl, Brod, 6 Pfund Krebs, ein Lot Muscatblüh, ein Lot Nägele* (Nelken), *ein Lot Zimt.* Damit waren die Speisen abgetan, aber einige offene Hände warteten noch auf Donationen. So wurden *der Verkäuferin 16 Kreuzer, der Köchin 1 Gulden, 15 Kreuzer, Herrn Pfarrers und Wirts Zehrungszettel zu 10 Gulden, 49 Kreuzer, 3 Pfenning, dem Zinngießer 2 Gulden, Cramers Zetl von 3 Tobalien a.a. 14 Gulden, 25 Kreuzer, Herrn Pfarrers Menschern wegen gehabtn Bemühung trinkgeld 45 Kreuzer, Habern in natura 6 Metzen* in die Hand gedrückt. Alles in allem 50 Gulden, 34 Kreuzer und 3 Pfennig.

Sommergetreide zeichnet bei Landershofen ein grafisches Muster.

Römerkastell Pfünz

Das Kastell *Vetoniana* wurde unter Kaiser Domitian zwischen 81 und 96 erbaut. Zuerst bestand die Befestigung aus Palisaden, die nach innen mit einem begehbaren Erdhaufen gesichert waren, sowie einem umlaufenden Graben. Der rätische Limes lag 15 km nördlich von hier, war also auf der Römerstraße in etwas mehr als drei Stunden zu erreichen. Ansonsten stifteten die Soldaten im besetzten Land Frieden und hielten Straßen, Brücken und Türme instand.

Unter Kaiser Antonius Pius (138-161), mit vollem Namen Titus Aelius Hadrianus Antonius Augustus Pius, wurde das Kastell mit einem festen Mauerwerk und vier Tortürmen befestigt. Daran erinnert eine Bauinschrift, die heute über dem rekonstruierten Nordtor eingelassen ist. Seinem Nachfolger Marc Aurel wurde das Land zu klein, und er suchte Streit mit den Markomannen, die ihrerseits nicht sehr erfreut über die Anwesenheit der Römer waren. Es gelingt den Germanen, das Kastell zu überfallen und niederzubrennen. In der Folge wird der rätische Limes mit einer Mauer verstärkt und das Kastell wieder aufgebaut. Eine weitere gefundene Bauinschrift belegt den zweiten Aufbau unter Commodus: *Dem Kaiser Marcus Aurelius Commodus Antonius Pius Augustus, Sieger über die Germanen und Sarmaten, im vierten Konsulat, hat die erste Kohorte der Breuker unter Spicius Cerialis, kaiserlichem Statthalter mit Praetorrang, das Kastell errichtet.*

Dem Hinweis auf das vierte Konsulat nach läßt sich diese Bautätigkeit in die Jahre 183/84 datieren. Etwa 50 Jahre hielt das Kastell – immerhin mindestens zwei Soldaten-Generationen – bis im Jahr 233 die Alemannenübermacht alles römische Leben in Pfünz ausradierte. Der Überfall muss für die Römer überraschend gewesen sein, denn aus den reichen Funden zu schließen hatten die Bewohner keine Zeit, ihr Hab und Gut für die Flucht zu packen, falls es damals überhaupt jemandem gelungen ist, zu fliehen.

Castra Vetoniana
Auf einem Bergsporn errichtet, an drei Seiten von Tälern umgeben und 42 Meter über der Altmühl gelegen, war das Kastell in Pfünz strategisch gut gerüstet.

Die Außenmauern entsprachen einem leicht verschobenen Rechteck mit 189 Metern Länge und 145 Metern Breite. Die Innenfläche betrug 2,75 Hektar. Diesen Raum teilten sich 500 Mann und 120 Pferde. Ein Doppelgraben war in mühsamer Arbeit um das Kastell in den Fels getrieben worden, an den vier Toren jeweils durch einen Damm unterbrochen. Statt eines Brunnens hatte man eine Zisterne. An jeder Ecke stand ein Turm zur besseren Übersicht.

Rekonstruktion des Castellum Vetoniana im Museum für Ur- und Frühgeschichte auf der Willibaldsburg.

Autarkes Leben

Die Römer hatten ihre Kastelle weit ab von Rom immer mehr oder weniger autark ausgestattet. Dazu gehörte meist eine zivile Siedlung, in der die Familien der Soldaten wohnten, die im Kastell niedere Arbeiten verrichten konnten und den soldatischen Nachwuchs großziehen sollten. So fehlte es auch in Pfünz an nichts. Die Siedlung bestand aus mindestens 137 Bauten, darunter auch zwei Tempel und ein Bad. Eine Handwerkersiedlung lag separat. Denn auch hier waren die Kastelle auf sich selbst gestellt. Grabungen belegen, dass fast alle Ausrüstungsgegenstände im oder nahe beim Lager erstellt wurden. Kleidung, Essgeschirr, Waffen, Zaumzeuge, Sättel, Uniformen. Allein die Versorgung der etwa 120 Pferde wollte organisiert sein. Ein Haufen von täglich 4,4 m^3 türmte sich im Lauf des Jahres zu einer Dunglege von ca. 200 m Länge, 4 m Breite und 2 m Höhe. Die düngende Wirkung des Pferdemistes wurde erst im 12. Jh. erkannt. Für das Futter mussten mindestens 24 ha Wiesen zu Heu gemacht werden, damit die Pferde den germanischen Winter überstehen konnten.

Südlich der Thermen, die mit Kalt- und Warmwasserbecken, Galerien und Fußbodenheizung ausgestattet waren, lag eine Erzschmelze. Hier wurde das auf den Flächen nördlich der Altmühl ergrabene Bohnerz verhüttet. Eine Schmiede machte daraus Waffen, Nägel, Werkzeuge und Trensen. Die ebenfalls in der Nähe angesiedelten beiden Töpferöfen lassen die römische Logistik erkennen: Alle Einrichtungen, die Holz in großem Stile brauchten, lagen beieinander und konnten von einem zentralen Brennholzlagerplatz bedient werden. Die Brandgefahr durch Funkenflug war für das Lager ebenfalls abgewendet, denn all diese Einrichtungen lagen unterhalb des Osttores, weit genug vom Lager entfernt.

Die Groma

Ein besonderer Fund gelang mit dem eigenartigen Vermessungsgerät, der *groma*. Es ist das zweite jemals gefundene Stück dieser Bauart und das einzige nördlich der Alpen – das andere wurde in Pompeji ergraben.

Die Wirkungsweise ist einfach: Auf einem senkrechten Metallstück ist ein horizontales, rechtwinkliges Kreuz angebracht. Durch jeweils ein Lot an jedem Ende des Kreuzes kann die Groma genau ins Gleichgewicht gebracht werden, wie eine Wasserwaage. Dann haben alle vier Lote denselben Abstand zur Mittelachse. Dazu bieten die sich kreuzenden Stäbe die Möglichkeit, eine rechtwinklige Flucht einzumessen, was mit Hilfe von Fluchtstäben gemacht wurde: ein Verfahren, wie es auch heute noch beispielsweise im Straßenbau Anwendung findet.

Erste Kohorte der Breuker

Die Soldaten in diesem Kastell stammten aus der Region des heutigen Bosnien und gehörten zum Volksstamm der Breuker. Sie waren weit genug von Rom entfernt, um ihnen die Rechte römischer Bürger zugestehen zu können.

Diese erste Kohorte, bestehend aus etwa 380 Infanteristen und 120 Reitern, wurde laut einer Inschrift schon zweimal mit dem Militärorden *torques* für ihre Tapferkeit ausgezeichnet. Wann und wo die Kohorte diese Auszeichnungen erworben hat, ist leider unbekannt.

Soldaten, die aus dem Militärdienst ausschieden, wurde in der Regel ein Stück Land in der Nähe oder in anderen Regionen zur lebenslangen Pacht überlassen. So wollte man die römische Zivilisation in den besetzten Gebieten voran bringen und hatte gleichzeitig eigene Leute überall verstreut, die im Falle von Aufständen rechtzeitig ihr Ohr am Puls der unterdrückten Bevölkerung hatte. Doch dieses Ideal eines „vereinten Europas" unter römischer Herrschaft blieb ein Traum, der nur mit Waffengewalt aufrecht erhalten werden konnte. Nachdem sich die Germanenstämme nördlich des rätischen Limes einmal einig waren, klappte es auch mit der Vertreibung der lästigen Römer.

Das Brückendorf

Die Römer müssen unterhalb des Kastells eine Brücke über die Altmühl gebaut haben, denn der bayerisch klingende Ortsname Pfünz leitet sich vom lateinischen *pons* oder *ponte* ab, was Brücke bedeutet. Fälschlicherweise wird die alte Brücke bei Pfünz oft Römerbrücke genannt. Doch diese schöne Steinbogenbrücke stammt aus dem Mittelalter. Die Römer hatten ihren Übergang weiter oberhalb des jetzigen Ortes.

Pfünz

In der 3 km von Pfünz entfernten Mammuthöhle begann die Besiedlungsgeschichte des Ortes vor etwa 65.000 Jahren. Neben Mammutknochen wurden noch 34 weitere Tiere der letzten Eiszeit ans Tageslicht befördert, darunter Wollnashorn, Steppenwisent, Höhlenhyäne und Rentier.

Auch die Kelten hinterließen hier seit etwa 800 v. Chr. viele Spuren. Die römische Geschichte von Pfünz beginnt mit der größten Ausdehnung des Römischen Reiches unter Kaiser Traian zwischen 98 und 177, als der Verlauf des rätischen Limes bis weit nördlich der Donau vorgeschoben wurde. Das Kastell *Vetoniana* sicherte – etwas im Hinterland gelegen – auch die neu eroberten Gebiete. Kastellbesatzung war die erste berittene Kohorte der Breuker mit etwa 380 Soldaten und 120 Reitern. Der Stamm der Breuker kam aus dem heutigen Bosnien. Alemannen zerstörten das inzwischen in Stein erbaute Kastell bei ihrem Vorrücken gegen die Römer im Jahr 233.

Erste urkundliche Erwähnung des Ortes als *Phuncina* 889. 1002 bestätigt der Kaiser den Eichstätter Bischöfen den Wildbann um Pfünz. 1210 stiftet Merboto von Pfünz mit seinem Gut in Lippertshofen ein Grablehen zu Eichstätt. Aus den Erlösen des Guts wurden zwei Totengräber bezahlt, die die Armen unentgeldlich zu begraben hatten. Später ist es als Grabamt geführt worden und hatte bis in das 15. Jh. hinein Bestand.

In den letzten 150 Jahren hat sich die Bevölkerung von Pfünz verdreifacht.

Schloss Pfünz
Von der Kirche Richtung Altmühl gelegen und von einer hohen Mauer umgeben, liegt das Schloss Pfünz inmitten eines Parks mit großen Bäumen und einem kleinen Weiher. Im 12. Jh. hatten Eichstätter Ministeriale eine Burg an dieser Stelle erbaut, deren erster mit Merboto von Pfünz 1166 in den Annalen auftaucht. 1282 kommt die Burg als Lehen an das Hochstift Eichstätt.

Die Adelsfamilie von Pfünz verschwindet ab 1353 aus den Urkunden, die Burg fällt an die Zantner von Schönbrunn, die es 1451 an Heinrich Rohrmeyer zu Gungolding verkaufen. Im Jahr 1475 ist Bischof Wilhelm von Reichenau im Besitz der Burg und lässt sie ausbauen, um sie zur Erholung und für Jagden zu nutzen. Das heutige Schloss wird 1578 nach Plänen des Hofbaumeisters Jakob Engel von Fürstbischof Johan Anton Knebel von Katzenellenbogen errichtet. Der letzte Fürstbischof von Eichstätt, Joseph Graf von Stubenberg, verbrachte die meisten Sommer seiner Amtszeit zwischen 1791 und 1824 im Schloss Pfünz. Der Hofgarten hatte zu dieser Zeit vier Fischweiher und einen so breiten Kanal im Geviert, dass man mit Lustschiffen darin umherfahren konnte.

Nach 1802 wird das Schloss um 6.000 Gulden an Privat verkauft. Einer der Besitzer – Dr. Friedrich Winkelmann – machte sich mit der Ausgrabung des römischen Kastells einen Namen. 1955 wird das Schloss von der Diözese zurückgekauft, um ein Diözesan-Jugendhaus darin einzurichten.

St. Nikolaus
Auf den Grundmauern des römischen Tempels, unweit des Kastells auf dem Kirchberg gelegen, stand die erste Pfünzer Kirche. Sie wurde wohl zwischen dem 13. und 15. Jh. benutzt. Bischof Gabriel von Eyb ließ während seiner Amtszeit von 1496 bis 1535 auch die neue Pfünzer Kirche (links) im Ort erbauen. Sein Wappen prangt noch heute über dem Chorgewölbe und am achteckigen Taufstein. Um 1728 wurde die Kirche barockisiert. Aus der spätgotischen Gründung haben sich noch der Taufstein und eine Holzfigur des Patrons St. Nikolaus erhalten. Aus der Vorgängerkirche stammt wohl die Madonna auf dem linken Seitenaltar – um 1470. Hochaltar und Muttergottes im Rosenkranz wurden im Barock hinzugefügt. Die elegante Kanzel stammt aus der Kirche des Notre-Dame-Klosters in Eichstätt und wurde nach der Säkularisation 1802 nach Pfünz gebracht. Der in Augsburg sehr angesehene Bildhauer Ehrgott Bernhard Bendl hatte eine Tochter im Pensionat Notre-Dame und schuf dieses herrliche Kleinod um 1725 unentgeltlich.

Inching

An der Almosmühle strömt eine kräftige Quelle unter einem Felsen hervor, um nach kurzem Lauf ihr Wasser der Altmühl zu übergeben. Weiter flussabwärts wartet der Ort Inching mit Schloss und Kirche auf die Wanderer.

In Inching kam Willibald zu spät – ein fränkischer Mönch hatte den ursprünglich alemannischen Ort christianisiert und ein St. Martin-Kirchlein gegründet. Als Kaiser Heinrich III. der Eichstätter Kirche 1055 das Recht auf Weinanbau gewährt, ist Inching der östliche, Rebdorf der westliche Grenzort. Der erste Ortsadelige ist Adelberd von Inchhingen, der 1166 Erwähnung findet. Im Jahr 1305 kommt der Ort an Eichstätt.

Das Schlösschen ist zuerst Sitz des Ortsadels, ab 1260 Sommersitz der Eichstätter Domherren.

St. Martin

Der Hausheilige der fränkischen Kaiser gab auch hier vermutlich im frühen 8. Jh. den Namenspatron. Da die Kirche nie groß verändert wurde, ist ihr Weihedatum bis heute unbekannt, liegt aber demnach vor 740. Teile des Turmes stammen noch aus dem 11. Jh., später erfolgten Umbauten und die unvermeidliche Barockisierung.

Der Quellenschatz

Eine Müllersmagd schöpfte an einem herrlichen Sommermorgen Wasser aus der Quelle, als sie das Geräusch klingender Münzen hörte. Als sie aufsah, musste sie bemerken, wie aus einem Spalt des Felsens güldene Münzen rannen. Vor Schreck ließ sie einen Schrei fahren - augenblicklich versiegte die Geldquelle. Später erfuhr die Magd, dass sie nur hätte ein Vaterunser oder Avemaria aufsagen müssen, oder einen Rosenkranz werfen, und all die Herrlichkeit des Schatzes wäre ihrs gewesen.

Alte Steinbrücke bei Pfünz, nur noch für Radler und Fußgänger offen.

Almosmühle

Unter einem überhängenden, recht imposanten Dolomitfelsen strömen fünf Karstquellen hervor. In einem breiten Bach geht es auf kurzem Weg in die Altmühl. Die Quellen schütten 35 Liter pro Sekunde aus, das Wasser hat jahraus, jahrein seine 10°C. Schon früh wurden die Quellen zum Antrieb einer Mühle genutzt. 1282 erste urkundliche Erwähnung als *Almusenmühle*.

Walting

Im näheren Umkreis von Walting finden sich noch ein Keltengraben am Hellerberg und ein paar Hügelgräber bei Rapperszell. Ab dem 3. Jh. dürften die Alemannen hier gesiedelt haben – nach dem Rausschmiss der Römer 233.

Der Ort taucht allerdings erst spät in den Annalen auf: aus dem Jahr 1153 stammt die erste urkundliche Erwähnung. Die Herren von Walmentingen sind zwischen 1162 und 1367 fassbar. Die Edlen besaßen eine Turmhügelburg in der Aue, zogen im 11. Jh. auf den heutigen Kirchhügel um. Später bildeten Schloss und Kirche eine Wehreinheit. Leider ist davon nichts mehr überliefert. Nur aus dem 17. Jh. sind Erinnerungen erhalten, die sich auf einen Turm über dem Friedhofseingang und fünf Gefängniszellen an der Rückseite der Kirche beschränken.

Mitte des 13. Jh. wurde die Pfarrkirche in das Domkapitel Eichstätt eingeschlossen, 1454 erwarb das Augustinerchorherrenstift Rebdorf die Vogtei, nachdem die Padres planmäßig Gut um Gut in Walting aufgekauft hatten.

Leonhardikapelle

Der erste Bau an dieser Stelle stammt vermutlich aus dem 12. Jh. Aus dieser Bauphase ist nur noch der romanische Chor erhalten. Ende des 16. Jh. erfolgte ein Neubau der Kapelle, die am 17. Mai 1598 konsekriert wurde.

Während des 30-jährigen Krieges wird Walting mehrfach geplündert. 1624 fehlen der Kapelle Fenster und Altarkreuz. Zwischen 1732 und 1734 wird das Langhaus verlängert und der Turm in seiner jetzigen Ausführung erbaut. Die Decke wird mit aufwändigem Stuck und Malereien verziert, was die Leonhardibruderschaft teils mit Spenden finanziert. Von den zwei Glocken des Turmes ist nach den beiden Weltkriegen keine mehr zurückgekehrt. 1908 gab es Pläne für eine umfassende Renovierung, die jedoch unausgeführt blieben. 1955 nimmt sich der Schützenverein Walting der Kapelle an und renoviert sie aus eigener Tasche. 1980 wird die Kapelle in die Liste der Denkmalpflege aufgenommen, 1989 sogar zur Kirche erhoben.

St. Johannes

Wie so oft, stecken auch im Turm von St. Johannes die ältesten Reste der Kirche. Über dem Durchgang von der Sakristei in den Chor ist noch ein Fenster der alten Burgkapelle sichtbar. Etwa zu Beginn des 14. Jh. wird die Kapelle zur Pfarrkirche erweitert, denn seit 1319 ist eine Reihe von Pfarrern in Walting nachweisbar. 1723 wird das jetzige Langhaus erbaut. Im Innern sind zwei gotische Figuren aus der Zeit um 1480 zu sehen, eine Marienfigur um 1525 und der Hochaltar von 1690.

St. Johannes trohnt über dem Ort Walting auf einem ehemaligen Burghügel.

Der vermeintliche „römische Märtyrerturm", der Bergfried der Wasserburg von Rieshofen aus dem frühen Mittelalter.

Rieshofen

Das Ministerialengeschlecht von Rieshofen taucht erstmals 1137 als Zeuge in einem Eichstätter Vertrag auf. Es erscheint in der Folge oft in dieser Funktion; so wird Rieshofen relativ häufig im 12. Jh. genannt – als *Rudeshoven* 1166, 1186 und 1188, als *Roushoven* 1194. Später auch als *Rugshoven*, *Ruegshoven* oder *Rieshofen*.

Die Nähe der von Rieshofen zur Eichstätter Domkirche lässt sich unschwer aus den Urkunden herauslesen. Walbrun von Rieshofen wurde gar Domprobst, und er war es, der nach mehreren Kreuzzügen in Eichstätt um 1166 die Nachbildung des Heiligen Grabes von Jerusalem in Auftrag gab. Dieses Kleinod der Kirchenbaukunst ist heute das besterhaltene seiner Art in Europa.

Die reichen Schenkungen, die dieses Geschlecht an Eichstätter Klöster und Kirchen machte, deutet darauf hin, dass die Rieshofen zu den ältesten Adelsfamilien im Eichstätter Raum zu zählen sind. Vermutlich begannen sie im 10. Jh. mit einer einfachen Wasserburg an dieser Stelle. Die Reste der erhaltenen Burg dürften aus der Mitte des 13. Jh. stammen.

Der Ort Rieshofen entwickelt sich wahrscheinlich aus einem Meierhof. 1447 werden zwei Meierhöfe erwähnt, 1482 jedoch nur noch einer. Die fischreiche Altmühl zieht auch Fischer nach Rieshofen. Diese erhalten 1516 die Erlaubnis, eine Brücke zu bauen, welche 1909 bei einem schweren Hochwasser beschädigt wird. 1934 wird eine massive Brücke erbaut.

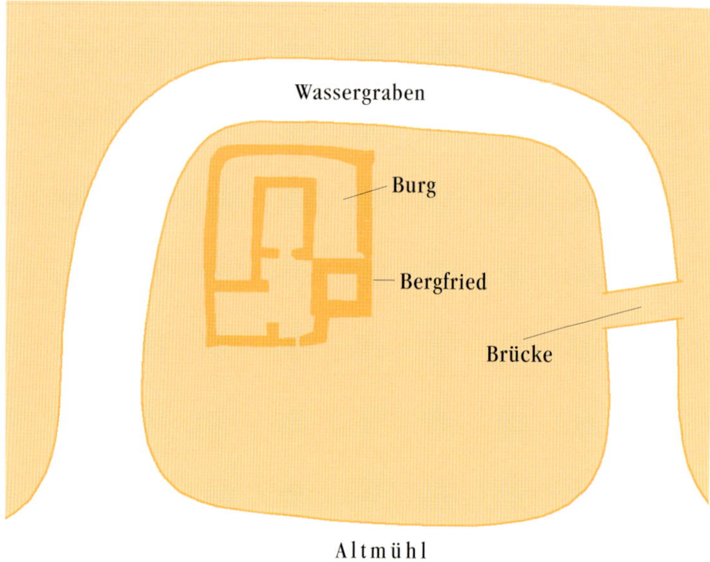

Lageplan der gut erhaltenen frühmittelalterlichen Wasserburg Rieshofen.

Wasserburg Rieshofen

Vielleicht schon im 8. Jh. als einfache Turmhügelburg entstanden, erlebte die Burg ihre Blütezeit in der Mitte des 13. Jh. Sie ist in ihrem Erhaltungszustand eines der ganz wenigen Beispiele frühmittelalterlicher Wasserburgen in Europa.

Die Ortsadeligen waren wohl schon früh Ministerialen des Domkapitels zu Eichstätt, konnten im Lauf der Zeit aber ihren Eigenbesitz mehren, Schenkungen im 12. Jh. belegen dies. 1310 verkauft die Witwe Elspet von Rugshoven mit ihren Söhnen die Burg mit allem Zubehör an das Domkapitel Eichstätt, bleibt aber weiter dort wohnen. 1484 wird vermutlich letztmals die Brücke über den Wassergraben erneuert, was dendrochronologische Untersuchungen der gefundenen Brückenpfosten belegen. 1561 wird die Burg als „Burgstall" bezeichnet, als unbewohnte Ruine. 1602 ist in einem Visitationsbericht festgehalten, dass die Burg mit Ausnahme des Turms eingefallen ist. Bis zum Ende des 17. Jh. nutzte man den Turm mit seinem Verließ im Untergeschoss als Hungerturm, woraufhin 1861 wohl auch die irreführende Tafel mit dem „römischen Märtyrerturm" angebracht wurde. Als letzter Delinquent wurde 1689 Joseph von Töging in den Turm gelassen. Der Andrang der Bevölkerung war so groß, dass zwei Menschen dabei zu Tode kamen. Der Verurteilte beendete sein Leben erst nach 42 Tagen ohne Nahrung.

St. Erhard

Das Kirchlein entstand entweder im 8. Jh. oder um 1052, der Kirchturm dürfte Mitte des 11. Jh. erbaut worden sein. 1602 wird die Kirche erstmals genannt. Die Innenausstattung ist größtenteils Barock, die Figur des hl. Georg und die tönerne Maria sind gotisch und entstanden mit weiteren Figuren des Innenraums um 1480. Bemerkenswert ist ferner eine Marienfigur von 1380, die sich heute auf einer Prozessionsstange befindet.

Pfalzpaint

Seinen Namen trägt Pfalzpaint vermutlich seit der Zeit der Römer, die das Pietental als Aufstieg zum nahegelegenen Limes nutzten. Zu diesem Zweck hatten sie hier über die Altmühl eine Brücke geschlagen. So setzt sich der Name aus *Pfahl* = *limes* (wie im benachbarten Pfahldorf) und *paint* = *pont*, Brücke zusammen, was sich im Laufe der Zeit zu Pfalzpaint wandelte. Ein kleines Kastell der Römer – ein Turm aus dieser Zeit ist noch vorhanden – entwickelte sich im Lauf der Geschichte zum Dorfmittelpunkt mit Kirche und Burg, die zusammen lange Zeit eine wehrhafte Einheit bildeten.

Als erste Pfalzpainter tauchen die Freien Konrad und Hubert von Pfalzpaint 1119 in einer Urkunde auf. Später werden Herren von Pfalzpaint genannt, die wohl im 13. Jh. auch die Burg neben der Kirche erbauten. Von den Grafen von Hirschberg kamen Ort und Burg dann an das Hochstift Eichstätt.

Burg Pfalzpaint

Die zwischen 1194 und dem Ende des 15. Jh. erwähnten Herren von Pfalzpaint erbauten wahrscheinlich im 13. Jh. ihre Burg auf den Resten eines römischen Kleinkastells. Die Burgkapelle wurde rasch zur Kirche erweitert. Heinrich von Pfalzpaint verkaufte den Sitz der Familie 1452 an seinen Schwager Michael Muggenthaler und trat in den Deutschen Orden ein, um sich der Medizin zu widmen. Sein 1460 erschienenes Buch *Wundarzney* ist das erste chirurgische Lehrbuch in deutscher Sprache, es enthält unter anderem Kapitel über Narkose und Nasenplastiken. 1465 kaufen die Morsbacher die Burg und geben ihre alte Wasserburg dafür auf. Der Nürnberger Feldhauptmann Haug von Parsberg erwirbt die Burg 1538 und baut sie ein Jahr später zum Schloss um. Von seiner Witwe gelangt das Schloss an Georg Wurmrauscher, von ihm an das Hochstift Eichstätt.

St. Andreas

Die Anfänge der Kirche liegen im Dunkel der Geschichte, nur ein Taufstein mit dem Wappen der Herren von Pfalzpaint lässt erahnen, dass ein Vorgängerbau zumindest im 13. Jh. bestanden haben muss. Der zweite Kirchenbau wurde 1470 errichtet und 1473 mit einer Glocke versehen, die jedoch 1908 einen Sprung bekam und ersetzt werden musste.

Ab 1707 wurde die Kirche umgebaut und bekam nach und nach ihr barockes Gepräge. Deutlich sind die Arbeiten des Eichstätter Hofbaumeisters Jakob Engel erkennbar. 1718 wurden drei neue Altäre aufgestellt. Eine neue Orgel ertönt seit 1905 in der Kirche.

Gungolding

Vermutlich übernahmen bayerische Siedler, die aus dem Osten kommend ins Altmühltal vordrangen, um 500 herum eine alemannische Siedlung. Im Jahr 895 gab König Arnulf einem Vasallen des Bischofs Erchimbold mit Namen Megingoz die ihm widerrechtlich abgenommenen Güter zu *Guntoldingen* zurück. Die Schreibweise der ersten Ortsnamensnennung lässt auf einen alemannischen Grundherrn namens Guntold schließen. Guntold ist der „Waltende in der Schlacht".

Am 20. Januar 945 bestätigt König Otto einen Tausch, Güter zu Schambach und *Comegeltinga* betreffend. Zwischen 1198 und 1313 ist Ortsadel beurkundet, dessen Burg in unmittelbarer Nähe der Kirche stand oder an deren Stelle. 1198 wird Sibot von Gungoldingen, 1222 Rüdiger von Gungoltingen und 1313 Albrecht von Gungoltingen erwähnt. Die mit allen Rechten dem Bischof Heinrich II. gehörende Kirche kommt 1230 an das Domkapitel, was 1231 von Papst Gregor IX. bestätigt wird.

Rascher Burgenwechsel

Gungolding hat eine kurze, aber wechselvolle Burgengeschichte aufzuweisen. Neben der Burg des Ortsadels an der Kirche Maria Himmelfahrt sind noch zwei weitere Burgen erwähnt, mit denen die Besitzer jedoch nicht richtig glücklich geworden sind.

Herzog Stephan III. erbaute über einem Felsen die Veste *Nunnenstein*, um die Sicherheit des Handelsverkehrs im Altmühltal zu verbessern. Er hatte jedoch für seinen Bau keinen Segen des Bischofs Friedrich IV. Graf von Oettingen, der den Schwarzbau am 8. Mai 1394 für das Hochstifft „kassierte", ohne jedoch daran weiterzubauen. So verfiel die angefangene Burg mit der Zeit. In der Bevölkerung schwand das Wissen um die Ruine, und der Felsen wandelte sich zum *Nonnenstein*, da die Schwestern des Klosters Hofstetten ihre Spaziergänge bis hierhin ausweiteten.

Eine weitere Burg stand auf der Altmühlinsel Rauenwörth, auch Rauenwerde, auf der heute ein Schutzgebiet eingerichtet ist. Die Wasserburg diente den Grafen von Hirschberg zur Sicherung ihres Wildbanns. Sie wird 1309 erwähnt und scheint danach verfallen zu sein. Die bei der Umgestaltung der Insel zum Schutzgebiet gefundenen Holzbalken von Wehr und Brücke ergaben eine dendrochronologische Datierung um 1295. Seit zwanzig Jahren schon ist die Insel ungestörtes Rückzugsgebiet für seltene Tiere und Pflanzen.

Die Kirche Maria Himmelfahrt an einem stillen Morgen vor Sonnenaufgang – die richtige Zeit zur Andacht.

Kirche Maria Himmelfahrt

Die Lage nördlich über dem Ort, umrahmt von der Gungoldinger Wacholderheide, ist besonders in den frühen Morgenstunden erhebend. Der Unterbau des Turmes stammt aus dem frühen Mittelalter – das erzählt das gotische Spitzbogenfenster an der Ostseite. Aus der wehrhaften Zeit stammt auch die früher obligatorische Ummauerung des Kirchhofs.

1740 wurde das Langhaus verlängert und nach Plänen des Hofbaumeisters Gabriel de Gabrieli aus Eichstätt umgestaltet. Von ihm stammt auch der achteckige Abschluss des Turmes. Der helle Innenraum ist schön ausgestaltet, den Bandwerkstuck schuf Franz Xaver Horneis, die Deckengemälde von Langhaus und Chor sowie die Malereien an der Emporenbrüstung Joseph Dietrich. Den Hochaltar von 1742 gestalteten Eichstätter Meister, dazu kommen spätgotische Figuren von 1470 und 1500 im Kircheninnern. Der übrige Kirchenschmuck stammt aus dem Barock. Der spätgotische Taufstein, der das Wappen der Pfalzpainter trägt, soll als ausgleich dafür in die Kirche gekommen sein, dass nach der Schlosserweiterung in Pfalzpaint die dortigen Toten in Gungolding zu Grabe getragen werden mussten, da der Friedhof in Pfalzpaint zu klein geworden war: Das neue Schloss nahm einen Teil des Friedhofs ein.

Die Glockenstehler

Der Spitzname der Gungoldinger ist „Glocknstöller". Dies aber nicht, weil keine Glocke im Umkreis des Dorfes sicher wäre, nein, nur einmal haben die Gungoldinger zugelangt, und darauf sind sie heute noch stolz. Und das kam so:

Teil der Gungoldinger Heimat: die Wacholderheide.

Während der Kampfhandlungen mitten im 30-jährigen Krieg, zwischen 1632 und 1634, wurden auch die Gungoldinger Glocken vom Turm geholt, um als Kanonen oder in anderer Waffenform Kriegsdienst zu leisten. Welche der damals umherziehenden Parteien zugriff – die Kaiserlichen, die katholischen Union oder die protestantischen Liga – ist nicht überliefert.

Da die Gungoldinger Kirche auch für Pfahldorf zuständig war und dort noch alle Glocken hingen, ordnete der Pfarrherr von Gungolding an, die Pfahldorfer sollten eine Glocke abgeben. Doch die Pfahldorfer dachten nicht daran und liefen zum Bischof von Eichstätt, der die Anordnung des Gungoldinger Pfarrherrn aufhob. Darüber waren die Gungoldinger derart erbost, dass sie sich ohne kirchlichen Segen aufmachten, in einer Nacht-und-Nebel-Aktion die Pfahldorfer Kirche um eine Glocke zu erleichtern. Man kann sich leicht Vorstellen, dass es nicht so einfach sein dürfte, eine Glocke aus dem Glockenstuhl mitgehen zu lassen. Zum Einen ist das Ding sicher sehr schwer, zum anderen wird man nicht umhin kommen, beim Abschrauben und Heruntertragen Geräusche zu verursachen.

Jura-Bauernhofmuseum

Etwa zehn Kilometer südlich von Gungolding liegt das Jura-Bauernhofmuseum Hofstetten. Es zeigt ein komplettes landwirtschaftliches Anwesen vergangener Zeiten. Zu besichtigen sind Haus, Stall, Heuboden, Werkstatt, Garten und einige Felder. Bei den vielen Veranstaltungen im Sommerhalbjahr wird bäuerliche Arbeit auf dem Hof gezeigt. Dazu gibt es einige historische Feste, Bauernmarkt, Balladensingen und weiteres mehr. Ein lohnender Besuch, für den man ruhig etwas mehr Zeit einplanen sollte.

Wacholderheide

Die Menschen in Gungolding haben die Wacholderheide zu einem Teil ihrer Heimat gemacht. Das Naturschutzgebiet „Wacholderheide Gungolding" ist eines der ältesten bayerischen Schutzgebiete und mit 70 Hektar Fläche auch eines der größten. Deshalb soll an dieser Stelle stellvertretend für die vielen Wacholderheiden zwischen Treuchtlingen und Kelheim dieser für die Altmühlhänge so typische Biotop näher vorgestellt werden.

Menschenwerk

Ausgedehnte Wacholderheiden an den Talhängen und auf der kargen Alb entstanden im Mittelalter durch Schafbeweidung. Ähnliche Biotopstrukturen gab es zwischen den Eiszeiten immer wieder, doch wurden deren Ausmaße während des Atlantikums – um 5000 v. Chr. – mit der Ausbreitung richtiger Wälder immer geringer. Zuletzt, vor dem Eingriff des Menschen vor etwa 1000 Jahren, konnte sich diese spezialisierte Pflanzengesellschaft nur noch an sehr trockenen Fels- und Schutthängen halten.

Wacholderheiden zeichnen sich durch Trockenheit, mageren Boden und teilweise hohe Temperaturen aus. Die Pflanzen, die hier wachsen, haben sich im Lauf der Jahrtausende daran angepasst. Der künstliche und selektive „Rückschnitt" durch die Schafe verhindert die Konkurrenz schnellwüchsiger Arten wie etwa Quecke oder Löwenzahn, gegen die sich die Trockenrasenpflanzen nicht durchsetzen können. Würden die Schafe die Trockenhänge nicht mehr beweiden, würden sie innerhalb eines Jahrzehnts mit Schlehe, Weißdorn und Kiefern zuwachsen, später folgen Eiche, Linde, Ahorn.

Pflanzenvielfalt

Durch die Kleinräumigkeit einerseits, die unterschiedliche regionale Lage andererseits konnten sich nach der letzten Eiszeit auf den Trockenbiotopen viele verschiedene Arten entwickeln. Dem kargen Umfeld und der ständigen Beweidung folgend, sind viele der Pflanzen kleinwüchsig und unscheinbar.

Noch bevor das Auge die Wacholderheide sezieren kann, ist es unsere Nase, die ein neues Erlebnis meldet: Es duftet nach Kräutern!

Von unseren Vorfahren schon über 2.000 Jahre benutzt, wachsen Thymian, Salbei (S. 193, links unten), Wilder Majoran und Wacholder auf Trockenrasen besonders üppig. Auch die längst in Vergessenheit geratenen Kräuter Ysop, Bohnenkraut, Bibernelle oder Wiesenkümmel findet man hier häufig.

Im Frühjahr am auffälligsten dürften die Küchenschellen sein, die fast überall von März bis April zu finden sind (S. 193, rechts oben). Die großen Glocken weichen dann ab Mitte April den flauschigen Samenständen, die im Gegenlicht silbern blitzen. Dicht am Boden wächst das nur wenige Zentimeter hohe Kugelblümchen (S. 193, links oben). Ganz einsam und mager mag es das Sandschaumkraut (S. 193, rechts unten), das mit dem nahe verwandten Wiesenschaumkraut nur das Aussehen teilt. Des Weiteren findet man die kleinen leuchtend-purpurnen Blütenknöpfe der Felsennelken, das Kahlblättrige Heideröschen, den Frühlingsenzian, Gefransten Enzian, Deutschen Enzian und Spitzblättrige Miere. Das Brillenschötchen (S. 194, links unten) trägt seinen Namen zu Recht: Die Samenstände sehen einer großen Brille ähnlich. Der Zwergbuchs (S. 194, links oben) ist im Altmühltal häufig anzutreffen, in Bayern kommt er sonst nur noch in den Alpen und im Alpenvorland vor. Die Bestände im Altmühltal sind auf die östlichsten Ausläufer der Alb beschränkt.

Auch die jüngste der Pflanzenfamilien – die Orchideen – ist auf den Trockenrasen-Standorten in artenreicher Auswahl anzutreffen. Die selteneren sind Zweiblatt und Wendelorchis, häufiger trifft man die Fliegen-Ragwurz (S. 194, rechts oben) und die Bienenragwurz an, in großen Beständen kann man das Brand-Knabenkraut (links) oder das Kleine Knabenkraut finden. Unter den Lilien ist die Graslilie mit ihren zart-weißen Blüten die auffälligste Erscheinung.

Schafe sind die Vorraussetzung für intakte Wacholderheiden – sie sind jedem Motormähgerät haushoch überlegen, denn nur sie mähen selektiv, düngen portionsweise und sind zudem nach zehn bis zwölf Monaten hervorragend geeignet, ein wohlschmeckendes Mahl zu liefern.

Tierwelt

Den oft nur kleinräumig vorkommenden Heidestandorten folgten nur wenige höhere Tierarten mit spezieller Anpassung. Am ehesten findet man noch die insektenfressenden Vögel. Hier ist es sicher die Heidelerche, die schon an ihrem Namen erkennen lässt, wo sie zu finden ist. Aber auch die Würgerarten Neuntöter, Rotkopfwürger und der große, schwarz-weiße Raubwürger waren in den Wacholderheiden zu finden. Heute trifft man dagegen regelmäßig die Grasmücken an, die hier ein Auskommen finden: Garten-, Dorn-, Klapper- und Mönchsgrasmücke sind fast überall. Vergessen darf man auch nicht die Schafstelze, die Heckenbraunelle und den wesentlich selteneren Steinschmätzer. Als Nahrungsbiotop bevorzugen Steinkauz, Pirol, Wiedehopf oder Zwergohreule die kurzrasigen Heideflächen zum Insektenfang – sofern sie noch in der Nähe brüten.

Fündiger wird der Experte bei den Insekten. Hier sind es vor allem die Wildbienen, Käfer und Schmetterlinge sowie die Grashüpfer, die sich an die Lebensbedingungen der Wacholderheiden angepasst haben. Da die wenigsten einen deutschen Namen haben, tragen auch nur zwei die Heide im Namen: der Heidegrashüpfer und der Heidespanner, ein Nachtschmetterling.

Wunderbaum Wacholder

Der bis zu sechs Meter hohe Busch, der der Heide den Namen gab, trägt den wissenschaftlichen Namen *Juniperus communis*. Der Artname *communis* bedeutet „in Gruppen auftretend" – und tatsächlich: Wacholder trifft man immer in Gesellschaft mit ihresgleichen.

Der Mensch hat schon früh die vielen Möglichkeiten erkannt, die dieser Strauch bietet. Berühmte Schinken zum Beispiel werden über dem Rauch von Wacholderzweigen geräuchert, aus den Beeren macht man ein gut verträgliches hochprozentiges Getränk, dem vor allem die Angelsachsen verfallen sind. Gin ist Bestandteil zahlloser Cocktails und eignet sich auch zur äußeren Behandlung. Kaum ein Wildgericht oder Sauerbraten, der ohne Wacholderbeeren auf den Tisch käme. Nicht nur in der Küche, auch in der Medizin spielt Wacholder eine Rolle.

Das ätherische Öl der kleinen blauschwarzen Beeren avancierte im 16. Jh. zum Allheilmittel. Allerdings sollten Nierenkranke und Schwangere von einer höheren Dosis oder längerem Gebrauch des Wacholders absehen.

Beeren und Zweige können je nach Verarbeitung innerlich und äußerlich angewandt werden. Wacholder hilft bei Blasenentzündung, Bronchitis, Ödemen, Atembeschwerden, Appetitlosigkeit sowie Akne und wird zur Desinfektion eingesetzt. Ein Peitschenstiel aus Wacholderholz hält im übrigen Hexen von den Pferden fern.

Arnsberg

Im 11. Jh. werden erstmals Edle zu Arnsberg genannt. Der Ort war in früher Zeit mit Mauern umgeben und hatte zwei Tore, von denen das Kipfenberger Tor noch erhalten ist. Ursprünglich aus einem Meierhof entwickelt, gab es Ende des 14. Jh. in Arnsberg zwei Mühlen. Einige Bewohner lebten von der Fischerei, andere hatten die Handelsstraße München–Nürnberg für ihren Lebensunterhalt auserkoren: sie führten ein Gasthaus oder eine Taverne. 1480 war Arnsberg Pfarrfiliale von Gungolding, die St. Sebastianskirche wurde im 30-jährigen Krieg niedergebrannt und 1770 nach Plänen von Moritz Pedetti neu gebaut.

1545 werden für Arnsberg eine Ziegelei und eine Brauerei genannt. Im 17. Jh. befanden sich im Ort eine Brauerei, Ziegelei, Taverne, zwei Bäcker, Metzger, Zimmermann, Büttner, Weber, Bader und ein Schmied. Bis ins 18. Jh. hinein war ein Silberbergwerk in Betrieb.

Arnsberg im Farbrausch, in der Altmühl spiegelt sich die Burgruine.

Arnsberger Leite

Zwischen Arnsberg und Böhming sind am rechten Altmühlhang von weitem die mächtigen Dolomitfelsen sichtbar, die zusammen mit der Wacholderheide und lockerem Buchenwald das Naturschutzgebiet „Arnsberger Leite" bilden. Das Besondere an diesem Schutzgebiet ist die kleinräumige Vielfalt der unterschiedlichen Biotope – von der Felswand über Blockhalden, Trockenrasen, Wacholderheiden bis hin zum Wald. Die Artenvielfalt an Insekten ist beeindruckend. Insbesondere zahllose Wildbienen, Schmetterlinge und Käfer sind hier zu finden, die man andernorts lange suchen muss.

Doch neben der Schönheit der Natur zeigt einem die Leite auch die Empfindlichkeit des Menschen gegenüber den Naturgewalten: Wer von Böhming her auf Arnsberg zufährt, wird vielleicht die mächtigen Gesteinsbrocken zwischen Straße und Altmühl sehen. Sie sind erst vor wenigen Jahren mit großem Getöse zu Tal gedonnert.

Teufelstrittfelsen

Vor langer Zeit ging ein Wilderer auch an Heilig Abend dem unerlaubten Waidwerk nach. Während im Tal die Glocken die Menschen zur Christmette riefen, legte er seine Waffe auf ein Tier an. Da sauste etwas unter donnerndem Getöse über ihn hinweg und der Teufel stand urplötzlich neben ihm. Der Wilderer flüchtete in panischer Angst. Im Felsen aber blieben – noch heute für jedermann sichtbar – des Teufels Klauenabdrücke erhalten.

Schloss Arnsberg

Die Burg Arnsberg auf dem prominenten Felsen über der gleichnamigen Siedlung dürfte im 11. Jh. entstanden sein. Zumindest sind seit dem Edle von Arnsberg urkundlich fassbar. Wahrscheinlich waren dies kaiserliche Ministeriale, die die wichtige Handelsstraße Nürnberg–München überwachen sollten. Später war das Gut Eichstätter Lehen und ging 1473 an das Hochstift Eichstätt über. Einer der Eichstätter Bischöfe ließ dann das Schloss erbauen und nutzte es gelegentlich für Jagden. Im 18. Jh. verfiel die Anlage langsam, bis sie von Privat gekauft und teilweise instand gesetzt wurde. Heute ist das Schloss ein Hotel.

Die Ruine der Burg aber liegt malerisch auf dem Felsen. Graben und Zwingermauer, Torbau und Rundturm stammen noch aus gotischer Zeit, der Stumpf des Bergfrieds und Teile der Schildmauer aus der ersten Hälfte des 13. Jh.

St. Georgskapelle

Auf der Burg befand sich lange Jahre die einzige Kirche des Ortes. Die St. Georg geweihte Kapelle wurde ab Mitte des 15. Jh. nur noch von den Burgbewohnern benutzt. Am Georgstag 1798 war der Gottesdienst gerade beendet, alle Menschen hinausgegangen, als die Decke einstürzte. Erst 1922 wurde durch den Burgbesitzer Josef Fink eine neue Kapelle errichtet, die der Mutter Gottes geweiht ist.

Ruine und Schloss Arnsberg thronen hoch über dem Ort.

Mystische Stimmung bei Schnee und Vollmond, hoch über dem Ort ragt Burg Arnsberg über dem Felsen in den Nachthimmel.

Die Krautstängel

Der Spitzname der Arnsberger ist „Krautstängel". Und das kam so: Im Lande herrschte seit einigen Jahren Friede, und so wurden die Arnsberger immer nachlässiger in ihrer Wehrpflicht. Als der Schmied einmal ein großes Stück Eisen brauchte, nahm er sich kurzerhand den Riegel eines Tores. Lange Zeit wurde das Fehlen nicht bemerkt. Nachdem aber eine Fehde angesagt war und der Feind vor den Toren stand, musste ein neben dem Tor liegender Krautstängel kurzfristig Ersatz für den Riegel leisten. Leider lockte der Stängel in der Nacht eine hungrige Ziege an, und nach dem Mahl ging das Tor wie von selbst auf. Der Feind, der auf der Lauer lag, bemerkte dies und konnte noch in derselben Nacht den Ort besetzen. Die Sieger sollen gnädig gewesen sein, da sie die „Tor"-heit der Arnsberger erheiterte.

Böhming

Wenn einer vom Himmel fällt, muss er nach Böhming fallen. Mit diesem Sprichwort charakterisieren die Böhminger ihre Lage direkt im Untergeschoss des Himmels, wobei sie die Anmut des Ortes in der landschaftlich reizvollen Umgebung meinen.

Römisches Böhming

Unter Kaiser Hadrian wurde an der Furt einer Straße ein Numeruskastell errichtet. Die *numeri* waren die schnelle Eingreiftruppe der Römer innerhalb einer Kohorte. In der ersten Bauphase war es noch mit Erdwall, Graben und Palisaden gesichert. Unklar bleibt, ob in der Nähe damals schon – oder noch – eine keltische Siedlung bestanden hat. Einem Großangriff der Markomannen im Jahr 166 hielt es nicht stand, wurde aber 181 aus Stein wieder errichtet, nachdem die Markomannen besiegt waren. Von dieser Bautätigkeit zeugt eine Bauinschrift, die im Museum auf der Willibaldsburg zu sehen ist.

Doch auch dieses Bauwerk hielt nur bis zum Ansturm der Alemannen 233. Es ist anzunehmen, dass auch hier die Alemannen eine Siedlung gründeten – die Ortsnamensendung auf -ingen legt es nahe.

Bajuwaren, Franken

Im 5. Jh. kamen die Bajuwaren aus Böhmen an die Altmühl, im 8. Jh. siedelten die Franken hier, als Karl der Große sein Reich über halb Europa ausgeweitet hatte. Die Franken nutzten auch die Reste des römischen Wachturms, um daraus einen neuen zu errichten, der wiederum wenig später zum Kirchturm umfunktioniert wurde.

1186 bestätigt Papst Urban II. Besitz des Eichstätters Domkapitels im Ort. Zwischen 1186 und 1196 weihte Bischof Otto die Böhminger Kirche.

St. Johannes

Die Böhminger haben ihre Kirche nicht im Dorf gelassen, oder ihr Dorf nicht um die Kirche errichtet. Der Kirchenbau nutzte schon früh Reste von römischen und fränkischen Bauwerken. Zwischen 1185 und 1196 Johannes dem Täufer geweiht. 1426 wird die Urpfarrei Böhming mit Kipfenberg vereinigt, St. Johannes wird Filiale. Mitte des 15. Jh. entsteht ein Neubau. Aus dieser Zeit stammt der größte Teil der Inneneinrichtung der Kirche.

Die St. Johanneskirche in einer mondlosen Sommernacht, nur die Grablichter spenden warmes Licht.

Um Regelmannsbrunn macht die Altmühl einen kleinen Bogen. In den mit Quellwasser gefüllten Fischbecken warten die bekannten Regelmannsbrunner Forellen auf den Genießer.

Im 17. Jh. wird der Innenraum barockisiert und die Altäre werden geschaffen. Von 1870 bis 1871 wird das Langhaus umgebaut. Das Deckengemälde schuf Alois Süßmeier.

Die Turmscheißer

Der Spitzname der Böhminger steht im krassen Gegensatz zum Sprichwort, das eingangs erwähnt wurde. Die Entstehungsgeschichte hat sich bis heute nicht schlüssig erklären lassen.

Eine Theorie besagt, dass der römische und später fränkische Wachturm bis zur Nutzung als Kirchturm für weniger religiöse Verrichtungen benutzt worden sei, was den an ihm vorbeilaufenden Reisenden olfaktorisch sicher nicht entgangen wäre. In der Tat gab es ja bis ins Mittelalter hinein keine Toiletten, wie wir sie kennen, sondern eben „Kraut und Rüben".

Auf amtlichen Flurkarten war früher der Richtung Kipfenberg gelegene Feuerfelsen als „Scheißfelsen" bezeichnet.

Eine andere Theorie führt die Entstehung des Namens eher auf die massiven Ausscheidungen der Böhminger Bürger zurück.

Vielleicht war auch ein bierseliger frühmittelalterlicher Wettstreit im „Häufchen machen" für den Namen verantwortlich.

Regelmannsbrunn

Der kleine Weiler oberhalb Böhmings wird 1447 erstmals urkundlich erwähnt. 1626 wurde eine Mühle erbaut. Dank der Reinheit einer Karstquelle sind die Regelmannsbrunner Forellen heute gern gesehene Gäste auf den Tellern zuhause und in den Gasthäusern.

Der Kleine Feuerfalter ist mit seinen feuerroten Flügeln besonders im leuchtenden Grün des Frühsommers eine auffällige Erscheinung. Die Raupe des kleinen Falters, der mit den Bläulingen verwandt ist, frisst an Sauerampfer und Dost.

Neben dem Gasthaus „Zum Limes" glüht die Roßkastanie mit dem Sonnenuntergang um die Wette.

Kipfenberg

Die ersten Menschen siedelten, wenn auch nur vorübergehend, während der Steinzeit hier, nach der letzten Eiszeit. Riesige Tierherden lockten die Menschen in diese Gebiete, und sie zogen ihnen als Nomaden hinterher. Aus der Bronzezeit (1800-1200 v. Chr.) ist im Stadtgebiet ein Hockergrab mit den Skelettresten eines jungen Mannes und ein Bronzedolch ausgegraben worden.

Während der Urnenfelderzeit (1200-800 v. Chr.) scheint der Ort länger besiedelt gewesen zu sein. In einem Hügelgrab in der Nähe des Limes fand man 19 Armreife, Fibeln und Ringe aus Bronze sowie einen Ring, eine Trense und ein Messer aus Eisen.

Seit der frühkeltischen Zeit (800 v. Chr.) scheint durchgehend ein Ort bestanden zu haben. Dafür spricht auch die Bezeichnung Michelsberg, die fast immer auf eine keltische Fliehburg hinweist. Auch hier hat man ein keltisches Oppidum – eine Befestigung – nachweisen können. Von den zahlreichen Funden ist die Ringperle aus Bernstein zu erwähnen, die um 600-450 v. Chr. datiert und frühe Handelsbeziehungen der Kelten bis ins Baltikum aufdeckt.

Römer, Franken, Bajuwaren

Die Römer planten und bauten ihren Limes genau durch Kipfenberg, das damals wahrscheinlich als Siedlung bestanden hat. Auf dem Michelsberg hat man einen Keller römischer Bauart gefunden. Ansonsten sind – neben Münzfunden – aus der römischen Zeit nur Limes und Wachturmreste übrig geblieben. Spannender wird es in der Geschichte Kipfenbergs, als die Alemannen die Römer vertrieben hatten.

Ein auf dem Areal des heutigen Industriegeländes gelegenes Reihengräberfeld konnte relativ gut erfasst werden. Mehr als 100 Gräber wurden registriert. Davon war nur ein kleiner Teil alemannischer Herkunft, im größten Teil lagen Bajuwaren zur ewigen Ruhe. 63 Gräber enthielten Beigaben. Eine solch große Anlage setzt auch eine entsprechende Besiedlung voraus.

Geografischer Mittelpunkt Bayerns.

Nachdem Bonifatius vergeblich versucht hatte, die bayerische und fränkische Kirche zu einen, verlief das fränkische Kaiserreich um das Bistum Eichstätt herum. Vermutlich ließen die Bischöfe von Eichstätt daher auch die Fluchtburg auf dem Michelsberg im 10. Jh. verstärken. Im 11. Jh. gesellt sich ein für diese Zeit typischer Buckelquaderturm zu den Wehrbauten auf dem Michelsberg, wenig später dürfte die erste Burg als Sitz eines Ortsadels entstanden sein.

Burg, Pest und bestes Bier

Im 12. Jh. wird die Burg Kipfenberg erbaut, 1266 erscheint der Name Kipfenberg erstmals in den schriftlichen Urkunden. In dieser Zeit wird der Ort auch ummauert, mit Türmen und zwei Toren versehen. Als Adelsgeschlecht sind nur die Ritter von Struma (lat. „Kropf") greifbar, die ihren Besitz 1301 an den Bischof von Eichstätt verkaufen. 1304 verleiht Kaiser Albrecht die niedere Gerichtsbarkeit über Burg und Burgflecken dem jeweiligen Rechtspfleger.

Der Ort erreichte Mitte des 14. Jh. erstmals die Grenzen seines Wachstums innerhalb der Stadtmauern. Von 1337 bis 1348 brach wegen der mangelnden hygienischen Verhältnisse die Pest aus. 1352 wird Kipfenberg erstmals als Markt bezeichnet.

Im 14. Jh. kommen die Bierbrauereien zur Blüte. Kipfenberg zählt allein sechs. Ein Sprichwort entsteht, das besagt: *In Eichstätt bekommt man das beste Brot, in Beilngries das beste Fleisch, und in Kipfenberg das beste Bier.*

Während es in Eichstätt noch Bäcker, in Beilngries noch Metzger gibt, schloss die letzte Brauerei in Kipfenberg bei Ausbruch des Ersten Weltkriegs 1914. Zwischen 1458 und 1480 wird die erste Pfarrkirche Kipfenbergs auf dem Geißberg errichtet.

Bauern, Krieg und Einsiedelei

Aufrührerische Bauern zünden einen bischöflichen Wald nahe Kipfenberg an. Der Ort kommt somit glimpflich um den Bauernaufstand 1525 herum. 1547 wird Georg Pauer als erster Schulmeister genannt. 1551 legt der Kipfenberger Pfarrer ein Taufbuch an.

Das Kipfenberger Taufbuch ist das älteste der Diözese Eichstätt.

1601 erstmalige Erwähnung der Kapelle auf dem Michelsberg. 1624-1647 wird die Pfarrkirche St. Georg neu erbaut. 1634 brennen die durchziehenden Schweden den Pfarrhof nieder. Anfang des 18. Jh. wird auch in Kipfenberg auf Geheiß des Eichstätter Bischofs Johann Anton Knebel von Katzenellenbogen erfolglos nach Gold und Silber gegraben.

1796 erhält der Eichstätter Schuhmachersohn Georg Hörmann die Genehmigung, auf dem Michelsberg eine Einsiedelei zu erbauen. 1819 stirbt Johann Drexler als letzter Eremit. Haus und Kapelle werden abgebrochen.

Nach der Säkularisation vom 15. Februar 1803 kommt Kipfenberg an das neu gegründete Fürstentum Salzburg-Toskana. Doch dieser Kleinstaat wird schon 1806 wieder aufgelöst und Kipfenberg kommt endgültig an das Königreich Bayern. Zwischen 1817 und 1855 gehört Kipfenberg zur Leuchtenbergschen Herrschaft.

Pfarrkirche Mariä Himmelfahrt (links) mit reicher Rokoko-Ausstattung (oben).

Letzte Hinrichtung

Am 29. Mai 1826 wurden die letzten beiden Verurteilten auf dem Richtplatz öffentlich durch das Schwert gerichtet. Zum Tode verurteilt waren der Schneider Joseph Reichenstätter und die Dachdeckersfrau Anna Braun. Beide sollen in einem ehebrecherischen Verhältnis gelebt haben. Darüber hinaus soll Anna Braun den Geliebten dazu verleitet haben, ihren Ehemann zu ermorden. Vor der Hinrichtung wurde Anna Braun noch für eine halbe Stunde an den Pranger gestellt. Etwa 3.000 Menschen haben an dieser letzten Hinrichtung als Zuschauer teilgenommen.

Dampfross und elektrisch Licht

1898 wird die erste Schmalspurbahn eröffnet, 1932 erfolgt dann der Ausbau auf Normalspur. Die ersten elektrischen Glühbirnen leuchten ab 1921 in Kipfenberg, Wasser aus der Leitung erhalten die Bürger bereits seit 1904. Im Jahr 1960 wird der Personenverkehr eingestellt, 1972 kommt Kipfenberg von Mittelfranken an Oberbayern.

Grösdorf

Grösdorf mit St. Martin in der grünen Altmühlaue.

Im 8. Jh. soll Grösdorf die Grenze zwischen Franken und dem Bistum Eichstätt markiert haben. Der Umstand, dass Grösdorf trotz der relativen Nähe zu Kipfenberg früher eigenständige Pfarrei war, bestätigt dies indirekt. Zwei Ortsteile liegen vis-á-vis der Altmühl: Grösdorf am rechten Ufer und Englgrösdorf mit den beiden Gotteshäusern am linken. In fränkischer Zeit sind Ortsnamen mit „Engel" oft mit Frauenklöstern assoziiert.

910 tauschen Bischof Erchinbald und der Edle Dioker in *Gredestorf* Güter, was König Ludwig VI. urkundlich bestätigt. Später sind die Grafen von Hirschberg im Besitz Grösdorfs. Bertha von Kropf und Flügelingen schenkt 1270 Güter in Grösdorf an den Deutschen Orden, damit dieser *besser mit Wein und Fisch versorgt* werden konnte. Mit dem Aussterben der Grafen von Hirschberg kommt Grösdorf 1305 an den Bischof von Eichstätt. In Grösdorf gab es drei Mühlen, an die heute nur noch ein kleines Mühlrad an der Karstquelle „Grüner Topf" erinnert. Vermutlich entstand dieser Ortsteil erst nach der Angliederung ans Bistum Eichstätt und mit dem Bau der Mühlen.

Hinter hohen Bäumen versteckt liegt das Schlösschen des Malers C. O. Müller, der auch „Cézanne vom Altmühltal" genannt wurde und 1970 verstarb. Ein Teil seines Œuvres ist in der C.O.Müller-Galerie in Eichstätt zu sehen.

St. Martin

Der fränkische Lieblingsheilige ist oft Namenspatron sehr früh errichteter Kirchen. Doch die Ursprünge des Grösdorfer Kirchleins bleiben im Dunkeln. Namenspatron, Ortsname sowie erste Nennung im 9. Jh. lassen auf eine fränkische Gründung schließen. Die zweite Kirche entstand ab 1464, früher befand sich das Wappen von Bischof Wilhelm von Reichenau unter der Empore. Zwischen 1458 und 1480 wurde St. Martin vom Pfarrer in Ilbling mitversorgt. 1539 wird die Salvator-Kapelle im Pfarrbuch erstmals erwähnt. Von Generalvikar Priefer ist überliefert, dass 1601 das Patronizium von Salvator am Freitag nach der Osteroktav – am Fest der Waffen Christi – gefeiert wurde. Nach einem weiteren Umbau oder Aufbau wird die Kirche am 10. November 1630 von Weihbischof Rösch aus Eichstätt geweiht. Wahrscheinlich war dies durch Schändung oder Plünderung in den ersten Kriegsjahren des 30-jährigen Krieges nötig geworden. 1861 bekommt die Kirche neue Altäre.

Die auf dem Schwein reiten

Der alte Spitzname der Grösdorfer ist „Zuchtlreiter". Zuchtl ist das weibliche Hausschwein, wenn es erwachsen ist. Der Sage nach sollen die Grösdorfer, die früher öfter durch Hochwasser von Kipfenberg und dem Rest der Welt abgetrennt wurden, hoch zu Schwein und trockenen Fußes den Nachbarort angesteuert haben.

Gut möglich, dass bei einer Schlachtung während eines Hochwassers das Schwein entkommen konnte, mit dem Bauern im Genick. Ein solches Bild – von Leuten aus dem Nachbarort gesehen – reichte oftmals aus, um in der fernsehlosen Zeit zum Gespött zu werden, beziehungsweise einen Spitznamen zu bekommen.

Das Mühlrad am „Grünen Topf".

Burg Kipfenberg

Weder sind die Anfänge der Burg überliefert noch ein namentlich erwähnter, frühmittelalterlicher Ortsadel. So nimmt man für die Gründung der Burg das 12. Jh. an, eine Zeit, in der überall im Land Höhenburgen wie diese entstanden. Die einzigen Adeligen auf der Burg scheinen die Ritter von Struma (lat. „Kropf") gewesen zu sein. Diese hatten ihren Stammsitz in Emetzheim bei Weißenburg und sind dort 1187 erstmals urkundlich erwähnt. 1270 verschenkt Bertha von Struma und Flügelingen Güter in Grönsdorf an den Deutschen Orden. Am 11. und 15. September 1301 verkauft Ritter Konrad Kropf II. den Stammsitz der Familie an den Eichstätter Bischof Konrad II. von Pfeffenhausen. Im 14., 16. und 17. Jh. wird die Burg mehrfach umgebaut, erweitert und verstärkt. So übersteht sie unbeschadet den Bauernaufstand von 1525 und den 30-jährigen Krieg 1618-1648.

In der ersten Urkunde, die Kipfenberg als Markt nennt, hat die Stadt einen Kipfstuhl im Wappen, der im Wappen der Crophonen – derer von Kropf oder Struma – fehlt. Der Kipfstuhl ist Teil eines Leiterwagens. Über der beweglichen Vorderachse kam dieses Querholz zum Einsatz, um die Kipfen aufzunehmen, zwei schräg nach oben stehende Verlängerungen, an denen die Bordwände oder Leitern festgemacht wurden. Heute bezeichnet man die Kipfen oft als Rungen.

Mit der Säkularisation geht die Burg in Staatsbesitz über, wird jedoch noch im selben Jahr an Privat verkauft. Viel wert scheint die Ruine nicht mehr gewesen zu sein. 1895 kauft Franz Xaver Häusler die Reste der Burg dem Postboten Schiedermeyer ab. Die Berliner Apothekerswitwe Anna Taeschner kauft 1914 wiederum die Ruine und beginnt mit Wiederaufbau und Renovierung. In zehnjähriger Bauzeit entsteht die heute noch vorhandene Burg. 1985 gab es wieder einen Besitzerwechsel. 1999 eröffneten in einem ehemaligen Wirtschaftsgebäude das Römer- und Bajuwarenmuseum mit dem Kipfenberger Heimatmuseum.

Der erste Bajuware - in der Rekonstruktion der Grabkammer im Museum.

Römer- & Bajuwarenmuseum

Das Museum hat erst vor wenigen Jahren seine Pforten geöffnet und hat noch immer den Elan der Gründungszeit. Der laufende Betrieb muss ohne öffentliche Gelder auskommen und selbst erwirtschaftet werden. Dabei ist dieses Museum der lebende Beweis dafür, dass diese Art der Museumsführung nicht unbedingt negative Auswirkungen auf die Qualität der Ausstellungen haben muss.

Anlass der Museumsgründung und Prunkstück der Ausstellung ist das Grab des ersten Bajuwaren, das 1990 bei Kemathen ausgegraben wurde. Umfassend werden die noch relativ neuen Theorien zur Ausbreitung der Bajuwaren an der Altmühl dargestellt. Hier beschränkt sich das Museum wohltuend auf die nähere Region, so dass alle Ortsangaben fassbar bleiben und der Besucher die Möglichkeit hat, die Orte des Geschehens aufzusuchen.

Beginnend mit der Römerzeit ist die Geschichte des frühen Mittelalters gut sortiert dargestellt, mit Hauptthemen wie z.B. der Völkerwanderung. Aber auch die Ortsgeschichte findet mit dem ehemaligen Heimatmuseum aus dem Rathaus Kipfenberg ihren Platz im Museum.

Besonders interessant dürften die aktuellen Sonderaustellungen und die vielen Mitmachangebote sein. So ist z.B. im Keller des Museums ein eigener Kindergeburtstagsraum eingerichtet. Für Touristen steht er bei Terminfreiheit sogar kurzfristig zur Verfügung.

Kemathen

Der kleine Weiler wird 1412 erstmals urkundlich erwähnt. Davor soll der Ort *Komorn* geheißen haben. Seine Bewohner gingen der Fischerei auf der Altmühl nach, was damals noch ein Beruf war. Zu Zeiten der Fürstbischöfe von Eichstätt ist Kemathen als einziger Ort vermerkt, in dem Tabak angebaut wurde.

Herz-Jesu-Kapelle

Um 1700 wurde an der Hauptstraße eine Kapelle erbaut. Als um 1819, nach der Säkularisation, die Kirche auf dem nahe gelegenen Michelsberg abgebrochen wurde, erweiterten die Kemather gerade ihre Kapelle zur Ortskapelle. Da kamen die Materialien der abgebrochenen Kirche gerade recht. So bekam die Kemather Kapelle Dachreiter mitsamt Glocke. Die kleine Glocke hatte die Inschrift: *Anno 1692 goß mich Wolff Hyroniemus Herold*. Wegen eines Sprungs musste die Glocke später umgegossen werden. Die alte Kapelle wurde 1966 abgebrochen und 1967 durch eine Kapelle zur Heiligen Familie im Ort ersetzt.

Der erste Bayer

In einem Hamburger Nachrichtenmagazin war einmal zu lesen, die Bayern seien *Nachkommen syrischer Teppichhändler*. Dass dem nicht so ist, konnten 1990 Archäologen unter der Leitung von Dr. Karl Heinz Richter beweisen.

Bei einer Notgrabung im Zuge eines Straßenneubaus stießen sie auf Kemathener Markung auf das Skelett des „ersten Bajuwaren".

Der Krieger aus dem frühen 5. Jh. lag in einem reich ausgeschmückten Grab. Die Rekonstruktion des Grabes ist die Hauptattraktion des Bajuwaren- und Römermuseums auf Burg Kipfenberg.

Standbild des ersten Bajuwaren, den man bei Kemathen ausgegraben hat (oben). Das ehemalige Fischerdorf hält respektierlich seinen Abstand zur Altmühl (unten).

Ilbling

Am Fuße des Altmühlhanges reiht sich Ilbling entlang des Flußes auf, der hier schon eine beachtliche Größe erreicht.

Auch wenn erst 1129 erstmals Ortsadelige genannt werden, ist der Ort unschwer als bajuwarische Gründung anzusprechen. Auch der Fund des ersten Bajuwaren ganz in der Nähe, der um 450 hier gelebt hat, lässt die Vermutung zu, dass die Siedlung spätestens seit dieser Zeit existiert hat.

Ilbling ist im frühen Mittelalter an seiner Lage zwischen Kipfenberg und Kinding erstarkt, 1476 bekam es eine eigene Pfarrei.

Mit dem Wagen ins Jenseits

Aus einer anderen Zeit stammt das Gräberfeld, das beim Bau der ICE-Trasse aufgedeckt wurde. In einer Notgrabung konnten wertvolle und außergewöhnliche Beigaben sichergestellt werden. Die Gräber stammen aus der Hallstattzeit, sind keltischen Ursprungs.

Besonders ein Riesengrabhügel mit 36 m Durchmesser, der zu den größten Grabhügeln Bayerns aus dieser Zeit zählt, interessierte die Archäologen. Unter dem Hügel kam eine 11,8 x 11,6 m große rechteckige Steinpackung zu Tage, etwa 1,5 m hoch. Unter der völlig zerdrückten Holzdecke fanden sich Beigaben in ungewöhnlich gutem Zustand. Darunter zwei vollständige Radreifen sowie Fragmente von zwei weiteren Reifen mit profilierten Nabenbeschlägen; ein vierspeichiges Tonrädchen; eine Tonhand; ein Tonschild. Zu den beiden letzten Funden gibt es bisher keinerlei Vergleichsmaterial.

Blick von der Altmühlbrücke in Ilbling zurück auf Kemathen.

Kinding

Im Jahr 900 tauscht Bischof Tuto von Regensburg Güter in Kinding und Enkering, beides alemannische Gründungen, die im späten 5. Jh. von Bajuwaren übernommen worden waren.

Auch wenn ein Ortsadel erst 1140 nachweisbar ist, kann man annehmen, dass schon vorher eine Turmhügelburg an Stelle der Kirche gestanden hat. Vielerorts üblich waren im 13. und 14. Jh. die Nutzung des Burgturms als Kirchenturm und die damit verbundene Auflösung des Ritterwohnsitzes und der Umbau in ein Gotteshaus. Der Ritterstand sank zu dieser Zeit in die Bedeutungslosigkeit, da die Herrschaft einfache Verwalter mit der Überwachung ihres Besitzes beauftragte. Viele Ritter versuchten ihr Glück daraufhin in den zahlreichen Schlachten im Dienste eines gut zahlenden Herrn, andere wurden Kirchenleute und wieder andere wurden – der Not folgend – zu Raubrittern.

Um 1280 gehört Kinding teilweise zum Herzogtum Bayern, 1310 haben die Schenken von Geyern bayerische Lehen in Kinding in ihrem Besitz. Die Kindinger Priesterweihe setzt 1427 ein, 1474 wird die Michaelskapelle geweiht, 1480 besteht eine eigene Pfarrei mit Kooperator.

Wehrkirche Mariä Geburt

Die Kindinger Wehrkirche ist eine der wenigen erhalten gebliebenen Wehrkirchen mit geschlossener Ummauerung – geteilt in einen inneren und einen äußeren Bereich – und mit drei Wehrtürmen.

Das Untergeschoss des Kirchturmes ist noch romanischen Ursprungs, das Langhaus könnte in weiten Teilen aus dem Weihejahr 1357 stammen. Im Jahr 1687 wurden, aus Einträgen in der Heiligenrechnung des Amtes Hirschberg zu schließen, Turm und Kirchendach repariert. Vermutlich machten die Auseinandersetzungen des 30-jährigen Krieges diese Reparaturen nötig. 1688 bekommt die Kirche eine holzgetäfelte Decke, für die der Schreiner Adam Pez 60 geschnittene Rosen liefert, und Kaspar Köll aus Kipfenberg die Malerarbeiten an Decke und Empore übernimmt. Diese Holzkassettendecke wurde 1792 bei erneuten Renovierungsarbeiten durch die heutige schlichte Decke ersetzt. In der Sakristei hat sich eine ähnliche Deckenausführung erhalten.

Immer wieder wurde die Wehranlage ausgebaut, gut ablesbar an den verschiedenen Stilen der drei Mauertürme. Das Langhaus wurde 1902 nach Westen verlängert.

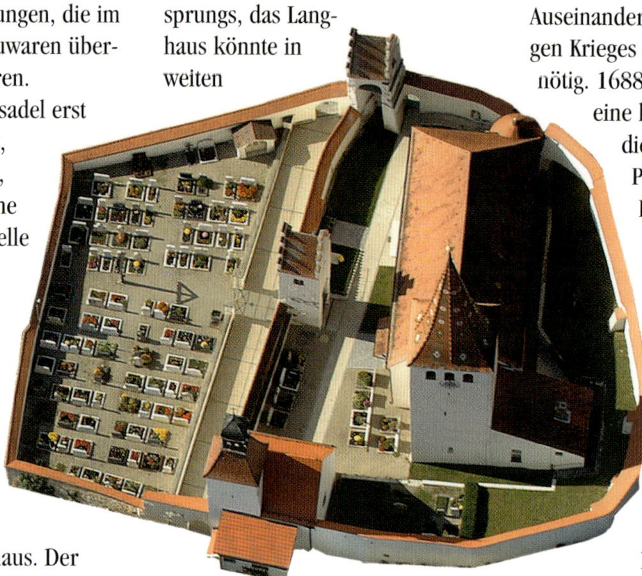

Die Wehrkirche Mariä Geburt ist noch heute eine in sich geschlossene Anlage (oben). Kinding hat darüberhinaus aber noch weitere nette Winkel zu bieten (unten).

Kelten-Lehrpfad

Auf dem Schellenberg liegt eine ehemalige keltische Fliehburg. Hier wurde ein ganzjährig begehbarer Lehrpfad eingerichtet, der über die Kelten bei Kinding unterrichtet. Für die 1,4 km lange Strecke sind etwa 45 Minuten einzuplanen.

Alte Brücke

Die alte Steinbogenbrücke (rechts) von Kinding führt nur noch über Altarme der Altmühl und ein Meer von Rohrglanzgras, doch bei jedem Hochwasser erfüllt sie wieder ihren Zweck.

Bootstouren

Ein ganz besonderes Erlebnis ist eine Bootstour auf der Altmühl. Außer an den Wehren gibt es auf der Altmühl, Bayerns langsamstem Fluss, keine gefährlichen Stellen. Man kann sich also auch als Anfänger in das Abenteuer Bootsfahrt begeben. Schwimmwesten sollten allerdings für alle an Bord zur Grundausstattung gehören.

Von der Tour mit dem eigenen Kanu am Nachmittag, über mehrtägige Bootswanderungen bis hin zum pauschal gebuchten Bootsurlaub sind auch hier die Möglichkeiten vielfältig. Die Altmühl kann von Gunzenhausen bis Kelheim befahren werden, wobei die letzten 31 km zwischen Dietfurt und Kelheim auf dem Rhein-Main-Donau-Kanal zurückzulegen sind, der nur für geübte Paddler geeignet ist, da man sich hier an das internationale Schifffahrtsrecht halten muss.

Bootstouren sind gerade für Familien ein wunderbarer Urlaub mit Zelt und Lagerfeuer, und immer ganz nah am Wasser. Ungeübte schaffen eine Strecke von 10-20 km am Tag. Boote können direkt an der Altmühl geliehen werden, die Verleiher übernehmen in der Regel auch den An- und Abtransport, so dass man „rundum sorglos" seine Bootstour planen kann. An den Wehren weisen Schilder den Weg um die Gefahrenstellen. Keinesfalls sollte man Warnhinweise ignorieren: Es besteht Lebensgefahr!

Möglich sind Bootstouren zwischen Mai und Oktober, wobei nach regenarmen Zeiten der Pegel im Sommer zu niedrig sein kann. Zahlreiche Bootscampingplätze liegen am Weg und erleichtern die Tourenplanung.

Bootsrastplatz Treuchtlingen
Zeltplatz für Einzelreisende, Familien und Gruppen. Etwa 2.000 m² großes Gelände mit Feuerstelle und kostenlosen Sanitäreinrichtungen. Je 2,00 € pro Person und Zelt. Infotelefon: (09142) 8724

Bootsrastplatz Solnhofen
Zeltplatz für Einzelreisende, Familien und Gruppen. Etwa 500 m² großes Gelände mit Feuerstelle und Toiletten. 3,50 € für Erwachsene und 2,00 € für Kinder. Infotelefon: (09145) 235 oder (0821) 375 15

Bootsrastplatz Mörnsheim
Dieser bei der Hammermühle gelegene Platz ist der größte seiner Art an der Altmühl. Für Gruppen ab 10 Personen gilt die Sonderregelung: Übernachtungen nur nach Vorreservierung beim Infozentrum Naturpark Altmühltal (Eichstätt oder Treuchtlingen). Zeltplatz für Einzelreisende, Familien und Gruppen. Etwa 1.600 m² für Einzelreisende und 5.400 m² für Gruppen; mit Feuerstelle (Holz selbst mitbringen), Unterstellhütte und Toiletten. 3,00 € pro Zelt und Nacht für Einzelreisende und Familien sowie 1,00 € pro Person bei Gruppen. Maximale Aufenthaltsdauer zwei Tage, Abreise bis 12:00 Uhr

Bootsrastplatz Hagenacker
Zeltmöglichkeiten für Einzelreisende, Familien und Gruppen. Für Gruppen ab 10 Personen gilt die Sonderregelung: Übernachtungen nur nach Vorreservierung beim Infozentrum Naturpark Altmühltal (Eichstätt oder Treuchtlingen). Etwa 1.300 m² für Einzelreisende und 500 m² für Gruppen; mit Feuerstelle (Holz selbst mitbringen) und Toiletten. 3,00 € pro Zelt und Nacht für Einzelreisende und Familien sowie 1,00 € pro Person bei Gruppen. Maximale Aufenthaltsdauer zwei Tage, Abreise bis 12:00 Uhr

Bootsrastplatz Eichstätt
Zeltmöglichkeiten für Einzelreisende, Familien und Gruppen, Wohnmobilstellplatz. Etwa 600 m² für Zelte und 600 m² für Wohnmobile. Feuerstelle, Sanitäreinrichtungen und Toiletten. Werktags Bäcker- und Frühstücksservice ab 8:00 Uhr. 6,00 € pro Zelt und Nacht für Einzelreisende und Familien sowie 24,00 € für Gruppen bis 10 Personen, Küchen- und Versorgungszelte zusätzlich je 9,00 €, Wohnmobile

Bei Kinding bekommt die Altmühl – von Links kommend – Verstärkung (oben): Anlauter und Schwarzach sind zwei wasserreiche Bäche mit glasklarem kalten Wasser und sehr forellenreich.

6,00 €. Maximale Aufenthaltsdauer zwei Tage, Wohnmobile acht Tage. Infotelefon: (08421) 90 81 47

Bootsrastplatz Inching
Zeltmöglichkeiten für Einzelreisende, Familien und Gruppen. Etwa 1.000 m^2 großes Gelände mit Feuerstelle (Holz selbst mitbringen) und Toiletten. 3,00 € pro Zelt und Nacht. Maximal zwei Nächte. Infotelefon: (08421) 98 76 -0

Bootsrastplatz Gungolding
Zeltmöglichkeiten für Einzelreisende, Familien und Gruppen. Für Gruppen ab 10 Personen gilt die Sonderregelung: Übernachtungen nur nach Vorreservierungen beim Infozentrum Naturpark Altmühltal (Eichstätt oder Treuchtlingen). Etwa 1.300 m^2 großes Gelände mit Feuerstelle (Holz selbst mitbringen) und Toiletten. 3,00 € pro Zelt und Nacht für Einzelreisende und Familien, Gruppen ab 10 Personen zahlen 1,00 € pro Nacht und Person. Maximal zwei Nächte

Bootsrastplatz Ilbling
Zeltmöglichkeiten für Einzelreisende, Familien und Gruppen. Für Gruppen ab 10 Personen gilt die Sonderregelung: Übernachtungen nur nach Vorreservierung beim Infozentrum Naturpark Altmühltal (Eichstätt oder Treuchtlingen). Ca. 420 m^2 großes Gelände mit Feuerstelle (Holz selbst mitbringen), Unterstellhütte und Toiletten. 3,00 € pro Zelt und Nacht für Einzelreisende und Familien, Gruppen ab 10 Personen zahlen 1,00 € pro Nacht und Person. Maximal zwei Nächte, Abreise bis 12:00 Uhr

Bootsrastplatz Kinding
Zeltmöglichkeiten für Einzelreisende, Familien und Gruppen. Etwa 600 m^2 großes Gelände mit Feuerstelle (Holz selbst mitbringen) und Toiletten. 3,00 € pro Zelt und Nacht. Maximal zwei Nächte. Infotelefon: (08421) 98 76 -0

Bis zur Mündung der Altmühl in den Kanal ist es nun nicht mehr weit: eine bequeme Tagestour vorbei an Beilngries bis Dietfurt. Wer die ganze Strecke bis Kelheim befahren möchte, muss sich vom Kanal an selbst um Übernachtungsmöglichkeiten kümmern.

Bei der Natur zu Gast
Wer sich mit dem Boot der Altmühl nähert, ist mit Sicherheit am nächsten dran an der Natur. Beobachtungen von Wasseramsel, Eisvogel und bunten Libellen stehen auf der Tagesordnung. Damit das lange so bleibt, sollte sich jeder rücksichtsvoll Verhalten, meist auf der Flussmitte paddeln, nicht lärmen und Grundberührungen vermeiden; zum Feuer machen nur die ausgewiesenen Plätze benutzen.

Kratzmühle

Die Mühle wird 895 erstmals als *Chratzhusen di müle* genannt. Anscheinend haben zu dieser Zeit neben der Mühle noch weitere Häuser gestanden, die Kratzhausen genannt wurden. Vermutlich im 30-jährigen Krieg wurde der zu Eichstätt gehörende Weiler niedergebrannt und später nur die Mühle wieder aufgebaut.

Freizeitzentrum Kratzmühle
Sobald die Temperaturen über 25°C steigen, füllt sich der große Parkplatz am Freizeitzentrum Kratzmühle. Ein 15 Hektar großer See lockt mit Badeeinrichtungen, grünen Ufern und weiten Liegeweisen. Der Reiz der Anlage liegt sicher in der natürlich wirkenden Kulisse, sowie dem Gefühl „ganz weit draußen" zu sein, fernab von jeglicher städtischen Hektik.

Technikmuseum Kratzmühle
Seit dem Altertum ist der Mensch unermüdlich dabei, Maschinen zu erfinden, die ihm die Arbeit erleichtern. Dabei schreitet die Geschichte der Technik immer schneller voran; was vor nur 20 Jahren noch Neu war, wird heute mitunter belächelt. Technisches Gerät, das noch wesentlich älter ist, droht heute aus dem Wissen der Menschheit verdrängt zu werden: Namen und Funktionsweisen gehen langsam verloren oder sterben mit den letzten „Alten" aus. Im Technikmuseum haben einige dieser Erfindungen aus Haushalt, Handwerk, Landwirtschaft und Verkehr überlebt. Der Kulturhistorische Verein stellt heimatbezogene Technik den globalen Nachfolgemodellen gegenüber und bietet Technik zum Anschauen, Anfassen.

Spielzeugmuseum Kratzmühle
Das Museum zeigt eine Umfangreiche Sammlung an altem Spielzeug, darunter Zinnfiguren, Puppenküchen, funktionsfähige Dampfmaschinenmodelle, Blechspielzeug oder einzigartige Prototypen und Handmuster. Das Museum befindet sich heute als „Figuren- und Spielzeugmuseum" in Beilngries.

Badanhausen
Der Ort wird 1407 erstmals von Kirchanhausen unterschieden. Vermutlich hat sich um das Badhaus der Anhäuser eine Siedlung gebildet, so dass im 15. Jh. eine Unterscheidung der beiden Orte notwendig wurde.

Ein Backofen aus dem Ort ist in das fränkische Freilichtmuseum in Bad Windsheim gebracht worden.

Eine alte Planierraupe macht schon von weitem auf das Technikmuseum aufmerksam.

Kirchanhausen

Aus einem ehemaligen Kloster vermutlich fränkischer Gründung hervorgegangen, wird die Abtei in *Aohusun* 768 erstmals urkundlich erwähnt. Im ganzen Land sind Anhausen-Orte zu finden, die allesamt eine klösterliche Geschichte haben. Oft liegen diese Siedlungen an einem schon früh durch die Franken besiedelten Fluss, z. B. an Wörnitz, Jagst oder Bühler. Auch findet sich immer ein fränkischer Königshof in der Nähe.

Durch eine Schenkung König Arnulfs kommt die Abtei Anhausen 895 in den Besitz Eichstätts. Neben dem Kloster kommen auch das Dorf und die Kratzmühle – *Chratzhusen di müle* – an das Bistum Eichstätt. Bischof Erchanbald, auf dessen Betreiben auch schon Herrieden eichstättisch wurde, hob wenig später das Kloster auf. König Ludwig bestätigt 910 einen Gütertausch Anhausen betreffend. 1188 gibt Bischof Otto Güter in Anhausen an das Domkapitel Eichstätt. Die Priesterweihe beginnt 1305. Aus dieser Zeit dürften auch die ältesten erhaltenen Bauteile der Kirche stammen.

In wohltuend schlichtem Weiß präsentiert sich das Anhausener Gotteshaus.

Mariä Opferung

Die neugotische Kirche in ihrer exponierten Lage ist recht imposant. Das schlichte Weiß hebt sich wohltuend von den im Altmühltal überwiegend gelb-weißen Barockkirchen ab.

Beilngries

Die moderne Pfarrkirche St. Walburga ist der Mittelpunkt der Innenstadt von Beilngries.

Die beiden Beile im Wappen der Stadt, die dort seit 1406 zu finden sind, haben mit der Entstehung von Beilngries nichts gemein, sie sind eine grafische Umsetzung des Namens. Der Ort selbst dürfte von einem fränkischen Grundherrn mit Namen Bilo gegründet worden sein, an einer Stelle, an der die Altmühl damals auffällig große Schotterflächen aufhäufte. So ist Beilngries die Kurzform von *Siedlung des Bilo an der Stelle mit dem vielen Geröll an der Altmühl.*

Schneller Aufstieg

Ein fränkischer Königshof und dessen Meierhof bildeten im 8. Jh. die Keimzelle des Ortes. Später wurde der Meierhof geteilt in die vier noch nachweisbaren Höfe der Hafnerbauern, Ochsenbauern, Sandbauern und Strohbauern. Früh übten die Eichstätter Fürstbischöfe hier ihren Einfluss aus, und Beilngries konnte sich erst nach Ende der napoleonischen Kriege in eine selbstständige Zukunft begeben.

Die erste urkundliche Erwähnung von *Bilingriez* findet sich am 1. November 1007. Schon wenige Jahre später beantragt der Eichstätter Bischof Graf von Calw, der spätere Papst Viktor II., bei Kaiser Heinrich III. das Marktrecht für seine Siedlung. 1053 werden Markt- und Zollrecht an Beilngries verliehen. Dies setzt eine größere Siedlung voraus, die sich aber erst ab dem 15. Jh. Stadt nannte.

Vor 1407 war die Stadt mit Mauer und Graben gesichert, denn für dieses Datum finden sich Hinweise auf einen *Torschmied beim Unteren Tor* und einen *Garten beim oberen Tor*. 1447 wurde folgender Eintrag ins bischöfliche Zinsbüchlein gemacht: *Der Graben um Beilngries gehört den Herren von Eichstätt.*

Die Befestigungen waren offensichtlich so gut ausgeführt, dass sie weder beim Bauernaufstand 1524 noch im Schmalkaldischen Krieg 1546 in Mitleidenschaft gezogen werden konnten.

Stadt-Diplomaten

Die Ratsherren von Beilngries bewiesen im Lauf der Geschichte bei vielen kriegerischen Auseinandersetzungen Verhandlungsgeschick und besonnenen Einsatz der eige-

Beilngries glänzt auch außerhalb des Marktplatzes mit romantischen Gassen, nicht nur in einer Vollmondnacht.

nen Stärke. Besonders stellten sie diese Fähigkeit im 30-jährigen Krieg unter Beweis. Gegen eine 300 Mann starke schwedische Reiterabteilung wehrten sich die Beilngrieser erfolgreich. Als am darauf folgenden Tag Herzog Bernhard von Weimar mit dem ganzen Heere anrückte, übergaben sie die Stadt kampflos. Vorausgegangen waren aber monatelange Verhandlungen mit Bartholome von Zerotin, dem schwedischen Kommandanten im Stift Eichstätt, der von Ornbau aus agierte. Die Beilngrieser waren wohl so geschickte Redner, dass der Stadt die sonst üblichen Strafaktionen erspart blieben. Im Gegenteil: Noch heute wird in Beilngries der königlich-schwedische Schutzbrief aufbewahrt, der *jeglichem Kriegsvolk Brandschatzung und Plünderung* in Beilngries verbot. So überstand die Stadt zwar unbeschadet den Krieg, stand jedoch 1648 bar jeglicher finanziellen Möglichkeiten da.

Kriegs-Unkosten

Kaum hatte sich die Stadt etwas erholt und bescheidenen Wohlstand erreicht, da kamen französische Soldaten und ließen es sich auf Kosten der Stadt gut gehen. Die Stadt hatte nicht nur die Schusterrechnung für 300 Paar neue Soldatenstiefel zu begleichen, sondern auch des Generals Tafelkosten zu übernehmen, die über 7.000 Gulden ausmachten. Hinzu kam noch eine offene Rechnung einer Trinkstube in Eichstätt über 470 Gulden, die die Stadt ebenfalls zu begleichen hatte. Alles in allem musste Beilngries 9.000 Gulden *Französische Kriegs-Unkosten* begleichen, die am 7. August 1802 ins Haushaltsbuch geschrieben wurden. Zum Vergleich: Der Gesamthaushalt der Stadt betrug zu dieser Zeit 1.421 Gulden Einnahmen und 1.450 Gulden Ausgaben.

Der Flurerturm (oben) in der noch größtenteils intakten Stadtmauer von Beilngries ist einer von noch neun Türmen. Der Doppelturm von St. Walburga beherrscht von allen Seiten aus die Stadt (unten).

St. Walburga
Die Stadtkirche geht mindestens auf das Jahr 1308 zurück, in dem eine Kirchweihe in Beilngries stattgefunden hat. Ein Vorgängerbau ist sicher seit dem 9. Jh. denkbar. Der Nordturm trägt noch romanische Züge und stammt im Unterbau aus dem 14. Jh.

Anfang des 20. Jh. erhielt der Münchner Architekt von Spannagel den Auftrag für einen Kirchenneubau. Er löste die Aufgabe in künstlerisch-freier Schöpfung mit Barockanklängen, die zwischen 1911 und 1913 verwirklicht wurde. Die Beilngrieser Kirche gehört zu den schönsten Kirchen des letzten Jahrhunderts. Weitere sehenswerte Kirchen in Beilngries sind die barocke Frauenkirche von 1753 sowie die Friedhofskirche St. Lucia, die im Jahr 1476 geweiht wurde.

Brauereimuseum
Auf dem Weg nach Hirschberg liegt am Ortsrand von Beilngries das Brauereimuseum. Hier werden alte Techniken des Bierbrauens, die Tradition der verschiedenen Biersorten und die Geschichte des Bieres dargestellt. Auch ein Felsenkellerlabyrinth ist zu besichtigen.

Beilngries hat nicht nur ein mittelalterliches Stadtbild zu bieten, sondern auch eine weithin geschätzte Küche.

Zwiebeltreter
Der Beilngrieser Spottname geht auf eine kuriose Geschichte zurück: Als im Lauf der Zeit der Stadtgraben verlandet war, wuchsen dort eigentümliche Pflanzen, die die Ratsherren der Stadt für Zwiebeln hielten. Sie trommelten die Bürger zusammen, die Lauchgewächse umzutreten, damit man sie bald ernten konnte. Die Menschen strömten herbei und bald darauf war der Stadtgraben voll tretenden Volks.

Vorübergehende Fremde besahen belustigt dieses Tun, und weil die Beilngrieser offensichtlich Schilf nicht von Zwiebeln unterscheiden konnten, hatten sie bald in der ganzen Region ihren Namen weg.

Diesem Namen alle Ehre machte nun die Beilngrieserin Angelika Beck mit einem Zwiebelkochbuch, das 75 leckere Zwiebelrezepte enthält.

Beilngries ist nach wie vor ein lebendiges Städtchen mit reicher Renaissance- und Barock-Tradition.

Schloss Hirschberg

Ein Zweig der Grafen von Görling-Dollnstein errichtete im 11. Jh. auf dem Bergsporn über Beilngries eine Burg und nannte sich fortan von Hirschberg. Zwischen 1170 und 1200 wurde die Burg zu einer ausgedehnten Wehranlage ausgebaut. Die Grafen hatten die Schutzvogtei über die Eichstätter Kirche inne und von Kaisershand diese Grafschaft verliehen bekommen. Dies war die größte Burgenanlage im Altmühltal. Besonderheit und noch heute Wahrzeichen der Burg sind die beiden Bergfriede an der Westseite, die mit einer Schildmauer verbunden waren.

Die größte Burganlage an der Altmühl: Schloss Hirschberg. Heute ist das Rokokoschloss Bistumshaus des Bistums Eichstätt. Das Wahrzeichen der Anlage – die beiden Bergfreide – stehen noch heute an der Westseite (unten).

Altmühl-Dynasten

Die Grafen von Hirschberg stammten aus Kärnten und kamen über Freising ins Altmühltal. Die Tochter des Grafen Adalbero (gestorben 969) war mit Babo I. verheiratet. Die Hirschberger gründeten u.a. 1053 das Kloster Weißenlohe, 1129 die Abtei Plankstetten und um diese Zeit auch den Ort Hirschau.

Die Hirschberger waren im 13. Jh. eines der mächtigsten Adelsgeschlechter in Süddeutschland. Mit Gebhard VII. starb das Grafengeschlecht 1305 aus.

Bischofsburg

Nach dem Aussterben der Grafen von Hirschberg 1305 fielen Grafschaft und Burg an das Bistum Eichstätt. Die Bischöfe unternahmen immer wieder Änderungen und Ausbauten, so geht das dreigeschossige Herrenhaus auf Bischof Wilhelm von Reichenau zurück.

Durch Blitzschlag – ein Himmelszeichen? – brannte 1636 die Burg bis auf die Türme, die Kapelle und das Haus des Pflegers nieder. So blieb die Burg wenigstens von Plünderungen im 30-jährigen Krieg verschont. Erst 1670 bekam das Herrenhaus wieder eine Bedachung durch Hofbaumeister Jakob Engel und zwei Erker auf der Talseite. Bischof Franz Ludwig Schenk von Castell ließ dann zwischen 1725 und 1736 von seinem Hofbaudirektor Gabriel di Gabrieli das Schloss umbauen.

Rokoko-Schloss

Unter Bischof Raymond Anton von Stasoldo wurde die Burg entgültig zu einem modernen Rokokoschloss ausgebaut. Dafür mussten das Pflegerhaus und die Schildmauer weichen. In der Mittelachse des Schlosses wurde eine Straße bis in die Jurawälder hinein schnurgerade durch die Felder gezogen. Moritz Pedetti gab dem Bau eine einheitliche Fassadengestaltung.

1803 fiel das Schloss durch Säkularisation an den Großherzog von Toskana, 1806 an den bayerischen Staat. Nach mehrfachem Besitzerwechsel kaufte Bischof Georg von Öttl 1860 das Schloss für das Bischöfliche Seminar.

Kottingwörth

Der Ort dürfte eine spätere Gründung während der mönchischen Expansion im 10. Jh. sein, worauf auch der umfangreiche kirchliche Besitz im Mittelalter hinweist. Der Ort erlebte vom 11. bis 13. Jh. eine Blüte. Die erste Altmühlbrücke in Kottingwörth war ein unverhohlener Nachbau der Regensburger Steinbrücke, die damals als achtes Weltwunder galt. Leider wurde die Altmühlbrücke im Zuge der Regulierung des Flusses abgebrochen, ohne dass man näheres über ihr Entstehungsdatum erfahren hätte.

St. Vitus

Eine doppeltürmige Dorfkirche – wo gibt es denn sowas? In Kottingwörth! St. Vitus geht in seiner Bausubstanz in das 11. Jahrhundert zurück und trägt noch deutlich sichtbare romanische Merkmale. Der Westturm wurde laut Untersuchung eines Deckenbalkens um 1250 erbaut. 1310 wurde das Langhaus erneuert. Aus dieser Zeit stammen auch die wunderschönen Wandmalereien im Turmchor des Ostturmes.

Im 18. Jh. wurde die Kirche abermals zu klein, und der fürstbischöfliche Verwalter stiftete 900 Gulden für einen Neubau. Nach langem Hin und Her entschied man sich für ein nach Norden ausgerichtetes Kirchenschiff, so dass im Süden eine imposante Doppelturmfassade entstand. 1763 wurde die neue Kirche von Fürstbischof Raymond Anton von Strasoldo geweiht.

Der Augsburger Künstler Christian Erhardt schuf 1761 auf Kosten von Pfarrer Frey die großformatigen Fresken des Langhauses, die 1889 restauriert wurden. In extremer Verkürzung bauen die Malereien eine illusionistische Architektur auf.

Vereitelter Glockentransport

Vor einigen Hundert Jahren wollte der Bischof von Eichstätt die große Glocke von St. Vitus für seinen Dom haben. Die Bauern montierten ihre Glocke mit langen Gesichtern ab und überlegten, wie es ihnen gelingen könnte, die Glocke zu behalten. Da war sie auch schon auf einen Wagen geladen und auf dem Weg nach Eichstätt. Kurz hinter dem Ort geht es den Berg hinauf, und sie ließen die Pferde vor dem Anstieg verschnaufen, denn die Räder des Wagens gruben sich unter der Last tief in den Boden. Wie sie in der Sonne über ihre missliche Lage nachdachten, hatte einer der Fuhrleute die Idee: *Lasst uns sagen, die Pferde zogen nicht mehr an vor dem Berg!* Und schnell ging es zurück in den Ort und die Glocke in den Turm hinauf, wo sie heute noch hängt.

St. Vitus mit den zwei Türmen in Kottingwörth, Wehrkirche mit dem schönsten Geläute im Bistum Eichstätt.

700 Jahre Mühle
Die Kottingwörther Mühle wird bereits 1306 erstmals genannt und war damals in bischöflichem Besitz. 1516 war die Mühle kaputt, das Hirschberger Pflegamt lieh dem neuen Besitzer 10 Gulden für die Renovierung, übergab ihm zwei Mühlsteine und half beim Errichten des Scharwerks. Im 30-jährigen Krieg ging die Mühle ab, 1644 wird sie als öde bezeichnet, wurde aber wohl später wieder aufgebaut. 1741 ist sie im Besitz des Klosters Rebdorf, seit der Säkularisation 1802 Privatbesitz. Wirtschaftlicher Höhepunkt waren die 1950er Jahre, als die Mühle zwei Vollgatter betrieb und 20 Menschen Arbeit gab. Heute sind es immerhin noch sechs Arbeiter.

Sauerampfer
Am Arzberg lagen die Kottingwörther Weinberge. Nicht nur als Flurnamen haben die aus wärmeren Zeiten stammenden Rebenplantagen überlebt, es gibt auch urkundliche Belege. So kaufte Bischof Wilhelm von Reichenau 1516 einen zehn Morgen großen Weinberg mit Kelterhaus. Im zunehmend kälteren 17. Jh. machten dann die Frankenweine dem Kottingwörther Sauertropfen den Garaus.

Sühnekreuz
Das in der Ortsmitte von Buchenhecken eingerahmte Sühnekreuz hat die Säuberungsaktion eines Hirschberger Landrichters überstanden. Der Richter wollte die Erinnerung an das – aus seiner Sicht – nicht gerechte Sühneverfahren auslöschen. In der Beilngrieser Chronik ist noch aus dem Jahr 1518 ein Sühneverfahren überliefert. Ullrich Gäßel von Eggersberg hatte Paul Weber aus Unteremmendorf erschlagen. Um dem Halsgericht zu entgehen, musste er ein gesungenes Amt und ein Seelenamt mit einer Vigil aus sechs Priestern lesen lassen und währenddessen – in ein Wollgewand gekleidet – mit zwei Zeugen und einer großen Wachskerze in der Kirche stehen. Danach musste er auf dem Grabe kniend die Familie um Gnade anflehen, in einem Kloster 30 Messen lesen lassen und eine hohe Geldsühne an die Angehörigen zahlen.

Schloss und Kirche in Töging.

Man kann sich denken, dass das Sühneverfahren von dem reicheren Teil der Bevölkerung aus der Taufe gehoben wurde, denn wer nichts hatte, landete eben beim Scharfrichter.

Altmühlregulierung
Anders als in den meisten anderen Gemeinden regte sich in Kottingwörth Widerstand gegen die ab 1923 durchgeführten Regulierungsmaßnahmen an der Altmühl. Und noch heute stellt man sich hier die Frage, ob der Mensch mit seinem Tun nun eine echte Verbesserung gebracht hat. Zwar hatte man die Stauhaltung von 1,09 m auf 1,54 m und damit auch den Durchlauf der Turbine von 4,2 m^3/h auf 8,5 m^3/h erhöht, aber der Lauf der Altmühl wurde zwischen Beilngries und Dietfurt von 11 km auf 9,5 km verkürzt. Das Wasser braucht nun keine 11,5 Stunden mehr, sondern ist bereits in 5 h in Dietfurt. Die dadurch verursachten Hochwasser sind „dank" des RMD-Kanals nun wieder im Griff der Wasserbauingenieure.

Töging
Die Siedlung wurde wahrscheinlich von den aus Osten kommenden Bajuwaren im 5. Jh. gegründet. Die erste urkundliche Erwähnung stammt aus dem Jahr 1057/58. Bischof Gundekar hat auch in Töging zwischen 1057 und 1075 eine Kirche geweiht. Auch in der Wildbannbeschreibung Kaiser Heinrichs IV. wird Töging 1080 erwähnt. Der Name des Ortes wandelte sich im Lauf der Zeit von *Tegeningen*, *Tegningen*, *Deging*, *Teging*, *Tegning* bis zum 1712 eingeführten *Töging*.

Der Ort erlebte die gesamte Entwicklung, die ein kleiner Ort in der Nähe eines größeren macht: anfangs ein ansehnliches Bauerndorf mit Kirche, Schloss und Brauerei. Nachdem der Adel ausgestorben ist, verfällt das Schloss, die Industrialisierung kommt nach Töging. 1840 werden Ziegelsteine in der Ziegelhütte erstellt und über den Ludwigskanal in die weitere Umgebung transportiert. 1909 kommt das Eisenross, aber schon am 1. Juni 1967 ist dieser Teil der Geschichte verdampft, die Schienen werden wieder herausgerissen. 1930 wird der letzte Schlot der Ziegelei gesprengt, und 1996 verläßt die letzte Milchkuh des Ortes ihren Stall. Heute wohnen überwiegend Pendler hier, die ihre Heimat lieben und die Ruhe auf dem Land schätzen.

Dietfurt an der Altmühl

Dietfurt: kleines aber feines Städtchen mit malerischem Charakter und vielen Details, die es zu entdecken gilt.

Hier in Dietfurt siedelten die ersten Menschen während der Steinzeit. Die ältesten Funde von Steinzeitmenschen reichen etwa 80.000 Jahre zurück. Vor 4.000 Jahren gründeten Bauern ein jungsteinzeitliches Dorf bei Griesstetten. Ausgedehnte Grabungen belegen eine kontinuierliche Besiedlung zwischen 1800 und 400 v. Chr. Aus der Hallstattzeit ist eine Siedlung auf Dietfurter Boden bekannt, auch fand man den dazugehörigen Friedhof mit 125 Grablegen. Für die Römerzeit sind kaum Besiedlungsspuren nachgewiesen worden, Dietfurt lag im freien Germanien und wurde wohl weder von Kelten noch Alemannen intensiver genutzt.

Erst ab dem 9. Jh. mehren sich die Funde wieder. Dietfurt wird 1109 erstmals erwähnt, 1304 als Markt bezeichnet und 1416 als Stadt.

Bis 1305 gehörte Dietfurt zur Herrschaft Hirschberg, dann zu Wittelsbach. Auch die Burggrafen von Riedenburg waren hier bis ins 13. Jh. begütert. Mitte des 15. Jh. wurde die Stadt von den Rittern von Wildenstein beherrscht, die Stadtmauer entstand. 1479 wurde das schmucke Rathaus erbaut, 1660 gründete der Franziskanerorden das heute noch bestehende Kloster.

Frauenkirche

Dietfurts erstes Gotteshaus, dessen Erbauungsjahr urkundlich belegt ist. Der Stiftungsbrief datiert vom 5. Mai 1454. Vermutlich erfolgte die Gründung durch Martin I. von Wildenstein. 1460 verlieh Kardinal Bissarion auf Bitten des Ritters der Kirche einen Ablaß. Bis zu seinem Tod im Jahre 1466 vermachte Martin von Wildenstein vielen Kirchen und Klöstern seinen reichen Besitz.

Gässchen entlang der Stadtmauer.

Eine erste Beschreibung der Kirche liefert der Eichstätter Generalvikar Priefer 1602: *Sie besitzt drei Altäre, von denen der Hochaltar schön erhalten ist, ein zweiter ist ebenfalls der seligen Jungfrau Maria geweiht, der dritte ist den 14 Nothelfern geweiht. Hinter der Kirche liegt der Gottesacker, in dem alle Toten von Dietfurt beerdigt werden; er ist jedoch sehr eng. Der Friedhof wurde 1537 geweiht*. Der sehr bunte Hochaltar mit den vier Säulen und der überbordenden Verzierung wurde 1685 von der Bäuerin Anna Hyitnerin aus Premertshofen gestiftet. 1744 beschädigt ein Unwetter die Turmkuppel, 1748 renoviert Maurermeister Niggl die Kirche in größerem Umfang. Die nächste größere Renovierung stand schon 1771 an, seit dem hat sich das Kirchlein kaum mehr gewandelt.

Barocker Altar der Frauenkirche in Dietfurt, Ende des 17. Jh. entstanden.

Die letzte Mühle

In Dietfurt steht die laut Eigenwerbung „letzte laufende Mühle" im Altmühltal. Seit 535 Jahren bewegen sich auf vier Stockwerken die Mahl- und Sägewerke über 53 Lederriemen, angetrieben mit dem Wasser der Weißen Laaber. Von 1897 bis 1950 lieferte die Mühle elektrischen Strom für die gesamte Stadt. Heute ist die Mühle ganzjährig zu besichtigen.

Die Sieben-Wasser-Stadt

Dietfurt liegt mit seinem Stadtgebiet an sieben Wassern: Altmühl, Weiße Laaber, Wissinger Laaber, Mühlbach, Mühlbachquellhöhle, Ludwigs-Kanal, Rhein-Main-Donau-Kanal. Die Mühlbachquellhöhle ist bisher auf einer Länge von 6.030 m erforscht. Zutritt für die Öffentlichkeit ist jedoch bisher nicht vorgesehen, sondern erfahrenen Höhlenforschern vorbehalten.

Bayerische Chinesen

Die Dietfurter werden im weiten Umkreis auch „Chinesen" genannt. Um diesem Ruf gerecht zu werden, feiern die Chinesen von Dietfurt immer am letzten Donnerstag der Faschingszeit ihren Nationalfeiertag mit einem großen chinesischen Maskenumzug und der Inthronisierung ihres Kaisers.

Der schon 1869 genannte Spitzname rührt wahrscheinlich von folgender Begebenheit her: Da die Dietfurter zu wenig Steuern gaben, schickte der Bischof seinen Kämmerer in die Stadt. Die hatte aber von der Sache Wind bekommen und verriegelte ihre Tore. Unverrichteter Dinge wieder vor dem Bischof, meinte der Kämmerer, die Dietfurter kämen ihm vor wie die Chinesen, die sich hinter ihrer Mauer versteckten.

Alcmona

Vor den Toren Dietfurts entsteht gerade ein keltisches Dorf, in dem der interessierte Besucher viel über das Leben der Kelten erfahren kann. Eine Art Freilichtmuseum bietet Einblick in die keltische Wohnbaukultur und Lebensweise.

Griesstetten

Die Pfarr- und Wallfahrtskirche St. Martin zu den Drei Elenden Heiligen ist ein besonderes Kleinod unter den Kirchen des Altmühltals. Ihre Entstehungsgeschichte reicht bis in die Mitte des 12. Jh. zurück.

Die drei Elenden Mönche

Um nicht gleich zu Anfang ein falsches Bild aufkommen zu lassen: „Elend" bedeutete ursprünglich „aus der Fremde kommend". Da Reisen im Altertum beschwerlich war, mochten die meisten Reisenden nach mehreren Tagen auf der Straße eben schlecht ausgesehen haben, was sich dann auf das Wort übertrug. Vielleicht waren es aber auch die Elenden Mönche selbst, die aus der Fremde kamen – meist aus England, Schottland oder Irland – um das Wort Christi zu verkünden, die heidnische Bevölkerung zu bekehren. Das stieß, wie wir heute wissen, nicht überall auf uneingeschränkte Gegenliebe.

Um 1140 kamen die beiden irischen Benediktinermönche Zimius und Vimius aus dem Regensburger Kloster St. Jakob an die Altmühl und gründeten eine Einsiedelei. Mönche aus Irland nannte man damals nach ihrer Herkunft aus Scotia major einfach Scoti, woraus später fälschlicherweise Schotten wurden. Der Priester Zimius und der Laienbruder Vimius bauten sich eine Klause und ein Oratorium – einen Gebetsraum – in dem heute noch existierenden Ort Einsiedel. Später schloss sich ihnen noch der Prior Marinus an. Die drei waren Glaubensboten und hatten in der weiten Umgebung den Ruf als wahre Benediktiner. Viele Menschen strömten nach Einsiedel, und bekamen dort Hilfe bei ihren Anliegen.

Von außen nur eines von vielen Kirchlein neben der Altmühl, die wahre Pracht von St. Martin entfaltet sich im Innenraum.

Wallfahrtsbeginn

Im Jahr 1153 schloss Pater Marinus für immer die Augen und seine Mitbrüder bewahrten ihm im Oratorium einen festen Platz. Doch die Kunde vom Tod des Paters verbreitete sich schnell, und eine Wallfahrt setzte ein. Den verbliebenen Mönchen wurde es bange um ihre Ruhe und sie beantragten bei Abt Christian III., in Griesstetten eine kleine Kapelle bauen zu dürfen. Der Legende nach sollen die Gebeine Marinus' die Altmühl hinauf zu ihrer neuen Ruhestätte geschwommen sein.

Ein Jahr nachdem Marinus seine letzte Ruhestätte bekommen hatte, starben auch Vimius und Zimius. Auch ihre Leichname wurden in der neuen Kapelle begraben. In den folgenden Jahrhunderten setzte nun eine Wallfahrt ein zu Ehren der „Drei Elenden Heiligen". Viele Bittsteller baten hier um Fürsprache bei Gott in leiblichen und seelischen Nöten. Ein Schutzbrief Kaiser Friedrichs II. erwähnt 1212 die Kapelle und den Einsiedelhof als Besitz des Benediktinerklosters St. Jakob in Regensburg.

Reliquienkult

Der 30-jährige Krieg brachte für die Wallfahrtskirche Plünderung und schlimme Verwüstungen; die Menschen hatten andere Sorgen und die Wallfahrt schlief ein. Das baufällig gewordene Gotteshaus konnte wegen Geldmangels nur notdürftig vor dem Verfall bewahrt werden. Die Benediktiner gaben auch den Meierhof neben der Kirche auf.

Erst als sich Albert Ernest Graf von Wartenberg, Weihbischof zu Regensburg, für die „Drei Elenden Heiligen" interessierte, erlebte die Wallfahrt neuen Aufschwung. Auf eigene Kosten ließ der Weihbischof die Legende der drei Heiligen in deutscher Sprache verfassen und drucken. 1689 kam er persönlich nach Griesstetten, um die Gebeine der drei Heiligen zu heben und zu bewahren. Sie wurden ausgegraben und – fein säuberlich beschriftet – in einem Sarg hinter dem Hochaltar für die Pilger zur Verehrung aufgestellt.

Mit dem beginnenden Reliquienkult erwachte auch das Interesse der Benediktiner von St. Jakob an Griesstetten wieder. Sie kauften um 1710 den Meierhof zurück und richteten sogar ein Priesterseminar ein. So wurde 1718 in der Wallfahrtskirche sogar eine Priesterweihe gehalten. Bald darauf war das Kirchlein zu klein geworden. 1740 wurde der Neubau begonnen, Sommer 1750 wurde man fertig, nachdem der Turm wegen der Last wieder halb abgetragen werden musste. Die Gebeine wurden die Bauzeit über im Augustinerkloster zu Dietfurt aufbewahrt. Die Baukosten betrugen 3.000 Gulden. 1766 kehrten die „Drei Elenden Heiligen" an ihren Platz hinter dem Hochaltar zurück. Um eine bessere dest die Heiligen öffentlich verehren zu dürfen. Der Regensburger Bischof Ignatius von Senestrey erlaubte kraft eines Dekrets vom 11. November 1861, die Reliquien neu zu fassen, sie öffentlich auszustellen und ihnen einen Kult zu erweisen *der durch die älteste Tradition geheiligt ist*.

Die barocke Pracht der St. Martinskirche ist überwältigend.

Zugänglichkeit zu erreichen, wurden die Reliquien 1783 in eine Mauernische auf der Evangelienseite verlegt. Bald nach Fertigstellung des Baus zogen sich die Benediktiner wieder aus Griesstetten zurück. Den Meierhof verkauften sie um 6.000 Gulden.

Die Gemeinde Griesstetten ließ 1849 drei große Reliquienkästen anfertigen, die mit schön gefassten Wachsfiguren der „Drei Elenden Heiligen" bestückt wurden. Man wollte die Gebeine an den Seitenwänden oder an den drei Altären zur Verehrung ausstellen, doch das Vorhaben scheiterte an den hohen Kosten einer Heiligsprechung aus Rom. Die Gemeinde hatte sich einen eigenen Feiertag für die drei Heiligen gewünscht, der nur auf dem Umweg über Rom zu erhalten war. 1858 gelang es dann doch, bischöflichen Segen für das Vorhaben zu bekommen, zumin-

In einer feierlichen Übertragung kamen die im Kloster St. Jakob neu gefassten Reliquien am 2. Juli 1862 wieder in die Griesstettener Kirche.

St. Martin

Das große Kuppelgemälde von Johannes Adam Fuchs zeigt neben den drei Heiligen und einigen Ordensbrüdern auch eine Europakarte der damaligen Zeit. Viele weitere sehenswerte Fresken schmücken den Innenraum, der seit der letzten Renovierung in schlichtem Weiß auf Hellgrau gehalten ist. Der Hochaltar stammt aus der Mitte des 18. Jh., seine sechs Säulen rahmen die Reiterstatue des hl. Martin; die Kulissenarchitektur gibt eine starke räumliche Darstellung der Szene. Im Glasfenster hinter dem Altar schwebt der Heilige Gral. Zahlreiche Votivbilder bezeugen die rege Inanspruchnahme der Heiligen.

Güter mit dem Lastenschiff direkt von der Nordsee ans Schwarze Meer fahren zu können ist ein Menschentraum über mindestens 1200 Jahre gewesen. Am 25. September 1992 wurde er wahr: Der Rhein-Main-Donau-Kanal (kurz RMD) wurde eingeweiht.

Nach einer Bauzeit von 32 Jahren konnte das bisher fehlende, 171 km lange Teilstück zwischen Bamberg und Kelheim der Öffentlichkeit übergeben werden.

RMD in Zahlen

Das es nicht einfach ist, einen Kanal über die europäische Wasserscheide hinweg zu bauen, mussten bereits einige deutsche Herrscher erfahren, die mit ihren Vorhaben gescheitert waren.

Und dass ein erfolgreicher Weg manchmal sehr lang sein kann, zeigt das Beispiel des RMD. Bereits am 30. Dezember 1921 wurde in München die Rhein-Main-Donau-Aktiengesellschaft gegründet. Beteiligt sind heute der Bund mit zwei Dritteln und der Freistaat Bayern mit einem Drittel. Da die jüngeren Vorhaben eines Kanalbaus am Geld gescheitert waren, stattete man die RMD-Aktiengesellschaft mit dem Recht aus, an fünf bayerischen Flüssen die Kraft des Wassers nutzen zu können. Die durch den Betrieb von Wasserkraftwerken erzielten Beträge flossen in den Bau des Kanals.

Im Zeitalter von Stahl und Beton, von Ingenieurskunst und politischer Durchsetzbarkeit wurde der Bau vollendet. Heute ist der RMD nicht mehr nur das Zahlenwerk, mit dem sich Planer und Erbauer jahrelang beschäftigen mussten. Er ist Realität und für jeden sichtbar, für viele zu sichtbar, auch wenn die Wunden in der Landschaft inzwischen wieder grün sind.

Der Kanal führt zwischen Bamberg und Kelheim auf acht Brücken über andere Gewässer hinweg, 115 Verkehrs- und Fußgängerbrücken queren ihn. 76 km Dämme begleiten seinen Lauf. 16 Schleusen, sieben Wehre und fünf Pumpwerke machen es möglich, dass Schiffe nun „über den Berg" fahren können, der bei der Haltung Hiltpoltstein 406 m über dem Meeresspiegel liegt und damit 175 m über dem Niveau in Bamberg und 51 m über dem Wasserstand in Kelheim.

Ein Motorschiff auf dem Weg in den Süden auf der höchsten Wasserstraße Europas.

Möglich machten das alles unvorstellbare 93 Millionen Kubikmeter bewegter Erdmassen, 2.600.000 m³ Beton und 31.600 t Stahl.

Während der gesamten Bauzeit arbeiteten fast 1.000 Firmen am Kanal, pro Jahr waren zwischen 3.000 und 4.000 Menschen mit dem Bau beschäftigt. Insgesamt wurden für den Bau 4.500.000.000 DM ausgegeben.

Der Kanal hat eine Breite von 55 m, eine Wassertiefe von 4 m und eine Sohlenbreite von 31 m. So können sich zwei Schiffe bequem auf dem Kanal begegnen, ohne die Fahrt drosseln zu müssen.

Der RMD ist das Kernstück der über 3.500 km langen Wasserstraße zwischen den Nordseehäfen Rotterdam und Antwerpen sowie den Seehäfen am Schwarzen Meer. Die höchstgelegenste Wasserstraße Europas hat mit drei Schleusen von jeweils 25 m Hubhöhe auch gleich die höchsten Schleusen Deutschlands.

Wasser für den Kanal

Stündlich werden der Altmühl bei Ornbau – im Jahresdurchschnitt – 4.750 Liter Wasser geklaut um den Betrieb des Kanals aufrecht zu halten. Die fünf Schleusen zwischen Hiltpoltstein und Kelheim pumpen nocheinmal die fünffache Menge nach oben in die Rednitz. Insgesamt sind dies 150 Millionen Kubikmeter Wasser, die Altmühl und Donau weniger haben und die nun zusätzlich Rednitz, Main und Rhein speisen.

Damit auch in trockenen Zeiten wie Hochsommer und Winter genügend Wasser vorhanden ist, wurden zwei riesige Speicher angelegt: Altmühlsee und Brombachspeicher. Aus ihnen kann der RMD im wahrsten Sinne des Wortes schöpfen. Der Brombachspeicher hält knapp 140 Millionen m³ Wasser zurück, der Altmühlsee nocheinmal 13,8 Millionen m³. Die Speicher sind unterirdisch – unter der Wasserscheide hindurch – miteinander verbunden. Ein ausgeklügeltes Kanal- und Dammsystem lässt das Wasser auf die andere Seite fließen. Karl der Große hätte davon nicht einmal träumen können.

Beide Seen werden als „Neues Fränkisches Seenland" seit einigen Jahren auch touristisch erfolgreich vermarktet. Was an mediterranem Klima fehlt, wird durch fränkische Gastlichkeit und den ausgeprägten Sinn fürs Gemütliche mehr als wettgemacht.

Ein „schwimmender Holländer" biegt von der Donau in die Altmühl ein. Vor ihm liegen noch 16 Schleusen und 226 Höhenmeter bis zum Binnenhafen Nürnberg.

Der Karlsgraben

Karl der Große war vermutlich der erste, der versuchte, die Idee einer Verbindung von Rhein und Donau an der Altmühl umzusetzen. Wahrscheinlich zwangen ihn militärische Entscheidungen zur Aufgabe des Projektes im Herbst des Jahres 793 (mehr dazu auf den Seiten 106-107).

Der Ludwigkanal

König Ludwig I. von Bayern griff die Idee des Kanals wieder auf, die seit 1656 immer mal wieder ins Reich des Möglichen erhoben wurde. In neunjähriger Bauzeit entstand zwischen 1836 und 1845 seine Version des Main-Donau-Kanals. Der Bau wurde mit Aktien finanziert, deren Zinsen staatlich garantiert wurden. Da die Baukosten von prognostizierten 10 Millionen auf 18 Millionen Gulden anwuchsen, entstanden erhebliche Zinslasten für den Staat. Dadurch konnte der nötige Ausbau des Mains zur Wasserstraße nicht mehr durchgeführt werden. Zudem eröffnete die Eisenbahn auf derselben Strecke eine schnellere Güterverbindung, so dass das Verkehrsaufkommen auf dem Kanal ab 1862 drastisch zurück ging. Der Kanal wurde zu eng für größere Schiffe, über 100 Schleusen bremsten den Weg der Waren und die abnehmende Fluss-Schifffahrt brachte dem Kanal dann den finanziellen Ruin.

Nach Beschädigungen im Zweiten Weltkrieg wurde der Kanal 1950 endgültig aufgegeben. Bei Dietfurt ist noch ein Stück erhalten geblieben und kann als technisches Kleinod besichtigt werden.

Ökologische Gefahren

Dass eine Verbindung der ehemals geschlossenen Wassersysteme von Rhein und Donau auch für die Natur nicht ohne Folgen bleiben kann, belegen zahlreich in das jeweils andere Fluss-System eingewanderte Tierarten. Fische haben es da natürlich am Leichtesten. So sind die ursprünglich nur in der Donau beheimateten Arten Blaubandbärbling, Marmorierte Grundel, Rapfen, Zährte und Zobel im Main gefangen worden. Aber auch Krebstiere wie der sehr gefräßige Große Höckerflohkrebs und der Süßwasser-Röhrenkrebs haben die Wasserscheide überquert. Auch die Wandermuschel, die sich jedoch bereits weltweit ausgebreitet hat, kam über den Schiffsverkehr schneller in den Main. Beim Biber kann man nur annehmen, dass die neue Wasserstraße auch seine Ausbreitung begünstigt haben mag. Umgekehrt haben die Körbchenmuschel und die Süßwassergarnele vom Rhein aus ihren Weg in das Donausystem gefunden.

Kanal-Aussichten

Ein Teil der Donau ist noch nicht „ordentlich" ausgebaut. Es kommt bei Niedrigwasserständen regelmäßig zu Einschränkungen des Schiffsverkehrs. Doch regt sich großer Widerstand gegen einen Ausbau mit neuen Staustufen und Schleusen seitens der Naturschützer, denen die Altmühl zwischen Dietfurt und Kelheim als warnendes Beispiel gilt. Zwei Verbündete haben die Lobbyisten der Natur auf ihrer Seite: leere Kassen der Länder und den deutlich rückläufigen Frachtverkehr auf den Flüssen. Innerhalb einer Stunde werden auf der A 6 inzwischen mehr Waren bewegt als den ganzen Tag über auf dem RMD.

Die Wunden von einst sind wieder grün, doch es ist ein Kanal geblieben, allen Anstrengungen um Renaturierung zum Trotz.

Meihern

Seinen Namen bekam Meihern von den Parsberger Adelsleuten, die einst in der Burg über dem Ort hausten. Nach deren Zerstörung zogen sie auf ihren Meiherhof und nannten sich *Herren von Meyern*, was sich im Lauf der Zeit zu *Meyer-Herrn* und dann *Meihern* abschliff.

Unter dem Namen der Burg wird der Ort 1240 erstmals als *Flügelsberg* erwähnt. Dietrich Schenk I. erbaute die Flügelsburg, deren Wappen zwei Flügel zierten. Er war ein Abkomme der mächtigen Grafen von Hirschberg. 1334 vermachte Dietrich Schenk II. seinen Besitz dem Kloster Altmühlmünster.

Burg der Löwen

Ende des 13. Jh. beginnen die Burgherren, ausgelöst durch fortschreitende Verarmung, mit Raubzügen. Die Burg ist so gut geschützt, dass sie mehreren Anfechtungen widersteht. Im 14. Jh. saßen die Muracher auf der Burg, die ihren Lebensunterhalt mit Überfällen bestritten. 1446 war es der Reichsstadt Nürnberg zuviel und sie sandte ein Heer nach Süden, um das Raubnest auszuräuchern. Die übermächtigen Nürnberger brannten die Burg nieder. Sie wurde später jedoch wieder aufgebaut.

Im Jahr 1488 schickte sich Herzog Albrecht IV. an, eine allgemeine Steuer einzuführen, um eine Streitkraft aufstellen und besolden zu können. Doch Angehörige des Landadels widersetzten sich der Steuer und schmiedeten den Bund der Löwenritter. Darunter auch die Parsberger, die auf Flügelsberg saßen. So wurde Flügelsberg sogar zum Zentrum des Widerstands und Hauptsitz der Löwenritter. Schnell bekamen die „Löwen" immer mehr Anhänger. Im Oktober 1491 wagten sie dann den offenen Aufstand und überfielen des Herzogs Güter und Dörfer bei Regensburg. Der Herzog sammelte 2.000 seiner getreuesten Leute und nahm 30 Geschütze mit zur Gegenwehr. Am 21. Dezember 1491 zog der Tross von München aus gegen Regensburg. Nachdem im Regensburger Raum wieder die alte Ordnung herrschte, machte sich das Heer auf, die Spitze der „Resistance" im Altmühltal zu brechen. Die Herzoglichen zogen nach Prunn, Riedenburg, Eggersberg und Flügelsberg.

Indes hatten sich die „Löwler" auf Burg Prunn getroffen, um das weitere Vorgehen zu erörtern. Die Fraunberger von Prunn rieten zur Aufgabe und wurden von den Parsbergern verhöhnt und als Feiglinge

Der Burgfelsen „Frisch auf" steht mächtig hoch über dem nun modernen Ort.

Deising liegt auf der Schattenseite des Altmühltals, bietet ein lockeres Ortsbild mit viel Grün und schmucken Häusern.

beschimpft. Burg Prunn jedoch steht noch immer.

Die stärkste Besatzung der Löwenritter zog sich auf Flügelsberg zurück, als der Herzog anrückte. Die Burg Prunn wurde kampflos übergeben, so zog der Herzog auf Riedenburg. Im Morgengrauen teilte er sein Heer in drei Kampftruppen auf: Eine Abteilung ging auf die Hochfläche, um Eggersberg von oben angreifen zu können, nicht jedoch ohne vorher die Burg Tachenstein „im Vorbeigehen" genommen zu haben. Die beiden anderen Truppen zogen altmühlaufwärts gegen Eggersberg und Meihern. Bei Gundlfing zweigte eine Abteilung ab, um die Beschießung Meiherns vorzubereiten. Zur selben Zeit wurde Eggersberg bei geringer Gegenwehr genommen. Nun versammelten sich die Truppen bei Deising und ließen es sich auffällig gut gehen. Auf diesen Trick fielen die Flügelsberger herein. Sie ließen auch das zweite Ultimatum des Herzogs verfallen. Auf das vereinbarte Zeichen hin begann die Beschießung der Burg Flügelsberg von allen Seiten. Am dritten Tag gelang es den Sturmtruppen des Herzogs, die Burg zu nehmen. Starke Verluste waren auf beiden Seiten zu beklagen. Die Ritter Hans und Georg von Parsberg wurden gefangen genommen, und durften den Weg nach München ins Verließ zu Fuß antreten. Vom Hausrat der Ritter ließ der Herzog 12 Wagen voll abfahren. Hernach wurde die Burg niedergebrannt. Die Parsberger siedelten nach ihrer Rückkehr bei ihrem Meierhof an der Altmühl.

Deising

Dem Namen nach eine Gründung aus dem 5. oder 6. Jh., ist der Ort Meihern gegenüber wesentlich älter als dieser sowie mit Kirche und Gasthaus versehen auch unabhängig vom früheren Burghof. Die Altmühl trennte die beiden Orte jahrhundertelang, erst in neuerer Zeit gibt es den Luxus einer Brücke.

Altmühlmünster

Graf Heinrich III. von Riedenburg stiftete 1155 zu seinem Seelenheil eine Niederlassung des Templerordens. Der geistliche Ritterorden, während der Kreuzzüge in Jerusalem gegründet, hatte als Erkennungszeichen ein rotes Kreuz auf weißem Grund, war quasi ein Vorläufer des Roten Kreuzes.

1312 wurde der Templerorden der Kirche zu mächtig und deshalb zerschlagen, die Güter bekam der Johanniterorden, der das Kloster bis zur Säkularisation weiterführte. Klostergründungen und Mönchsklausen haben in dieser Ecke des Altmühltals Tradition: unweit von hier befinden sich die mönchischen Ortsgründungen Zell und Einsiedel.

Schaumberge

Am 11. Februar 1987 staunten die Deisinger nicht schlecht, als sich eine Meterhohe Schaumwand von der Quelle her den Deisinger Bach hinunterwälzte und alsbald schon die Straße einnahm. Als Ursache wurden nicht fachgerecht entsorgte Waschmittelsubstanzen ausgemacht.

Schloss Eggersberg

Schloss Eggersberg, hoch über der Altmühl gelegen.

Das Schloss wurde erst im 17. Jh. erbaut, von der Vorgängerburg sind noch Reste übrig, die erst kürzlich wieder begehbar gemacht wurden.

Burg Eggersberg
Als erste Besitzer auf der Burg tauchen im 12. Jh. die Nussberger auf, Dienstmannen der Grafen von Bogen; ihre Stammburg ist die Burg Altnussberg. In der ersten Hälfte des 14. Jh. fällt die Burg an die Herzöge von Bayern, die sie an die von Wolfstein, von Hilpoltstein und von Lichteneck verpfänden. Am Ende des 14. Jh. ist Wilhelm der Fraundorfer im Besitz, nach ihm Ritter Ulrich Muracher. 1417 ist Balthasar Muracher Burgherr, 1435 Heimeran Muggenthaler, 1480 Georg von Pappenheim und schließlich 1485 Ritter Jörg von Helfenstein, der die Burg verfallen lässt. Mitte des 16. Jh. ist die Burg wüst – menschenleer, unbewohnt – und zerfallen.

Der Sohn des herzoglich-bayerischen Rats und Pflegers Wilhelm Jocher lässt die Ruine abbrechen und beginnt 1613 mit dem Bau des „Neuen Schlosses".

Schloss Eggersberg
Finanziell vom Bau des Schlosses ruiniert, wird der Jochersche Besitz versteigert und kommt für 13.000 Gulden an den Ingolstädter Prof. Dominikus von Bassus. 1962 erwirbt Dr. R. Weigand das Schloss und macht es zugänglich.

Hofmarkmuseum
Unter dem größten Steindach des Altmühltales versammeln sich allerhand kuriose und sehenswerte Ausstellungsstücke, darunter der kleinste Dinosaurier der Welt in einem Modell in natürlicher Größe. Auch ein Modell des *Archaeopteryx* ist zu sehen, Schmuckfibeln aus der Keltenzeit sowie klassische und zeitgenössische Darstellungen des Altmühltals. In einem Ostensorium im Schloss wird ein Splitter vom hl. Kreuz Jesu aufbewahrt.

Innenhof von Schloss Eggersberg mit Hofmarkmuseum und Restaurant.

Gundlfing

Die alemannische Ortsgründung hat aufgrund ihrer Lage am Prallhang der Altmühl nie viel Platz gehabt, sich zu entwickeln. Dennoch ist es der Siedlung gelungen, sich über die Jahrhunderte zu retten, auch wenn es nicht für eine Kirche im Dorf gereicht hat. Dafür steht die Kapelle St. Agatha nun um so schöner auf freiem Feld gegenüber dem Ort Richtung Riedenburg.

Die Teufelsfelsen recken ihre Köpfe aus dem herbstlichen Hangwald.

St. Agatha

Die schöne Rokoko-Kapelle, die erst kürzlich umfassend renoviert wurde, ist für viele Radler und Wanderer zu Land und zu Wasser eine Geländemarke: Nach der nächsten Biegung kommt Riedenburg. St. Agatha steht aber auch für Freizeitfreuden: Direkt an der Altmühl liegt ein 5 ha großer Badesee, der in der warmen Jahreszeit zur Abkühlung und zum Ausruhen einlädt. Etwas höher am Hang liegt eine Sommerrodelbahn, die in der Saison stark frequentiert wird. Sie ist laut Eigenwerbung eine der „modernsten Anlagen weltweit" und bietet in teils luftigen Höhen Rodelspass auf über 1 km Länge. An den Startpunkt kommt man bequem im Bob sitzend, hinab geht es für Hasenfüße mit Bremse und vollständiger Geschwindigkeitskontrolle, Freaks werden sich an den Steilkurven, einem Kreisel und den zahlreichen Jumps erfreuen.

Turban-Scherben

Bei Perletzhofen wurden 1987 in einer dreimonatigen Grabung tausende Gefäßfragmente ergraben, von denen rund 550 verwertbar waren. Die Keramik konnte eindeutig der „Dietfurter Turbanrandschale" zugeordnet werden. Somit verfügt die Archäologie nun erstmals über eine größere Grabung außerhalb der Dietfurter Kellenäcker, der namensgebenden Fundstelle.

An Siedlungsresten fanden sich nur einige Pfostenlöcher mit Verkeilungen aus Kalksteinplatten. Die gesamte Siedlung wird in die späte Urnenfelderzeit datiert, die den Ausgang der Bronzezeit zwischen 1200 und 800 v. Chr. markiert.

Karstquelle

In Gundlfing tritt eine Verengungsquelle zu Tage, die mit durchschnittlich 35 Litern in der Sekunde einen klaren Bach speist. Zeitweise kann die Schüttung auch bis zu 100 Liter pro Sekunde betragen. Färbungsversuche zeigten, dass die Quelle mit Dolinen um Perletzhofen im Zusammenhang steht.

 St. Agatha

Riedenburg

Die Häuser Riedenburgs fließen förmlich aus dem kleinen Tal zwischen Rosenburg und Tachenstein heraus.

Die Stadt unter den drei Burgen wurde erstmals im Jahr 1111 als *Ritenburg* erwähnt. Um 1231 wurde der Ort zum Markt erhoben und 1329 erstmals als Stadt genannt.

Babonenstadt

Bis ins 12. Jh. wurden die Geschicke des Ortes von den mächtigen Grafen von Riedenburg gelenkt, die von 976 bis 1196 Burggrafen von Regensburg waren. Nach dem Untergang der Grafen Ende des 12. Jh. wurde Riedenburg Amtssitz der Wittelsbacher unter Ludwig dem Kelheimer. Die von den Herzögen von Bayern eingesetzten Ministerialen nannten sich später nach dem Ort Herren von Riedenburg. Der erste Bürger wird 1333 urkundlich erwähnt. Im Bauernkrieg 1525 mischt der Pfleger von Riedenburg, Erhard von Muggenthaler, auf Seiten der Bauern mit und wird gefangen genommen.

Im 30-jährigen Krieg wird Riedenburg stark in Mitleidenschaft gezogen. Nach einem Jahrhundert des Aufbaus kommt es im Verlauf von mehreren kriegerischen Auseinandersetzungen auch in Riedenburg während des 18. Jh. wieder zu Plünderungen und kräftezehrenden Einquartierungen.

Der Ludwigkanal wurde zwischen 1836 und 1848 auch durch Riedenburg gebaut, und bis zu Beginn des Zweiten Weltkriegs zogen Treidelpferde die hölzernen Schiffe den Kanal entlang. Im Ersten und Zweiten Weltkrieg blieb Riedenburg verschont, sieht man von der gesprengten Altmühlbrücke beim Herannahen der Alliierten einmal ab.

Drei-Burgen-Steig

Als Höhepunkt des Mittelalterfestes 2004 wurde der Drei-Burgen-Steig eingeweiht. Für Aktivurlauber mit Interesse an Geschichte und Kultur ist der rund zwei Stunden lange Pfad gedacht. Dabei werden 150 Höhenmeter überwunden. Sieben Tafeln am Wegesrand bieten den Wanderern Informationen zur Geschichte Riedenburgs.

Traumhafte Panoramaausblicke entschädigen für die Mühen, den Talrand zweimal erklimmen zu müssen. Es wird von Seiten der Stadt ausdrücklich darauf hingewiesen, dass dies ein Steig und kein Spazierweg ist.

Klingendes Museum

Ein Museum der Tonerzeugung und -speicherung von der Schallplatte bis zur Digitaltechnik.

Kristallmuseum
Mit der größten Bergkristallgruppe der Welt kann dieses Museum aufwarten. Acht Tonnen schwer und drei mal zwei Meter groß ist das Herzstück der Ausstellung. Laut Eigenwerbung ein Ort des Zaubers und Staunens. Ständig wechselnde Sonderausstellungen bereichern das Angebot.

Mittelalterfest
Eine besondere Attraktion hat Riedenburg mit dem jährlichen Mittelalterfest zu bieten. Für drei Tage führt eine Zeitreise zurück ins Mittelalter. Vor den Toren der Stadt entsteht dann ein großes Zeltlager; Marktstände, Handwerker, Spielleut und Gaukler belegen die Straßen und Gassen in authentischen Gewändern und Waffen. Erleben sie hautnah Schwertkämpfe, Konzerte auf mittelalterlichen Instrumenten sowie Speis und Trank wie vor 500 Jahren. Spezielle Kinderprogramme und der sonntägliche Umzug durch die Stadt ergänzen das Fest. Tipp: Nehmen sie ihr Fahrrad mit und Parken sie bereits einige Kilometer vor Riedenburg ihr Auto – erfahrungsgemäß herrscht dort während der Festtage Parkplatznot.

Kloster St. Anna
Das Klarissen-Kloster ist – verglichen mit anderen Klostergründungen im Altmühltal – noch jung. Es wurde 1860 als Filiale des Mutterstifts der Regensburger Klarissinnen gegründet. 1891 wurde das Kloster um eine Landwirtschaft erweitert. 1944 wurde ein Lazarett ins Kloster einquartiert.

Nach Kriegsende konnte der Schulbetrieb wieder aufgenommen werden, auch heute ist im Kloster eine Mädchenrealschule untergebracht.

Die neue Schiffsanlegestelle in Riedenburg direkt am Kanal.

Die Klosterkirche ist ursprünglich gotisch, wurde 1735 erweitert und dem modernen Geschmack entsprechend gestaltet. In früheren Zeiten ist hier eine Wallfahrt entstanden.

Kloster St. Anna auf der anderen Seite von Riedenburg. Auch die Brauerei mit einem schönen Biergarten ist hier.

Rosenburg

Die Rosenburg ist der einzige erhalten gebliebene der drei Riedenburger Adelssitze. Im Umkreis von 10 km finden sich aber noch 12 weitere Burgen. Dieser Burgenreichtum rührt von dem frühmittelalterlichen Adelsgeschlecht der Grafen von Riedenburg her, deren erster Vertreter, Babo I., 976 von Kaiser Otto II. mit dem mächtigen Amt der Burggrafen von Regensburg betraut wurde. Dadurch reihten sich die Riedenburger in die illustre Gesellschaft der Burggrafen von Nürnberg, Rothenburg oder Calw ein, die alle im 10. Jh. über großen Einfluss und Besitz verfügten. Allerdings starben diese Geschlechter im Laufe des 12. und 13. Jh. wegen Kinderlosigkeit aus.

Rabenstein
Allgemein als erster Burgbau in der Höhe über der Stadt Riedenburg angesehen. Wenn die Babonen die Erbauer waren, kann das bisher angenommene Erbauungsdatum Mitte des 13. Jh. nicht stimmen, da die Grafen von Riedenburg bereits 1196 ausgestorben sind. Teile dieser Burg und der Burg Rosenstein sind eindeutig staufischen Ursprungs und Mitte des 12. Jh. erbaut worden. Rabenstein war sehr kleinräumig und dürfte früh durch die Burg Rosenstein als Hauptsitz ersetzt worden sein.

Tachenstein
Über Bauzeit und Bewohner ist bislang wenig bekannt. Möglich, dass sich die Grafen von Riedenburg in mehrere Familienzweige aufgespalten hatten, die jeweils eigene Burgen in der Nähe des Stammsitzes erbauten. Die Burgen der Ministerialen der Grafen finden sich im näheren Umkreis.

Rosenburg
Vermutlich noch Mitte des 12. Jh. von den Babonen erbauter Sitz oder Sommerresidenz, vielleicht auch nur als Jagdschloss benutzt. Unter den Riedenburgern waren zwei bekannte Minnesänger, weshalb im Wappen drei Rosen zu finden sind. Der Name Rosenburg dürfte in dieser Zeit als Unterscheidung zur bis dahin gleichnamigen Stadt Riedenburg gewählt worden sein. Nach dem Aussterben der Grafen 1196 fiel ihr Besitz an den Wittelsbacher Herzog Ludwig den Kelheimer. Dieser machte die Burg zum Sitz eines Pflegers und rettete sie dadurch über die Jahrhunderte. Zwischen 1556 und 1560 wurde unter Einbeziehung älterer Bausubstanz das neue Schloss erbaut. Prägnant und von weitem sichtbar sind die Treppengiebel, die dann bei Schloss Eggersberg „zitiert" wurden.

Falkenhof
Seit 1978 hat ein privat betriebener Falkenhof in Schloss Rosenburg seinen Sitz. Neben Adlern, Falken und Geiern werden auch einige heimische Greifvögel gehalten. Die Flugschauen vermitteln einen Eindruck von der über Jahrhunderte dem Adel vorbehaltenen Jagd mit Greifvögeln.

Schloss Rosenstein vom Schambachtal aus gesehen.

Schloss Prunn

Die Altmühl umfließt in ihrem Lauf viele Burgen und Schlösser, es gibt stattlichere und kostbarer ausgestattete als die von Prunn. Doch ihre atemberaubende Lage auf dem steil aufragenden Dolomitstein macht alles wett.

Babonenburg

Der älteste Besitzer, der bisher gefunden werden konnte, ist Wernher de Prunne, der 1037 erstmals in Urkunden auftaucht. Vermutlich war er ein Verwandter der in Riedenburg residierenden Babonen. Im 12. Jh. war die Burg im Besitz der Herren von Laaber und Breitenbrunn, auf die noch heute Teile der Burg zurückzuführen sind, so etwa der 31 m hohe Bergfried. Zwischen 1338 und 1567 hielten sich die Ritter von Frauenberg auf der Burg auf. Von ihrem Wappen stammt auch der weithin sichtbare springende Schimmel auf der Burgmauer. In der Hinterlassenschaft der Frauenberger fand man auch eine Handschrift des Nibelungenliedes, die heute als „Prunner Codex" in der Staatsbibliothek München aufbewahrt wird.

Im 16. Jh. baute der herzogliche Rat Carl Kökh die Burg zum Teil um. Die Jesuiten, die im 18. Jh. in den Besitz der Burg gekommen waren, machten sich vor allem an die Rokokogestaltung der Schlosskapelle. Seit 1822 gehört die Burg dem bayerischen Staat. Sie ist zur Besichtigung freigegeben.

Ritt um die Burg

Von der Burg geht die Sage vom Schimmel zu Prunn. Es war einmal ein reicher Ritter auf der Burg, der hatte ein wunderschönes Töchterchen, aber keinen männlichen Erben. Der Gedanke, seine Burg einem Fremden zu vermachen, seinem künftigen Schwiegersohn, machte ihn krank. Da besann er sich einer unerfüllbaren Bedingung, die er dem Ritter stellte, bevor dieser um die Hand seiner Tochter anhalten durfte: Er musste mit einem Pferd die Mauern der Burg umreiten. Jeder, der die Burg

Die Kirche von Prunn.

kennt, weiß, dass zwischen Fels und Mauer nicht einmal Platz für eine Maus ist. So stürzten denn auch viele wagemutige Ritter mitsamt Ross in die Tiefe.

Eines Tages kam ein gut aussehender Ritter und machte dem Brautvater die Aufwartung. Mit der Bedingung konfrontiert, erbat er sich drei Tage Bedenkzeit. Zwei Tage lang ritt er um die Burg, ohne jedoch einen Lösungsweg zu finden. Am Abend des dritten Tages ging er noch immer verzweifelt an den Burgmauern entlang, da bemerkte er einen Zettel, der an einem Bindfaden langsam aus der Höhe auf ihn zu kam. Als er ihn erreichen konnte, las er diesen Satz: *Die Mauern der Burg reichen bis auf den Grund.* Und tatsächlich erkannte er, dass zwischen den Felsklüften ein Teil der Mauer den Grund berührte. So ritt er tags darauf um alle Seiten und Mauern der Burg und forderte alsdann die Braut. Der alte Ritter indes wähnte seine Bedingungen unerfüllt und wollte nicht nachgeben. Doch die in Liebe entbrannten Herzen der jungen Adeligen erweichten sein Gemüt, und da sie schon gestorben sind, ist hier Schluss.

Prunn

Der kleine Ort liegt an der Mündung eines Bächleins, über dessen Tal man auch bequem zur Burg gelangt. Die barocke Expositur-Kirche Mater Dolorosa ist im Kern gotisch, wurde vor kurzem grundlegend renoviert und erstrahlt nun wieder in neuem Glanz.

Kletterfelsen

Der sehr kurze Weg vom Auto zur Wand sowie die sonnenexponierte Lage machen die Prunner Kletterfelsen zu den beliebtesten im Altmühltal. Vor allem Einsteiger in das Klettersportfach können sich bei Steigen des 4. und 5. Grades austoben, für die Profis sind es nette Aufwärmstrecken, bevor es z.B. in den „Fluchtweg direkt" geht, mit 10- eine der schwierigsten Routen an der Altmühl.

Die meisten Prunner Kletterwege sind dem 7. und 8. Grad zuzuordnen. Links und rechts der Friedrichsruh-Höhle ist das Klettern nun mehr verboten, um eine Ruhezone für die Natur zu schaffen.

Essing

Essing hat die ältesten, kostbarsten und vielfältigsten Steinzeitfunde im Altmühltal vorzuweisen. Schon vor 100.000 Jahren lebten zumindest vorübergehend Menschen in den Höhlen um Essing. Im Schulerloch fand man die bisher einzige mitteleuropäische Felszeichnung. Ein Friedhof aus der Würmeiszeit wurde ebenfalls hier entdeckt.

Die Kelten betrieben hier in der Schellneck eine Eisenschmiede, und *Essa* bedeutet „Feuerstadt", was auch in dem Wort Esse zu finden ist, die „Feuerstatt" der Schmiede. In Urkunden des 10. Jh. wird der Ort *Yssing*, *Ezzagin* und *Izzingen* genannt, erstmals im Jahr 976.

1336 wird Essing zum Markt erhoben und bekommt die Hohe Gerichtsbarkeit zugesprochen. Die Stadt durfte Galgen und Stock führen mit den gleichen Rechten wie Ingolstadt. 1367 stiftet Ulrich III. von Randeck und Abensberg ein Stift mit sechs Chorherren zu Ehren des Heiligen Geistes und ein Spital für zwölf Sieche oder Arme.

Die Geschicke des Ortes wurden über Jahrhunderte von den Herren der Burg bestimmt, die nicht immer im Einvernehmen mit der Bevölkerung Essings handelten. Von den Grafen von Abensberg ging der Besitz an die Herzöge von Bayern über, welche die Burg 1529 ihrem Kanzler Leonhard von Eck überließen, dem bayerischen Staatsmann und Humanisten. Dessen einziger Sohn war zuerst ein angesehener Gelehrter mit einer stolzen Bibliothek, doch der Reichtum stieg ihm zu Kopf und er starb bettelarm 1570 in Regensburg. Der Besitz ging nun

Auf der Essinger Bruck wacht ein zweidimensionaler Nepomuk über die Vorübergehenden (oben). Die längste Holzbrücke Europas (unten) muss vorerst ohne den Segen des Brückenheiligen auskommen.

durch viele Hände. 1596 vertauschte Herzog Wilhelm den Besitz mit dem kaiserlichen Rat Wolf Freymann. Als diesem der herzogliche Befehl zur vermehrten Hexenverfolgung ins Haus flatterte, lehnte er ab und verzichtete lieber auf die Gerichtsbarkeit. 1634 beendeten die Schweden die bewohnte Geschichte der Burg und brannten sie nieder. Von da an gings bergab. Als Kronprinz Maximilian das Land bereiste, war er von der Lage der Ruine derart begeistert, dass er dort ein Schloss bauen wollte. Doch nur der Bergfried wurde einigermaßen wiederhergestellt, dann kamen die Wirren der Revolution von 1848 dazwischen. So ist die Burg heute, wie sie ist. Essing konnte sich als selbstständige Gemeinde behaupten.

Bruckturm mit Bruck

Solange man denken kann, steht in Essing eine Brücke. Und diese hat mit kleinen Änderungen ihre mittelalterliche Erscheinungsweise bewahrt. Die 46 m lange Brücke ist ein historisches Denkmal, das wegen seiner romantischen Erscheinung oft gemalt und fotografiert wird. Weniger romantisch ist die Belastung des Stadtsäckels durch die andauernden Instandsetzungsarbeiten – zumal heute leider kein Brückenzoll mehr erhoben werden kann. Althergebrachten, nicht mehr fassbaren Rechten zufolge ist der Forst verpflichtet, das Brückenholz umsonst zu liefern. Dafür erhält er einen Brückenzins von 34 Kreuzern. Irgendwie ist es dem Forst gelungen, diesen eigentlich festgeschriebenen Betrag bis 1974 auf 274 DM zu schrauben, bis man sich wieder des überlieferten Betrages annahm.

Längste Holzbrücke Europas

Zwischen den Brückenköpfen hat die Holzkonstruktion eine Länge von 193 m bei einem Querschnitt von nur 65 cm. Diese Schlankheit konnte durch das Seilhängebrückenprinzip erreicht werden, in dem die Druckbelastung zu 90 % auf den seitlichen Zug umgelenkt wird. Die 3,2 m breite Brücke ist bei einer Maximalbelastung von 500 kg/m^2 auch von Fahrzeugen nutzbar.

Blautopf

Von der Größe her kann dieser Quelltopf zwar nicht mit dem Namensbruder in Blaubeuren mithalten, doch seine 250 Sekundenliter Schüttung sind im Sommer auch ganz beachtlich. Ebenso wie die Klarheit und die Reinheit des Wassers – es hat fast Trinkwasserqualität. Im Winter kann der Ausstoß auch bis zu 4.500 Liter in der Sekunde betragen. Früher wurde das Wasser zum Antrieb einer Mühle und später zur Stromerzeugung genutzt. Heute dient es als Touristenattraktion. Die Temperatur des Wassers liegt bei 8°C. Die Weihermühlkapelle geht auf ein Gelübde zurück, als im Jahr 1692 die Quelle versiegte. Durch den Bau der Motivkapelle sprudelte die Quelle seither ohne Unterbrechung.

Ludwigs Kanalschleuse

Bei Altessing findet sich noch ein Stück des alten Ludwigkanals samt Schleuse. Um eine Altmühlschleife mit Mühlennutzung zu umgehen, wurde ein Geländedurchstich angelegt. Die Dämme wurden doppelreihig mit Bäumen bepflanzt. Die Schleuse hat eine Ausdehnung von 14 m Länge und 4,67 m Breite bei einer Fallhöhe von 2,34 m.

Altessing

Das Pfarrdorf geht bis ins 7. Jh. zurück, als die Franken durch Columbarius von Colmar aus die erste Christianisierungswelle im Osten ihres Reiches starteten. Die St. Martinskirche legt hiervon Zeugnis ab. Wenige Details der Kirche entstammen noch dem 12. Jh., wesentliche Bestandteile dürften nach 1250 entstanden sein. Der Turm ist etwas Besonderes. Seine Form läßt den Erstbetrachter unweigerlich ein weiteres Mal hinschauen: Auf dem romanischen Unterbau strebt ein 1709 errichtetes vierseitiges Dach gen Himmel. Dann folgt doch noch die typische Zwiebel, etwas zu groß geraten, wie ein Kopf auf dürrem Hals.

Die hintere Chorwand füllt ein Rokokoaltar in frommer Mächtigkeit aus. Er geht auf eine Stiftung der Halbritterin Anna Maria von Randeck zurück, die bei ihrem Tod 3.000 Gulden zu wohltätigen Zwecken vermachte, darunter auch 1.000 Gulden für die Altessinger Kirche. Die Schenkung war an die Bedingung geknüpft, dass der gotische Altar neu gefaßt und vergoldet werden sollte. Wo nun alle modernen Kirchen nur so in Gold erstrahlten, wollte die alte Dame ihrem Ort etwas Gutes tun.

Brauerei-Biergarten an der Alt-Altmühl – was kann es Schöneres geben!

Die Gönnerin lag längst schon in der Erde des Kirchackers, da ließen die Verantwortlichen Kunstverständige kommen, sich den 300 Jahre alten Altar anzusehen. Und wie das heute noch so ist mit Bäumen, die im Weg stehen, so fanden auch die Altarbegutachter, dass der gotische Altar dem verbesserten Geschmack nicht mehr angemessen, morsch und wurmstichig und für eine Vergoldung weder *fähig noch würdig sei*. Für einen ganz neuen Altar aber reichte das Geld nicht. So wurde sich umgeschaut, was man in dieser misslichen Lage am Besten tun konnte. Der Zufall wollte es, dass ein ständig hochwassergefährdetes Kirchlein in Kelheim abgebrochen werden sollte, und so kauften die Altessinger den darin befindlichen Rokokoaltar für 20 Gulden auf. Der Bildhauer in Kelheim nahm 80 Gulden für die Renovierung, der Maler 62 Gulden fürs Vergolden. Der Transport durch einige Bauern vom Ort wurde mit 3 Gulden und 24 Hellern vergolten – neben 42 Maß Bier. Für den heiligen Martin auf dem Altarblatt mussten nochmals 30 Gulden bezahlt werden. Blieben noch gut 800 Gulden für die Kirchenkasse.

Wunderschöne Deckenbemalung in der Stiftskirche zum Heiligen Geist.

Eiszeit-Etagenwohnung

Vier übereinander liegende Höhlen wurden in der Steinzeit mehrfach wohnlich genutzt. 1912 machte man hier bei Ausgrabungen erstaunliche Funde. Die Klausenhöhlen bekamen ihren Namen von der Klause, einer Einsiedelei, auch Felsenge. Jeder wird den Begriff „in Klausur gehen" kennen, wenn man sich für eine Entscheidungsfindung zurückziehen möchte; einsame Bergwirtschaften werden gern Klause genannt.

Die unterste Klause, Höhle Nummer vier, wurde lange Zeit als Bierkeller benutzt, und dennoch konnte man im Schutt der Höhle wichtige Entdeckungen machen.

Die Klausenhöhlen bei Essing.

Aus der obersten Klausenhöhle stammen die beiden prähistorischen Kunstwerke „Mammut" (oben) und „Wildpferd" (unten)

In der oberen Klausenhöhle fand man zwei Kunstwerke, die zu den ältesten Deutschlands zählen. Das Mammut wurde auf eine Elfenbeinplatte geritzt, das Wildpferd auf eine Steinplatte. Dies ist die erste künstlerische Inanspruchnahme des Solnhofener Plattenkalks im weitesten Sinne und zeugt von einer hohen Kunstfertigkeit. Auch die gefundenen Faustkeile, Blattspitzen, der so genannte „Kommandostab" und weitere Gegenstände führten dazu, dass das Bild des Steinzeitmenschen heute wesentlich differenzierter gesehen wird. Vor allem die hier dokumentierte künstlerische Ausdrucksweise, religiöse Äußerung und hoch entwickelte Handfertigkeit der Steinzeitmenschen führte zu einem Wandel der bisher eher als tumb dargestellten Neandertaler. Sie waren die ersten Menschen, die an der Altmühl siedelten.

Josef Deifl, Infantrist

Er war Essinger, ein einfacher Mann, lebte überwiegend in der ersten Hälfte des 19. Jh., war kein Schriftgelehrter, sein Leben lang arm und wurde vom Staat ausgenutzt. Und er schrieb eines der seltsamsten Bücher des Landes. Drei Exemplare, von Hand. Etwa so groß wie das Buch, dass Sie in Händen halten, nur eben mit 911 Seiten – 8 cm Rückenhöhe – zwischen zwei ledergebundenen Buchdeckeln das ganze Leben eines Mannes, der nie seinen Mut, nie seinen Witz verloren hatte.

Joseph Deifl wurde am 14. November 1790 in Essing geboren; sein Vater Joseph Deifl, 1758 geboren, ist Zrinner im Hammerwerk Nußhausen; die Mutter, geborene Korndorfer, geboren 1759. Es sind sechs Geschwister, er ist der älteste. Die Familie ist arm, die Mutter verbietet ihnen aber zu betteln. Für Erziehung bleibt keine Zeit, von früh an muss Joseph als der Älteste arbeiten: *In die Schule komm ich sehr wenig, denn als klein mußte ich als der Ältere die Kleinen besorgen, Holz sammeln und den Vater das Essen in die Fabrik.* Doch schafft es der kleine Joseph irgendwie, Lesen und Schreiben zu erlernen. Als er alt genug ist, um zu arbeiten, wird er Zrinner in der Fabrik. Zrinner sind diejenigen, die am Ofen das Eisen zum Schmelzen bringen – ein Knochenjob, den Joseph oft auch die Nacht hindurch leisten musste. Für einen Hungerlohn.

Am 27. Februar 1809 kommt der Kriegsdienst. Joseph muss sich in Straubing dem Militär stellen für einen, der sich losgekauft hat. Schon am nächsten Tag marschiert er mit 300 anderen nach Landshut. Als bayerischer Kriegsknecht unter Napoleons Führung kämpft er gegen die Österreicher: *es kracht an der Lendbrücke zum ersten. So wurde gegenseitig fort und fort geantwortet, aber nicht allzu lang. Herr Generalleutnant Deroy findet sich zu schwach und zieht sich in der allerschönsten Ordnung zurück nach Altdorf und Siegburg.*

So erlebt der 19-jährige Deifl den Krieg vor seiner Haustür, muss sich der ihm völlig fremden Kriegsmoral fassungslos ausliefern und kann die Kriegsführung Napoleons nicht nachvollziehen, da er *die reiche Stadt Regensburg denen Franzosen zum Blindern verheißen hat, wenn sie bis 12 Uhr erobert ist.*

Im Mai 1809 beginnt der 14-monatige Krieg gegen die Bauernsoldaten Tirols. Das blanke Entsetzen steckt ihm noch in den Knochen, wenn er schreibt: *Eine solche Geschichte sollte ich, da ich es weiß, auch beschreiben für die Zukunft – da schadert es mich! Ich drücke Augen und Ohren zu schreib es: Dort an der Ziller Brück werden 9, sage neun, Tyroller aufgehängt, wegen der Frag, ob sie Bairisch werden wollen. Antwort: Nein, lieber kaiserlich sterben als Bairisch werden! Sodann werden sie aufgehängt in denen dort stehenden Erlenbäumen. Ein Bai. Kanonier erfüllt den Befehl. Ich weiß es nicht recht, wer den Befehl gab – es war auch ein französischer General da, Droet, oder wie es die Franzosen schreiben. Wir Baiern sin alle Kriegsknecht – und doch sind sie es sehr gern, besonders am Anfang.*

Im Mai 1810 kommt Deifl mit völlig zerissener Uniform zurück, so dass er sich schämt, in die Stadt zu gehen. Der Staat hat weder Geld für Uniformen noch für die Soldaten. Die treue Mutter schickt ihm Leinwand und Wäsche.

1812 geht es zum Russlandfeldzug. Deifl muss allerhand miterleben, die Bayern werden abgeschnitten und eingekesselt, viele sterben. Auf dem Rückmarsch hat er eine besondere Begegnung. Er sitzt mit Kameraden in einem Judenhaus in „Merwitz" und kocht sich Suppe, als ein Mann zur Tür herein kommt: *sehr behutsam, das Haupt gesenkt. Er sieht keinen von uns an, leise schlich er zum Feuer, und stellte sich zu meiner Rechten zwischen mir und Probst. Ich erkenn an ihm einen Franzosen. Nur 5 bis 6 Minuten, dann geht er wieder ab, ohne etwas mit uns zu sagen, mit gesenktem Haupt geht er wieder zur Tür hinaus. Aber kaum hat er die Türe geschlossen, da schrie der Kürassier: Kameraden, Brüder! Der Kaiser Naboleon, der Naboleon ist das gewesen, der da stand am Feuer!*

Joseph Deifl, Infantrist aus Essing.

Drei Monate lang wird Deifl zur Verteidigung der Festung Thorn eingesetzt. Er wird schwer verwundet und kommt ins Spital. Dann fällt er doch noch in feindliche Hände, wird gefangen gesetzt, ist dem Verhungern nah, wird mit Angeboten gelockt, in anderen Armeen zu dienen. Doch Deifl ist loyal bis ins Mark: *Mein Vater und Mutter sagten allzeit beim Abschied, wenn ich in Krieg fortzieh, daß ich halt nicht desertieren sollt, lieber den Totenschein, als eine solche Nachricht.*

Nach 25-monatigem Fußmarsch kommt Deifl im April 1814 nach Essing zurück – als Einziger von sechsen. Doch der Heimaturlaub währt nur kurz. Das Blatt hat sich gewendet, die Deutschen haben sich gegen Napoleon vereint, Deifl marschiert *über Saarbrücken auf Baris zu*, bei Troyers kommt die Nachricht vom Sieg bei Waterloo. Am 8. Dezember wird Deifl entlassen: *Nach Haus! Kein Abschied, kein geld, kein Dank, kein Zeichen! Ein Zertivikat bekommt jeder Mann über sein Guthaben. Der ewige Friede wird uns belohnen, er ist mit Geduld durch Gottes Hilfe erkämpft.*

Deifl arbeitet wieder als Zrinner in Nußhausen. 1825 heiratet er, 1832 zieht er nach Riedenburg, wo er als *chimischer Zrenner* arbeitet. 1838 zieht Deifl nach Landshut in Pension – gerademal 48-jährig. Vergeblich hat er sich um eine Kriegsrente bemüht. Er schlägt sich mit Flecklschuhen und Körbelzäunen durch.

Zur Eröffnung der Befreiungshalle wird auch der Veteran Deifl geladen. Er trägt sich in Versform ins Gästebuch ein. Als der König dann die Reihe der Russlandveteranen abschreitet, bleibt er bei einem kleinen Mann mit weißem Bart lange stehen und unterhält sich mit ihm – mit Deifl; worüber, ist nicht überliefert. Am 29. April 1864 stirbt der Witwer Deifl in Landshut.

Man wünscht sich, dass sich bald ein Verleger ein Herz fasst und das Buch „Joseph Deifl" wieder für die Nachwelt zugänglich macht.

Burg Randeck

Es gibt Burgen, die machen ihre Besitzer nicht glücklich oder die Untertanen nicht zufrieden. Burg Randeck war von beidem etwas. So musste wohl auch hier die Sage der drei steinernen Brüder entstehen.

Rauhe Burgherren

Die Anfänge der Burg sind wahrscheinlich zu Zeiten der Ungarnüberfälle im 10. Jh. zu suchen, unverbürgte Quellen sehen einen Herrn von Rotteneck im 11. Jh. als den ersten Erbauer. Im Jahr 1110 erscheint der erste Randecker, der urkundlich belegt ist.

Der Graf von Kreglingen überträgt Heinrich von Randeck das Afterlehen über das Kloster Rüll. Doch Heinrich von Randeck ist zu habgierig, er verlangt von den Klosterleuten immer mehr ungewöhnliche Abgaben. Der Abt des Klosters kauft ihm um 50 Pfund Regensburger Pfennig die Rechte ab. 1224 taucht wieder ein Heinrich von Randeck auf, diesmal als Zeuge. 1326 traf Wernhart von Abensberg mit seines Bruders Sohn Ulrich III. eine Abmachung, *daß sie ihre zwo Vesten Randeck und Abensberg wieder zusammenwurfen; sie sollten hinfüran bei einander unverteilt bleiben, und so einer nimmer wäre, soll der andere Leib und Gut erben*. Ulrich III. war – ausnahmsweise – ein guter Herrscher auf der Burg. Er stiftete das Kollegiatstift und Spital für zwölf Arme. Er starb 1369, somit kam Randeck an Abensberg. Hans III. von Abensberg, Randeck und Altmannstein war ein halblegaler Raubritter. Von den Kaufleuten – oft geringschätzig „Pfeffersäcke" genannt – nahm er hohe Zollgebühren, wenn sie unter seiner Burg passieren wollten. Mit seinen Nachbarn war er ständig im Streit und entführte des öfteren Leute, die dann in seinem Verlies verfaulten, weil niemand das hohe Lösegeld zahlen konnte, dass er forderte. 1446 zog die Reichsstadt Nürnberg unter die Angelegenheit einen Schlussstrich, indem sie Randeck plünderte und brandschatzte.

Der Sage nach soll es auch einen Fritz von Randeck gegeben haben, der ebenfalls ein übler Kerl war. Nach einer Jagd holte ihn der Teufel in Saugestalt in die Hölle.

Die Altmühl oberhalb Essing: der Blick streift nur über Wasser und Grün.

Drei steinerne Brüder

Auf der Burg Randeck lebten einst drei Brüder, die ihre ritterlichen Gepflogenheiten gänzlich abgelegt hatten. Sie waren als Raubautze und Rüpel im ganzen Flecken bekannt. Jeder wich ihnen aus, so gut er konnte, vor allem aber versteckten sich die Jungfrauen, sobald einer der Brüder in Sichtweite kam. So wurden sie alt, ohne dass sie eine Frau bekommen hatten. Das Volk verspottete sie deswegen. Da schworen sie sich, im Kloster Weltenburg drei Edelfräulein zu rauben, die dort Schutz gesucht hatten.

Bei Tagesanbruch standen die drei am Donauufer, dem Kloster gegenüber. Der Kahn lag aber auf der anderen Seite. So schwamm der Jüngste hinüber, um seine Brüder mit dem Boot zu holen. Als er bis zur Mitte gerudert war, kam ein dumpfer Laut aus der Tiefe. Im klaren Wasser sah er drei tote Ritter liegen. Entsetzen packte ihn, da rief eine Nixe seinen Namen. Erst die Zurufe der Brüder erlösten ihn aus dem Zauber.

Kaum waren sie auf der Klosterseite angekommen, öffnete sich das Tor und drei liebliche Fräulein kamen heraus. Schnell ergriffen die Brüder die Frauen und sprangen in das Boot, um donauabwärts zu rudern. Der Klostervogt eilte den Brüdern hinterher. Als er sie fast eingeholt hatte, sprangen sie ins Wasser, um an das Ufer zu schwimmen. Doch die Nixe verwandelte die drei zu Steinen. Noch heute kann sie ein jeder im Donaudurchbruch liegen sehen.

Schulerloch

Jede Führung im Schulerloch wird mit einer beeindruckenden Licht- und Musikvorführung beendet.

Ob Sommer, ob Winter: ganzjährig herrschen im Schulerloch – das hier stellvertretend für alle Höhlen im Altmühltal näher beleuchtet werden soll – etwa 9°C und 80% relative Luftfeuchtigkeit. Es tropft von der Decke und ist auch am Tage stockdunkel. Als sich hier die ersten Menschen einquartierten, lag halb Europa unter einer meterdicken Eisdecke. Vor 40.000-60.000 Jahren nutzten Neandertaler das Schulerloch als Unterschlupf. Um 1700 v. Chr. ist wieder eine Nutzung nachgewiesen, diesmal für die Bronzezeit. In der Neuzeit nutzten Keltenpriester die Höhle als Druidenschule – daher der Name Schulerloch.

Im Mittelalter nutzten Herzöge die Höhle als unbekannten Unterschlupf, für unerkannte Zwiegespräche oder zur Erholung von Amtsgeschäften. Die Höhlenerschließung für jedermann ist den Freimaurern zu verdanken, die das große Gewölbe unter der Erde für ihre geheimen Treffen benutzten.

Das Schulerloch ist 420 m lang, der Höhleneingang liegt bei 400 m über NN. Der große Saal hat ein Volumen von knapp 800 m^3 und fasst ca. 120 Personen. Hier finden in der ganzen Saison Konzerte statt, die mit der unvergleichlichen Akustik und Atmosphäre der Höhle verzaubern. Besonders die Didgeridoo- oder Djembekonzerte gehen hier buchstäblich unter die fröstelnde Haut. In Deutschland einmalig ist die Möglichkeit, sich eine Höhle mieten zu können; für Feste, Ausflüge oder als exquisites Geschenk.

Zwischen Ende März und Anfang November ist das Schulerloch täglich alle halbe Stunde zu besichtigen. Die genauen Öffnungszeiten werden jedes Jahr neu festgelegt. Kontaktadressen finden Sie am Ende des Buches auf den Service-Seiten.

Nur für Fledermäuse

Zwischen Anfang November und Ende März ist das Schulerloch ausschließlich für Fledermäuse geöffnet. Die bedrohten Säugetiere – von Experten liebevoll Flatterlappen genannt – nutzen die Frostfreiheit von Höhlen zum sicheren Winterschlaf. Früher zählte man hier bis zu 800 winterschlafende Tiere. Ab den 60er Jahren verschwanden immer mehr Fledermäuse infolge Pestizideinsatz und Wohnraummangel in ihren Sommerquartieren. Zuletzt konnten im Schulerloch nur noch fünf überwinternde Fledermäuse angetroffen werden. Durch einsetzende Naturschutzmaßnahmen sind es heute wieder 30 – Tendenz steigend. Die häufigste Art im Schulerloch ist das Mausohr. Mit einer Flügelspannweite von knapp 40 cm und etwa 30 g Gewicht ist sie eine unserer größten Flatterlappen. Mausohren haben einen guten Schlaf. In der Regel hängen sie sich im November an ihren Platz im Winterquartier und bleiben dort bis etwa März. Wer gerne einmal Fledermäuse im Schulerloch beobachten möchte, der sollte zu den letzten oder ersten Führungen kommen. Zum einen sind dann deutlich weniger Besucher unterwegs und man kann die Höhe mehr für sich genießen, zum anderen ist die Chance hoch, bereits (oder noch) eine Fledermaus anzutreffen.

Diese Tropfsteinformation im Schulerloch wird als „Wasserbecken" bezeichnet und gilt laut Höhlenführung als einzigartig auf der Erde.

Das Kleine Schulerloch

Diese etwas abseits gelegene Höhle ist nicht für den Besuch freigegeben. Sie birgt eine Besonderheit, die als originalgetreue Replik in der Ausstellung am Höhleneingang des Schulerlochs bestaunt werden kann: die Gravur eines Hirsches, mit einem netzähnlichen Gegenstand und einer Frauenfigur. Darunter eine Runenreihe. Die Tierdarstellung wird in die ausgehende Steinzeit (10.000 v. Chr.) datiert; die Runen stammen zwar ebenfalls von einem *Homo sapiens*, jedoch sind sie wohl erst zwischen dem 6. und 8. Jahrhundert hinzugefügt worden. Der Inhalt der Runenzeichen ist inzwischen ebenfalls entschlüsselt und reichlich profan: So wie es Verliebte auch heute noch tun, ritzte damals eine Birg ihrem Selbrade eine Liebesbotschaft in den Fels.

Besonders im Sommer nutzen viele Menschen einen Besuch der Höhle als willkommene Abkühlung.

Kletterfelsen

Zwischen Riedenburg und Kelheim befinden sich einige Felsen, die als Inseln unberührter Natur inmitten einer intensiv genutzten Kulturlandschaft von großer Bedeutung für den Naturschutz sind. Auf den sonnigeren Felsköpfen wachsen Pflanzen, die hier seit der letzten Eiszeit überdauern konnten. Aber auch in den Felsspalten und am Wandfuß gedeihen Pflanzen, die sonst selten zu finden sind. Einige Felsen geben Vögeln einen sicheren Brutplatz. Zugleich gehören diese Felsgebiete zusammen mit den Felsen der Weltenburger Enge an der Donau zu den bedeutendsten Klettergebieten Süddeutschlands.

Ein Rautenfarn krallt sich in einen Felsspalt.

Das Schellneck
Im Klettergebiet „Schellneck“ an der Altmühl wurde daher ein differenziertes Schutzkonzept ausgearbeitet, das auch Freiraum für Kletterer lässt. So ist das Klettern an allen Felsen zwischen 1. Februar und 30. Juni verboten, um den Brutvögeln die Möglichkeit zu geben, ihre Jungen in Ruhe aufziehen zu können. Außerhalb dieses Zeitraumes bleiben der Schellneckpfeiler, der Siegfriedfels, die Unterauköpfe und alle Felsen östlich des Kiefernzapfen bis Kelheim zum Schutz der seltenen Flora gesperrt. An der Schellneckwand sind Neutouren im Wandbereich westlich der „Frühstücksverschneidung“ verboten. Der Schellneck-Kopf (Bilder linke und diese Seite) ist vom 1. Juli bis 31. Januar uneingeschränkt bekletterbar. Da alle Felsen im Naturschutzgebiet liegen, gilt auch während der Klettersaison, dass weder „ausgeputzt“ werden darf, noch ist das Betreten der Felsköpfe erlaubt.

Für den normalen Wanderer gelten indes die üblichen Verhaltensregeln für Naturschutzgebiete, Pfade und Wege dürfen nicht verlassen werden. Eine große Tafel am Fuße des Schellneck-Kopfs informiert über alles, was man darf und was nicht.

Fair geht vor
Die Felsen an der Altmühl und am Donaudurchbruch wurden in den 1920ern erstmalig bestiegen. In den 50er Jahren wurde das Gebiet wegen seiner ersten Routen im Schwierigkeitsgrad 10 weltweit bekannt. Danach nahmen die sportlichen Aktivitäten stark zu, die Natur befand sich auf dem Rückzug. Die EU-weite Bedeutung des Naturschutzgebiets „Weltenburger Enge“ wurde mit einem Europa-Diplom unterstrichen. Seit 1997 gilt nun die einvernehmliche Lösung, die der Natur großflächige Rückzugsgebiete gewährt und den Sportlern die attraktivsten Felsen für ihre Freizeitaktivitäten lässt.

Auf dem Weg zum Schulerloch öffnet sich unvermittelt der Wald und gibt diesen Blick frei: Über eine blühende Magerwiese mit Salbei und Nelken schaut man ins Altmühltal hinab (oben). Die Weinbergschnecke fühlt sich an warmen Hängen wohl. Hier durchscheint die Morgensonne das gewundene leere Gehäuse (unten).

Gronsdorf

Gronsdorf ist die erste Siedlung im Tal der Altmühl oder – von der Quelle her gesehen – die letzte. Vermutlich eine der wenigen fränkischen Ortsgründungen im unteren Altmühltal.

Binnenkapitänen ist der Name Gronsdorf geläufig, da sich hier die erste Schleuse befindet, die die von der Donau kommenden Schiffe auf Altmühlniveau hievt.

Die lange Zeit eigenständige Gemeinde wurde von den alliierten Siegermächten Kelheim zugeordnet.

St. Georg

Zwischen der alten und der neuen Straße liegt am Rande eines Ackers die Gronsdorfer Kirche. Sie wurde Mitte des 14. Jh. erbaut und birgt gotische Wandbilder, die erst 1912 entdeckt und nun von Künstlerhand freigelegt wurden.

Das achteckige geschindelte Türmchen wurde vermutlich erst im 17. Jh. aufgesetzt, denn 1608 bis 1609 wurde das Gotteshaus umfassend instand gesetzt. Im 30-jährigen Krieg schwer beschädigt, wurden 1654 und nochmals 1656 Ausbesserungen vorgenommen. Bei der Anpassung des Innenraums an das Rokoko wurden die gotischen Wandmalereien einfach mit einer dicken weißen Tünche übermalt und gerieten in Vergessenheit.

Ein bisher unbekannt gebliebener Künstler hat zwischen 1420 und 1430 in sprudelnder Erzählfreude unter origineller Behandlung der Perspektive eine Vielzahl biblischer Szenen geschildert. Bemerkenswert ist das Farbgefühl des Künstlers.

Das Kreuz- und Kappengewölbe des Altarraums ist mit Sternen geschmückt, die Fensternischen mit Rankwerk und Blumen. Bemerkenswert sind die beiden Drachenungetüme an der Innenseite des Chorbogens, die beste gotische Tradition dokumentieren – ein Hinweis auf den drachentötenden Namenspatron der Kirche.

Ein Kuriosum ist die Grabplatte eines ranghöheren schwedischen Soldaten, die nach dem 30-jährigen Krieg zur Ausbesserung als Bodenplatte eingesetzt wurde.

Die Hainschnirkelschnecke

die hainschnirkelschnecke
bog ganz zu ihrem schrecke
zu schnell um eine ecke

ihr häuschen aber trennte sich
da stand sie da ganz nackelich
verschwand vor scham ins gebich

ein forscher jung voll tatendrang
sie fand auf einem hölzern strang
so ungefähr zwei meter lang

dacht: ne neue art, verzwackt
nur - was er sah ist fakt
eine hainschnirkelschnecke nackt.

Das gotische Kirchlein in Gronsdorf birgt eine Fülle schöner Malereien aus dem beginnenden 15. Jh.

Befreiungshalle

Auf dem bereits in frühgeschichtlicher Zeit genutzten Michelsberg, zwischen Altmühl und Donau gelegen, ragt ein kreisrundes Gebäude fast 50 m in die Höhe. Ein Gebäude ohne direkten Nutzen. Einzige Bewohner sind Ruhm und Ehre vergangener Helden, Kriegshelden. Ein Gebäude, das von oben betrachtet einem Punkt gleicht. Ein vorläufiger Schlusspunkt in der deutschen Geschichte – oder in der Geschichte der Deutschen.

Nach dem 18. Oktober 1813 war nichts mehr wie vorher. Die letzte Schlacht war gewonnen, die Völkerschlacht bei Leipzig. Die europäischen Nationen hatten sich gegen Napoleon zusammengerauft und ihre Köpfe erhoben (und hernach das Schwert) den Weg frei gemacht für eine Neuordnung Europas. Für die Deutschen verlief der Wiener Kongress nicht wie gewünscht, die Einheit der Nation blieb unerfüllt.

Noch eine Walhalla

Während bei Regensburg seit 1830 die Walhalla entstand, suchte König Ludwig I. von Bayern bereits einen Standort für das nächste Bauwerk, das ihn und verdiente Deutsche unsterblich machen sollte. Auf dem Michelsberg bei Kelheim fand er ihn. In den Jahren 1838/39 wurde das Grundstück erworben, 1842 mit der Erschließung der Baustelle durch den Bau der Zufahrtsstraße begonnen. Am 18. Oktober 1842 erfolgte im Beisein des Königs die Grundsteinlegung. Zu diesem Anlass waren fast alle Häuser von Kelheim mit einem neuen Anstrich versehen und festlich geschmückt worden.

Als Bauzeit waren zehn Jahre vorgesehen, der Unterbau jedoch, an dem täglich 160 Arbeiter und 50 Steinmetze arbeiteten, gestaltete sich schwieriger als gedacht. Unerwartet starb am 21. April 1847 der Architekt Friedrich von Gärtner, wodurch die Baustelle zur Ruhe kam. Ludwig beorderte seinen Walhalla-Architekten nach Kelheim, Leo von Klenze, und gab ihm freien Gestaltungsraum.

Eine der zweimal 18 Siegesgöttinnen im Innern der Halle.

Der aufwändig gestaltete Marmorfußboden in der Befreiungshalle trägt den Spruch Ludwigs in der Mitte.

> Möchten die Teutschen
> nie vergessen was
> den Befreiungskampf
> nothwendig machte
> und wodurch sie
> gesiegt.
>
> *Ludwig I. von Bayern*

In den Wirren des Jahres 1848 verzichtete Ludwig I. auf den Thron, was den Bau abermals stagnieren ließ. Die Befreiungshalle drohte nun eine Unvollendete zu werden oder als Ruine vorzeitig zu enden. Durch die tatkräftige finanzielle Hilfe des Königs von Griechenland, Ludwigs Sohn, konnte der Bau jedoch weitergeführt werden. Am 18. Oktober 1863 – dem 50. Gedenktag der Völkerschlacht – konnte Ludwig selbst die Befreiungshalle einweihen.

Die Kuppel der Halle hat einen Durchmesser von knapp 30 m, die Halle selbst eine Höhe von 48 m, der Grundbau einen Durchmesser von 66 m. Die beiden sieben Meter hohen Türflügel wurden aus erbeuteten Geschützen geschmolzen und wiegen je 50 Zentner. Die Außenfassade der Befreiungshalle ist nicht etwa aus Sandsteinquadern erbaut, wie die Optik vortäuscht, sondern aus 2,5 Millionen Ziegelsteinen. Das Quaderwerk ist nur aufgemalt.

Alles kreist um die 18

Der 18. Oktober bestimmte im Bau fast alles: 18 Strebepfeiler tragen die Kuppel, 18 Kandelaber befinden sich im Innern, hinter den zweimal 18 Siegesgöttinnen befinden sich 18 Nischen, dreimal 18 Säulen umgeben den Rundgang, 18 Feldherrentafeln, 18 deutsche Regionen, 18 Festungsnamen, 18 Kriegsmasken, zweimal 18 Doppelsäulen umrunden die Galerie, im Mosaikboden finden sich 18 Figurenkreise und Sterne.

Gekostet hat der Bau umgerechnet nicht 18, sondern nur etwa 2,5 Millionen Euro; wovon Ludwig und sein Sohn Otto etwa die Hälfte selbst beisteuerten.

DEN TEUTSCHEN
BEFREIUNGSKAEMPFERN
LUDWIG I
KOENIG VON BAYERN
MDCCCLXIII

Kelheim

Am Zusammenfluss von Altmühl und Donau siedelten Menschen schon seit der Steinzeit, besonders viele Funde gibt es aus der Urnenfelderkultur. Ab der Hallstattzeit wuchs der Einfluss der Kelten, die auf dem Michelsberg in ihrer Blütezeit eine Großstadt errichteten.

Alkimoennis

Die „Stadt am heiligen Fluss" hatte eine Ausdehnung von ca. 600 ha und ist eine der größten bisher ausgegrabenen Siedlungen keltischen Ursprungs. Die Kelten verfügten über eine funktionierende Eisenverarbeitung, auf die sogar die Römer neidisch waren. Es ist nicht auszuschließen, das hier die Eisenteile für die erste Wagenfabrik der Welt in Manching hergestellt wurden. Die reichen Bohnerzvorkommen auf den Hochflächen beiderseits der Altmühl waren auch einer der Gründe, warum die Römer den Limes über die Altmühl nach Norden verschoben haben.

Es wäre sicher interessant zu erfahren, wie die Kelten hier im Detail gelebt und gearbeitet haben, aber für umfangreiche Ausgrabungen fehlt das Geld. Zudem ist mit dem Bau der Befreiungshalle der östlichste Teil der Siedlung bereits zerstört worden. Die bisherigen Ausgrabungen haben z.B. komplette Hochöfen zu Tage gefördert, wie sie in Ausführung und Präzision bisher unbekannt waren.

Die Römer kamen bis 15 v. Chr. an die Donau und schlugen das Keltenheer vernichtend. Die übrig gebliebenen Bevölkerungsteile wurden unterworfen und gingen bald im Römischen Reich auf. Durch den Verlust des Keltenheeres konnten sich Hermanduren und Markomannen der nördlich des Limes siedelnden Kelten annehmen und sich südlich bis zum Limes ausbreiten. Die keltische Kultur endete hier im Osten ihres Verbreitungsgebietes also mit einer Katastrophe. Das macht es Archäologen von heute schwer, aus den wenigen Funden die keltische Lebensweise zu rekonstruieren. Da sind die Römer beliebter, die jeden Umbau schriftlich dokumentiert hinterließen.

Bürgerhäuser mit Stadtkirche.

Markomannen und Hermanduren machten den Römern am rätischen Limes immer wieder zu schaffen. Man kann davon ausgehen, dass die Römer die keltischen Erzschmelzen und -fundstellen wiederbelebten.

Die Bajuwaren kommen

Nachdem Alemannen die Römer mitsamt ihrer Zivilisation über die Donau gejagt hatten, verfiel das Land in eine dunkle Zeit niederer Kultur. Von Osten kamen dann im 6. Jh. die Bajuwaren und ließen sich entlang der Flusstäler Donau und Altmühl nieder. Natürlich war auch bei den aus Böhmen stammenden Leuten der Abzweig zweier wichtiger Wasserstraßen bevorzugter Siedlungsplatz, wie das gefundene Reihengräberfeld beweist.

Erste namentliche Erwähnung der Siedlung als *Celeheim* in Schenkungsurkunden eines Chrefting, der das Kloster St. Emmeram beglückte.

Aus zwei mach eins

Ab dem 12. Jh. wird eine zweite Siedlung namens *Gimundi* erwähnt, auch Gmünd an der Altmühl. Bis 1244 werden beide Siedlungen stets getrennt genannt. Man kann annehmen, dass Gmünd den Siedlungskern an der Altmühl hatte, Kelheim an der Donau. Durch die von Nord nach Süd verlaufende Handelsstraße waren beide verbunden. Die ab dem 10. Jh. hier begüterten Grafen von Wittelsbach förderten die beiden Orte wegen ihrer einträglichen Lage besonders. Im Bereich des heutigen Landratsamtes entstand so eine Burg als Zentrum militärischer Aktionen und zur Überwachung.

In *Gimundi* wird eine Kirche schon 1128 erwähnt – St. Mariae. Sie war Filiale des Klosters Weltenburg, dass auf die fränkische Christianisierungswelle unter Columban im 7. Jh. zurückgeht. Im Streit Welfen gegen Staufer kam es auch in Kelheim zu einem Zwischenfall, da König Konrad III. die Burg belagerte. Nachdem die Wittelsbacher 1180 zu Herzogen von Bayern ernannt worden waren, machten sie ein Jahr später Kelheim zur Stadt. 1244 waren die beiden Ortskerne miteinander verwachsen.

Blick auf Kelheim von der Befreiungshalle aus. Hinter der Kirche Mariä Himmelfahrt der verbaute Lauf der Altmühl.

Interessante Holzdecke und Orgel in gotischem Stil.

Stadt nach Plan

Schaut man sich die Kelheimer Altstadt genauer an, wird man feststellen müssen, dass sie einem Rechteck gleicht, das von zwei Straßen in vier etwa gleiche Viertel geteilt wird. Die Stadtviertel – daher stammt wohl der Name – nannten sich noch im 16. Jh. Rathausviertel, Amans-Viertel, Simon-Paurns-Viertel und Demels-Viertel. Ob die Stadt bereits unter Herzog Ludwig dem Kelheimer so angelegt wurde, ist nicht bekannt. Im 13. Jh. erhielt sie eine Ummauerung. Bis zum Beginn des 17. Jh. währte die Blüte der kleinen Stadt.

Niedergang mit den Kriegen

Der 30-jährige Krieg bildete den Auftakt mehrerer verlustreicher Auseinandersetzungen, die sich über Spanischen und später Österreichischen Erbfolgekrieg bis zu den napoleonischen Kriegen hinzogen. Die Stadt wurde wegen ihrer strategischen Lage immer wieder von den Heeren heimgesucht und kam nicht mehr auf die Beine. Im 19. Jh. wurde Kelheim ins Abseits gedrängt, 1803 sogar seines Stadtrechts enthoben und zur Landstadt III. Grades degradiert. Die Poststraße Regensburg–Ingolstadt lief an den Stadtmauern vorbei. Die Eisenbahn wurde ohne Kelheimer Anschluss gebaut. Und auch der Bau des Ludwigkanals erwies sich als wirtschaftliche Enttäuschung. Erst der Rhein-Main-Donau-Kanal brachte auch wirtschaftlich etwas Aufschwung in die Stadt.

Märchenprinz küsst Stadt

Ludwig I. von Bayern wurde an Griechenland erinnert, als er durch Kelheim fuhr und legte diesen Ort für sein Bauvorhaben „Befreiungshalle" fest. Mit deren Fertigstellung im Jahr 1863 rückte Kelheim wieder stärker in das Bewusstsein der gesamtbayerischen Bevölkerung. Langsam kam wieder Schwung in die Stadt, und auch die beiden Weltkriege konnten den Weg in die Industrialisierung nicht stoppen. Heute ist Kelheim eine Kreisstadt mit 13.000 Einwohnern und ein gut aufgestelltes Mittelzentrum mit einem Drittelmix aus Industrie, Dienstleistung und Tourismus.

Hochaltar aus Kelheimer Marmor von Bildhauer Johann Obermeier.

Stadtkirche Mariä Himmelfahrt
Der Bau ist in der langen Reihe der Altmühlkirchen eine Besonderheit. Mitte des 15. Jh. im gotischen Stil errichtet, wurde er zwischen 1877 und 1886 vergrößert, mit dem Turm verbunden und innen neu gestaltet. Trotzdem wirkt selbst der Mitte des 19. Jh. entstandene Altar wie original gotisch. Er wurde um 1880 vom Bildhauer Johann Obermeier aus Kelheimer Marmor gemeißelt oder freigelegt, wie die Bildhauer sagen. Denn sie vermuten die Figuren bereits im Stein, wenn sie mit ihrer staunenswerten Kunst beginnen.

Nur die steinerne Marienfigur über dem Südportal und der hl. Johannes in der Taufkapelle stammen noch aus der Bauzeit der Kirche um 1450. Das Gotteshaus ist sehr freundlich gestaltet und durch seine ungewöhnliche Ausstattung unbedingt sehenswert.

Michelskirche
Am Fuße des Michelsberges steht die romanische Michelskirche mit ihrem scheinbar viel zu hohen Turm. Sie stammt vermutlich aus dem 12. Jh. Innen finden sich stilisierte Wandmalereien aus dem 13. oder frühen 14. Jh., die erst kürzlich bei Renovierungsarbeiten freigelegt wurden. Die Kirche wird als Vortrags- und Konzertsaal des Orgelmuseums benutzt.

Franziskanerkirche
Die Franziskanermönche nutzten vermutlich den ehemals herzoglichen Meierhof, als sie zwischen 1461 und 1471 ihre Klosterkirche errichteten. Mit der Säkularisation 1803 wurde die Kirche entweiht. Heute dient sie dem Orgelmuseum als Ausstellungsraum, in dem die historischen und aufwändig restaurierten Orgeln auch vorgeführt werden können.

Solche Hinweisschilder (oben) sieht der dürstende Radler oder Wanderer gern. An der Altmühl gibt es auch noch genug Biergärten alten Stils, in denen man unter dem Blätterdach einer Linde oder Kastanie sitzt, und nicht unter einem Polyesterschirm schwitzt. Die Altstadt Kelheims ist reich an Details wie diesem schönen Törklopfer (unten) mit einer Schlange in Brezelform.

Rathaus & Markt
Am Alten Markt findet man ein Eisenkreuz auf dem Boden. An dieser Stelle wurde Herzog Ludwig der Kelheimer am 16. September 1231 von einem Unbekannten ermordet.

Kelheim verfügt über zwei Rathäuser, die chronologisch als Altes und Neues Rathaus bezeichnet werden. Beide Häuser stammen jedoch aus dem 16. Jh. Das Alte Rathaus wurde als solches 1548 repräsentativ in der Mitte der stadtbeherrschenden Straßenkreuzung erbaut. 1824 riss man es ab, und die Ratsräume wurden in die Stadtschreiberei verlegt, welche heute als Altes Rathaus bezeichnet wird. Ab 1879 bezog man die „neuen" Amtsräume in einem fast 400 Jahre alten Haus. 1912 wurde dieses Neue Rathaus komplett umgebaut.

Kanalhafen
Aus der Zeit des Ludwigkanals ist heute noch der alte Kanalhafen zu besichtigen. Da in der Wasserbautechnik immer von der Mündung zur Quelle gezählt wird, befindet sich hier im 1846 fertiggestellten Kanalhafen auch die Schleuse Nr. 1 des Ludwigkanals. Außerdem kann man noch den Kran am Hafenbecken, die ehemalige Lagerhalle und das Schleusenhaus besichtigen. Der 600 m lange Kanalhafen ist heute als Denkmal der Ingenieursbaukunst geschützt und noch immer voll funktionsfähig.

Ältestes Weißbierbrauhaus
Zur Zeit Maximilians I. (1598-1651) durfte Weißbier nur in den kurfürstlichen Brauereien gebraut werden. Eine der wenigen im Land stand (und steht) in Kelheim. Das heute als Privatbrauerei betriebene Brauhaus ist das älteste Weißbierbrauhaus der Welt. Auch wenn das Getränk heute neudeutsch als „Hefe" bestellt wird, lohnt sich nicht nur für den Bierkenner ein Abstecher in den Biergarten oder die weitverzweigten Räumlichkeiten der Brauereigaststätte. Viele Bierspezialitäten warten darauf, entdeckt zu werden.

Unterhalb von Kelheim vereinigen sich Altmühl (von links) und Donau (von rechts); obwohl die Altmühl hier eindeutig die Größere ist, verliert sie an dieser Stelle ihren Namen. Ihr Wasser wird sich hunderte Kilometer weiter ins Schwarze Meer ergießen. Von Kelheim aufwärts bis zum Kloster Weltenburg fahren Ausflugsschiffe durch die Donauenge (links).

Abschied

wohin gehst du, habe ich
am anfang gefragt
und ohne eine antwort
zu bekommen
habe ich dich begleitet
heiliger fluss der kelten
zweitlängster und langsamster
fluss der bayern

jetzt steh ich hier bei kelheim
und schaue nach osten
schaue dein wasser entschwinden
wie du in der donau verwässerst

nun kenne ich dein ziel
blau-weißes band im land
perlenkette menschlicher kultur
nicht nur lebensraumspender
immerwährender strom
von wasser und leben
es reift die erkenntnis
stille wasser sind tief

Literatur

Bauch, Prof. Dr. Andreas: Schutzengelkirche Eichstätt. Schnell & Steiner, Regensburg. 7. veränd. Auflage 2004.

Bloß, Friedrich & Martin Winter: Windsfeld. Lebensbild eines Dorfes im Altmühltal. Selbstverlag, Oktober 1980

Der Dom zu Eichstätt. Ein Führer für Kinder. Dompfarramt Eichstätt. Dritte Auflage 2001.

Ettle, Josef: Eichstätter Journale 1791-1991. Verlag Donau Courier Ingolstadt, 1995.

Flachenecker, H. & E. Braun: Großer Kunstführer Eichstätt. Schnell & Steiner, Zürich. 6. völlig neubearbeitete Auflage 1992.

Gabriel de Gabrieli. Fürstbischöflich Eichstättischer Hofbaudirektor (1671-1747). Diözese, Landkreis und Stadt Eichstädt, 1997.

Gesner, Conrad: Gesnerus Redivivus auctus & emendatus. Oder: Allgemeines Thierbuch. Georgium Horstium, Franckfurt am Mayn, 1669 – Reprint JF Lehmanns Fachbuchhandlung, 1995

Glaser, Sabine: Die Willibaldsburg in Eichstätt. Bayrische Verwaltung der staatlichen Schlösser, Gärten und Seen, 2000.

Günther, A. J.: Museum für Ur- und Frühgeschichte. Hist. Verein Eichstätt. Hercynia-Verlag, 1995

Held, Konrad: Heiliger Willibald. Hercynia Kipfenberg 1987.

Hoedl, Dr. P.F.X., O.F.M. Cap & Dr. M. Schmidt: Kapuzinerkirche Eichstätt. Schnell & Steiner, Regensburg. 4. völlig neubearbeitete Auflage 2000.

Jäger, Ute: Römerthermen. Biriciana, Römisches Weißenburg, Heft 2. Keller, 2003

Kerschensteiner, Franz: Wallfahrtskirche Griesstetten. Schnell & Steiner, Regensburg. 3. Auflage 2001

Leyh, Robert: Galluskirche Pappenheim. Stadt Pappenheim, 2000

Luding, Helmut: Der Biber *Castor fiber* L. in Mittelfranken unter Berücksichtigung des Altmühlsees. Altmühlseebericht 4, 1997

Mittel, Heinz: Zwischen Altmühl und Donau 2. Geschichten, Sagen, Erzählungen. Ingolstadt, 1992.

Mühlhäußer, Werner: Die 'Weiße Frau' von Aha. In: Frankenland, Heft 2, Februar 1991.

Mühlhäußer, Werner: Johan Reichardt, der Gunzenhauser Goldmacher. In: Hermes, Heft 11, vom 21.06.1997

Niekel, Günter L.: Die Chronik von Muhr. Schrenk-Verlag. 1991

Pfarrer Stark: Chronik der sämmtlichen Ortschaften im Bezirksamtssprengel Gunzenhausen. Druck und Verlag von Ph. Waizmann, Gunzenhausen, 1900

Raab, Hans: I sooch woß i mooch. Fritz Majer & Sohn, 1983

Raab, Hans: lauder suu a war. Fritz Majer & Sohn, 1988

Ranftl, Dr. Helmut: Die Vogelwelt am Altmühlsee. Direktion für Ländliche Entwicklung Ansbach, 2003

Schlund, Hans: Fränkische Altmühl – Sagen und Legenden. Fritz Majer & Sohn, 1981

Schreiber, Hermann: Heimatbuch Leutershausen. Stadt Leutershausen, 1973

Schrenk, Johann: Gunzenhausen am Altmühlsee. Schrenk Verlag, 1993

Stadt Herrieden: Herrieden - Stadt an der Altmühl. Fritz Majer & Sohn, Leutershausen, 1982

von Eyb, Eberhard Freiherr: Das reichsritterliche Geschlecht der Freiherren von Eyb. Kommissionsverlag Degemer, Neustadt/Aisch, 1984

Zecherle, Karl: Kirchen und Klöster im Kreis Eichstätt. Landkreis Eichstätt 1983.

Zöller, Edmund: Bildstock- und Kapellenwanderweg um Herrieden. Stadt Herrieden, 1991

Zöller, E. & H. Dallhammer: Wehrkirchen im Lkr. Ansbach. Paul Schmidt, 1990

Zeitreisen 2. Bürgervereinigung Altstadtfreunde Herrieden e.V., 1996

Service-Adressen

Altmühltal

Naturpark Altmühltal
Notre Dame 1
85072 Eichstätt
(08421) 9876 -0 Fax -54
www.naturpark-altmuehltal.de
www.altmuehltal.de

Naturpark Frankenhöhe
Am Kirchberg 4
91598 Colmberg
Geschäftsführung
Postfach 15 02
91506 Ansbach
(0981) 487 568 -8 Fax -9

Romantisches Franken
Am Kirchberg 4
91598 Colmberg
(09803) 941 -41 Fax -44
www.romantisches-franken.de
info@romantisches-franken.de

Altmühl-Radweg
www.altmuehl-radweg.com

Fränkisches Seenland
www.fraenkischeseen.de

Deutsche Limes-Straße
Verein Deutsche Limes-Straße
Marktplatz 2
73430 Aalen
(07361) 52 -2358 Fax -1907
limesstrasse@aalen.de
www.limesstrasse.de

Zweckverband Altmühlsee
Altmühlsee-Schifffahrt
Marktplatz 25
91710 Gunzenhausen
(09831) 508 -191 Fax -179
info@zweckverband-altmuehlsee.de
www.altmuehlsee-schifffahrt.de
www.altmuehlsee.de

Beilngries

www.Beilngries.de
Touristinfo:
Hauptstraße 14
92339 Beilngries
(08461) 8435 Fax 9661
beilngries@beilngries.bayern.de

Spielzeug & Figuren Museum
Hauptstraße 49
92339 Beilngries
(08461) 601 176

Musikapparatemuseum
Im Roßturm, 92339 Beilngries
(0846) 601 530

Brauereimuseum
Bräuhausstraße 36
92339 Beilngries
(08461) 10 33

Schloss Hirschberg
Exerzitien- und Bildungshaus
Postfach 1108
92335 Beilngries
(08461) 6421 -0 Fax -14

Berolzheim

www.marktberolzheim.de
Großholzer Weg 11
D-91801 Markt Berolzheim
(09146) 95090
info@opense.de

Binzwangen

http://scherm.de/binzwangen/
Gemeinde Binzwangen
Am Markt 1
D-91518 Colmberg
(09803) 9329-0 Fax -20
info@colmberg.de

Bootsverleih

Christa Pfaller Obere Weinbergstr. 22
92339 Beilngries
(08461) 89 03 Fax 60 51 06
H.Pfaller@altmuehlnet.de

Günter Janz Wildenstein 16
92345 Dietfurt
(08464) 8655 Fax 600 92
www.Der-Sonnige-Altmuehltaler.de

Otto Rehm Papst-Viktor-Str. 6
91795 Dollnstein
(08442) 98 76 54 Fax 988 500
otto.rehm@gmx.de
www.Rehm-R.de

Johann Gegg Marktplatz 8
91795 Dollnstein
(08422) 691 Fax 499
Johann.Gegg@web.de
www.Boots-Verleih.com

Fahrrad- & Bootgarage Herzog-gasse 3, 85072 Eichstätt
(08421) 21 10 Fax 905 165
www.fahrradgarage.de

Eva-Maria Glas Industriestr. 18
85072 Eichstätt
(08421) 30 55 Fax 85 55
www.boote-glas.de

Wolfgang Chmella Am Graben 22
85072 Eichstätt
(08421) 93 58 -55 Fax -62
www.kanuuh.de

Kreisjugendring WUG
Alfred Endrees, Weinbergstr. 3
91792 Ellingen
(09141) 7 31 48

Thomas Heußer Am Kernberg 6
85137 Gungolding
(08465) 90 54 20

Edeltrauf Heyer Försterstraße
85110 Kipfenberg
(08465) 90 57 75
www.bootwandern-im-altmuehltal.de

Lippenberger/Horsmann
Zimmern 40, 91788 Pappenheim
(0171) 871 88 97
m-horsmann@freenet.de

H. Rottler Zimmern 32
91788 Pappenheim
(09143) 753 Fax 837 97 30
www.hollerstein.de

Irene Schöppl Zimmern 63
91788 Pappenheim
(09143) 14 01 Fax 605 888

Bootsverleih und -handel Gruber
Geislohe 63, 91788 Pappenheim
(09149) 1271; 342 Fax 908 899
BooteGruber@aol.com

Kreisjugendring EI
Schönfelder Str. 16,
85132 Schernfeld
(08422) 98 72 98
info@kreisjugendring-ei.de

J. J. A. Eger Badstraße 3
91807 Solnhofen
(09145) 12 03
j.j.a.eger@t-online.de

Lemmingtours
Hefelemühle, Eßlinger Str. 3
91807 Solnhofen
(09145) 235 Fax 435
abenteuer@lemmingtours.de
www.lemmingtours.de

Albot Bubenheim 51
91757 Treuchtlingen
(09142) 64 90

Frankenboot Dürerstr. 18
91757 Treuchtlingen
(09142) 46 45 Fax 68 64
info@frankenboot.de
www.frankenboot de

San-Aktiv-Tours Oberdorfstr. 18
91757 Treuchtlingen-Dietfurt
(09831) 49 36 Fax 80 594
info@san-aktiv-tours.de
www.san-aktiv-tours.de

Susanne Raith Margarethenstr. 7
85131 Walting-Sornhüll
(08426) 633 Fax 985 97 01

Zenta Schmidt Margarethenstr. 9
85131 Walting-Sornhüll
(08426) 433 Fax 985 823
www.bootsverleih-altmuehltal.de

Breitenfurt

www.breitenfurt.de
(private Website)

Fremdenverkehrsbüro
Papst-Viktor-Straße 35
91795 Dollnstein
(08422) 15 02 Fax 98 89 03
kontakt@dollnstein-info.de

Beheiztes Freibad

Colmberg

www.colmberg.de
Am Markt 1
91518 Colmberg
(09803) 9329-0 Fax -20
info@colmberg.de

Badesee unterhalb der Burg

Museum Kleinschroth
Das Privatmuseum liegt mitten in Colmberg und zeigt Kostbarkeiten aus dem ländlichen Leben. Besichtigung und Führung nur nach Anmeldung: (09803) 451. Ein unvergesslicher Museumsbesuch.

Naturlehrpfad Eichenwald
Bietet auf 3,5 km Informationen zu Kultur, Natur und Landschaft

Bienenlehrstand
Informationen über Bienenhaltung und Honiggewinnung der in Colmberg sehr traditionsreichen Imkerei.

Dietfurt a.d.A.

www.dietfurt.de
Hauptstraße 26
92345 Dietfurt a.d. Altmühl
(08464) 6400-0/-19 Fax -33/-35
touristik@dietfurt.de

Museum im Hollerhaus
(08464) 9145
www.dietfurt.de

Altmühltaler Mühlenmuseum
Hauptstraße 51
92345 Dietfurt a.d.Altmühl
(08464) 209 Fax 92 06
www.altmuehltalermuehle.de

Mühlbachquellhöhle
(nicht öffentlich zugänglich)
Karstgruppe Mühlbach
Naturbadstr. 23a
91056 Erlangen
dieter.gebelein@web.de

Dietfurt i. Mfr.

www.treuchtlingen.de
Hauptstraße 31
91757 Treuchtlingen
09142-9600-0 Fax-55
info@treuchtlingen.de

Dollnstein

www.Dollnstein.de
www.dollnstein-info.de
Fremdenverkehrsbüro
Papst-Viktor-Straße 35
91795 Dollnstein
(08422) 15 02 Fax 98 89 03
kontakt@dollnstein-info.de

Bootsrastplatz Hagenacker
Campingmöglichkeit, Feuerstelle, WC. Gruppen über 10 Personen müssen über Informationszentrum Naturpark Altmühltal angemeldet und vorreserviert sein.

Naturwaldreservat Beixenhard
Der Beixenwald liegt etwa 2 km südlich von Dollnstein und ist das einzige Naturwaldreservat im Landkreis Eichstätt. Zu bewundern gibt es 170-jährige Buchenbestände. Der Wald soll sich zum Urwald von Morgen entwickeln, jegliche Nutzung ist untersagt. Viele seltene Pflanzenarten findet man dort. Ein anstrengender Pfad – der Jägersteig – führt durch das Reservat.

Burgsteinfelsen
Mit 45 m Höhe das herausragende Klettermassiv im Dollnsteiner Klettergebiet. Viele Touren zwischen 4. und 8. Grad, darunter die „Kalte Analyse"(8), der „Emporweg" (6) und der „Dolomitweg" (5+). Seit 2002 gehört der Burgsteinfelsen zu den 100 schönsten Geotopen Bayerns.

Zeltplatz
Altmühlhaus Hell
Schulstraße 13, Breitenfurt
(08422) 567

Campingplatz
Gasthof "Bayerischer Hof"
Brückenstraße 11a
(08422) 846 Fax 1719

Eichstätt

www.eichstaett.de
Tourist-Info:
Domplatz 8
85072 Eichstätt
(08421) 98800
tourismus@eichstaett.de
Freibad, Hallenbad

Naturpark Altmühltal
Informationszentrum Eichstätt
Notre Dame 1
85072 Eichstätt
(08421) 9876 -0 Fax -54
umweltzentrum@naturpark-altmuehltal.de

Bootsrastplatz & Campingplatz
Campingmöglichkeit, Wohnmobilstellplatz, Feuerstelle, WC, Duschen, Frühstücksservice.

Jura-Museum
In der Willibaldsburg
85072 Eichstätt
(08421) 2956 Fax 896 09
sekretariat@jura-museum.de
Kasse/Burgverw.: (08421) 4730
www.jura-museum.de

Museum Bergér
Harthof
85072 Eichstätt
(08421) 979 20
www.museum-berger.de

Museum Ur- und Frühgeschichte
In der Willibaldsburg
85072 Eichstätt
Geschäftsstelle:
Ingolstädter Str. 32
85072 Eichstätt
(08421) 89 450 Fax 809 26

Diözesan-Museum
Residenzplatz 7
85072 Eichstätt
(08421) 50 740

Residenzbesichtigung
Landratsamt, Residenzplatz 1
85072 Eichstätt
(08421) 70 202

Altes Stadttheater
Residenzplatz 17
85072 Eichstätt
(08421) 97 75 -0 Fax -30
asthe@eichstaett.de
www.asthe.de

C.O. Müller-Galerie
Residenzplatz 1
85072 Eichstätt
(08421) 70 -0

Ellingen

www.ellingen.de
Weißenburger Str.1
91792 Ellingen
(09141) 8658 -0 Fax 58
stadt.ellingen@t-online.de

Deutschordenschloss
91792 Ellingen
(09141) 974 790

Sablonetum
An der Straße nach Höttingen, ca. 500 m nach Ortsende links, ausgeschildert, frei zugänglich.

Essing

www.marktessing.de
Marktgemeinde Essing
Marktplatz 1
93343 Essing
(09447) 92 00 93 Fax 99 11 077
markt.essing@t-online.de

Felsenhäusl
Kleine Sammlung von eiszeitlichen Tierknochen, Höhlenfunden und Steinzeitwerkzeugen. Zur Pension Felsenhäusl durchfragen. Info: (09447) 565

Tropfsteinhöhle Schulerloch
Oberau 1, 93343 Essing
(09441) 3277 Fax 21211
kontakt@schulerloch.de
www.schulerloch.de

Burg Randeck
April-Oktober täglich 9:30-18:00
Info: (09447) 32 20

Erlebnispfad Juralandschaft
11 Stationen mit Infotafeln, ab Ortsmitte. 4,5 km, ca. 2 Stunden.

Kunstweg an Fels & Fluss
Zahlreiche Kunstwerke entlang der ehemaligen Altmühl. Sehenswert.

St. Bartholomä
Auf der Jurahochfläche gelegen, einsam. Mit Quellweiher. Für Ruhe Suchende und Naturtouristen sowie an Kunstgeschichte Interessierte.

Fischen

Angeln an der ruhigen Altmühl ist ein erholsames Erlebnis, doch nicht für jedermann überall möglich. Eine kleine Auswahl an Fischereivereinen erleichtert den Zugang zum selbstgefangenen Fisch:

Beilngries
Wochenkarte Altmühl nur an Pensionsgäste, Tages- und Wochenkarten für Kanal-km 126 - 132. Hecht, Karpfen, Schleie, Barbe, Aal, Rutte, Aitel. Im Kanal zusätzlich noch Zander, Barsch. Ausgabestellen:

Ilse Perras, Föhrenweg 10,
92339 Beilngries (08461) 573)

Hannes Zimmer
Max-Prinstner-Straße 2 oder 16
92339 Beilngries (08561) 379

Dietfurt
Zwei große Altmühl-Altwässer, Kanal-km 132-142. Tages- und Wochenkarten. Hecht, Zander, Barsch, Karpfen, Schleie, Aal. Ausgabestellen:

Gasthaus „Zur Post"
Hauptstraße 25
92345 Dietfurt
(08464) 321

Gasthaus Schmidt
(09442) 16 31

Gasthaus Schels, Meihern
(09442) 13 30

Blumen Riedel
Hauptstraße 36
92345 Dietfurt
(08464) 10 74

Fam. Fortser, Grögling
(08464) 84 24

Gasthaus Meier, Griesstetten
(08464) 771

Dollnstein
Altmühl, Weiher „Mödlwasser". Tages, Wochenend-, Wochen- und Monatskarten. Ausgabestellen:

Dollnsteiner Anglerzentrale
Rudholzer, Untere Talleite 10
91795 Dollnstein
(08422) 9 81 -77 Fax -79
rudholzer@anglerzentrale.de

Anglerverein Eichstätt
Hans Grimm, Breitenfurt
Kirchenfeldstraße 8
91795 Dollnstein
(08422) 390

Gasthof „Beim Kirchenschmied"
Papst-Viktor-Straße 21
(08422) 15 12 (Dienstag Ruhetag)

Eichstätt
Altmühl, „Stadtwasser", „Neumeyer-Wasser". Hecht, Zander, Karpfen, Schleie, Barbe, Aal, Rotauge. Tages-, Wochen- und Monatskarten. Ausgabestellen:
Jagdsport Rudolf Gögl
Westenstr. 31, 85072 Eichstätt
(08421) 7560 Fax 90 94 99

Essing
Altmühl, Kanal. Hecht, Karpfen, Schleie, Brachse, Aal. Auskünfte erteilt:

Rathaus Essing
Marktplatz 1
(09447) 92 00 93

Lebensmittel Münzer
(09447) 365

Gunzenhausen
Altmühlsee. Karpfen, Hecht, Schleie, Zander, Wels (Waller), Aal. Tageskarten. Ausgabestellen:

Breitis Anglertreff Unterwurmbach
Am Lindermer 1
91710 Gunzenhausen
(09831) 43 28

Gasthof „Zur Altmühlbrücke"
Oettinger Straße 6
91710 Gunzenhausen
(09831) 26 36

Kelheim
Altmühl, Kanal, Donau, Abens, Baggerseen. Hecht, Karpfen, Schleie, Brachse, Aal, Barbe. Tages-, Wochen- und Monatskarten. Ausgabestellen:

Kreisfischereiverein
Tilsiterstraße 5
93309 Kelheim
(09441) 103 11

Fischen & Jagen Scheugenpflug
Schäfflerstraße 14
93309 Kelheim
(09441) 56 77

Schreibwaren Kral-Hesse
Bahnhofstraße 1 Donautor
93309 Kelheim
(09441) 34 57

Esso-Tankstelle Ringelhan
Regensburger Straße 14
93309 Kelheim
(09441) 32 67

Tankstelle Riedel
Regensburger Straße 84
(09441) 43 77

bft-Tankstelle Nawrath
Alleestraße 17
(09441) 38 38

Kinding
Kratzmühlsee. Forelle, Karpfen, Schleie, Hecht, Zander. Tageskarte. Ausgabestellen:

Markt Kinding
Kipfenberger Straße 4
85125 Kinding
(08467) 84 010

Gasthaus Heid, Pfraundorf
(08461) 71 88

Campingplatz Kratzmühle
(08461) 525 (nur Gäste)

Bootshaus am Kratzmühler See
(08461) 71 91

Gasthaus Zimmermann,
Unteremmendorf
85125 Kinding
(08467) 279

Kipfenberg
Altmühl. Karpfen, Aal, Schleie, Barbe, Hecht, Zander, Weißfische, Rutte, Forelle, Aitel. Tages- und Wochenkarten. Ausgabestellen:

Tourist-Information Kipfenberg
(08465) 94 10 -40

AZUR-Campingplatz (Karten hier nur für Platzbenutzer)
Am Festplatz, 85110 Kipfenberg
(08465) 90 51 67 Fax 37 45

Fischereiverein Leutershausen
Erwin Kaiser, Hindenburgstraße
91578 Leutershausen
(09823) 609 (Abends)

Pappenheim
Altmühl. Barsch, Rotauge, Schleie, Karpfen, Aal, Nase, Aitel. Tages- und Wochenkarten. Ausgabestelle:

Friseur Edel
Deisinger Straße 28
91788 Pappenheim
(09143) 334

Riedenburg
Kanalisierte Altmühl und Kanal-Teilstrecke. Wels (Waller), Hecht, Karpfen, Schleie, Aal, Zander, Forelle. Tages- und Wochenkarten. Fangbeschränkungen, Köderfische verboten. Informationen: AFV Riedenburg, 93339 Riedenburg (09442) 2870. Karten-Ausgabestellen:

„Haus des Gastes", Marktplatz 1
93339 Riedenburg
(09442) 90 50 00

Hotel „Schwan", Marktplatz
(09442) 12 72

Gasthof „Zur Post"
(09442) 13 30

Gasthof Mayer, Oberhofen
(09442) 13 53

Gasthof Schmidt, Meihern
(09442) 16 31

Solnhofen
Altmühl zwischen Lengenfeld und Solnhofen. Karpfen, Schleie, Hecht, Aal, Weißfische. Fangbeschränkungen und Mindestmaße. Ausgabe:

BM-Müller-Museum
Bahnhofstraße 8
91807 Solnhofen
(09145) 83 20 20

Treuchtlingen
Altmühl-Teilstrecken für Gastangler. Karpfen, Schleie, Aal, Hecht, Weißfische. Tages- und Wochenkarten. Ausgabe: Kur- und Touristinformation (09142) 20 21 8 -0

Walting
Altmühl. Hecht, Karpfen, Aal, Schleie, sämtliche Weißfischarten.
Ausgabestellen:

Gasthof Fischerwirt (Ausgabe nur an Gäste des Hauses), Martinsstraße 5, Inching (08426) 249

Fam. Bauer, Ausgabe nur an Gäste, Dorfstraße 10, Rieshofen
(08426) 217

Fossa Carolina

Fossa Carolina
Karlsgraben, nördlich des Ortes gelegen, ausgeschildert. Ausstellung mit Multimediapräsentation in der Hüttinger-Scheune täglich 13:00 - 17:00 Uhr, außer dienstags.

Graben

Auen-Erlebnis-Pfad
Ab Sportplatz Graben, Rastmöglichkeit. Feuchtgebietslehrpfad, 2003 mit Schülern angelegt. Infotafeln erklären die Pflanzen- und Tierwelt der Auen.

Großenried

www.markt-bechhofen.de
Markt Bechhofen
Martin-Luther-Platz 1
91572 Bechhofen
(09822) 606 0 Fax -50

Gungolding

www.walting.de

Bootsrastplatz Gungolding
Campingmöglichkeit, Feuerstelle, WC. Gruppen über 10 Personen müssen über Informationszentrum Naturpark Altmühltal angemeldet und vorreserviert sein.

Gunzenhausen

www.Gunzenhausen.de
Marktplatz 23
91710 Gunzenhausen
(09831) 508 -0 Fax -179
stadt@gunzenhausen.de

Zimmervermittlung
Kreisverkehrsamt
Hafnermarkt 13
91710 Gunzenhausen
(09831) 500 -110 Fax -140

Museum für Vor- und Frühgeschichte
Brunnenstraße 1
91710 Gunzenhausen
(09831) 50 83 06
www.gunnet.de/museum/

Stadtmuseum Gunzenhausen
Rathausstraße 12
91710 Gunzenhausen
(09831) 50 83 06
www.gunzenhausen.de

Gunzenhäuser Fachwerkstadel mit Erzgebirgsschau und Weiperter Heimatstube
Zum Schießwasen 16
Informationen: Gerda Müller, Marktplatz 23, 91710 Gunzenhausen
(09831) 508 -109 Fax -179
kulturamt@gunzenhausen.de

Fossilien & Steindruckmuseum
(ehem. Museum a.d. Maxberg)
Sonnenstraße 4
91710 Gunzenhausen
(09831) 508 -300 Fax -302

Waldbad am Limes
Leonhardsruhstraße 46
91710 Gunzenhausen
(09831) 800 -41 46 Fax -151
waldbad@swg-gun.de

Kinderferienprogramme
Touristik-Information und Landesbund für Vogelschutz bieten zwischen 23. Mai und 12. September jeden Montag von 14:00 bis 16:00 Uhr Spiel, Spaß und Spannung für Kinder. Informationen unter (09831) 508 -301

Herrieden

www.Herrieden.de
Herrnhof 10
91567 Herrieden
(09825) 808 -0 Fax -30
mail@herrieden.de

Parkbad mit Liegewiese und div. Sporteinrichtungen. Hallenbad

Bildstock- und Kapellenweg
Von Herrieden aus führen zwei Ganztagswanderungen zu herausragenden Beispielen von Kapellen, Bildstöcken und Sühnekreuzen. Ein Faltblatt mit genauer Beschreibung liegt bei der Stadt Herrieden aus. Informationen unter:
(09825) 808 -0

Inching

www.walting.de

Bootsrastplatz Inching
Campingmöglichkeit, Feuerstelle, WC. Info: (08421) 9876 -0

Jochsberg

www.jochsberg.de
Gemeinde Jochsberg
Am Markt 1-3
91578 Leutershausen
(09823) 951-0 Fax -50
info@leutershausen.de

Kelheim

www.kelheim.de
Tourist-Information
Ludwigsplatz 14
93309 Kelheim
(09441) 701 -234 Fax -310
tourismus.kelheim@t-onlinde.de

Archäologisches Museum
Lederergasse 1
93309 Kelheim
(09441) 10 492

Personenschifffahrt
(09441) 58 58 Fax 29 48 47
www.altmuehltal.de

Älteste Weißbierbrauerei
Erlebnisführungen jeden Dienstag 14:00 Uhr, Mai-Oktober auch donnerstags 14:00 Uhr. Info:
(09441) 705 -0
info@schneider-weisse.de
www.schneider-weisse.de

Alter Kanalhafen
Die legendäre Schleuse Nr. 1 des Ludwig-Donau-Main-Kanals im historischen Kanalhafen, mit über 600 m Länge eines der größten Kulturdenkmäler Europas

Befreiungshalle
www.schloesser.bayern.de/deutsch/schloss/objekte/kelheim.htm
April-Oktober tägl. 9-18:00 Uhr
November-März tägl. 9-16:00 Uhr

Campingplätze
Camping Bauernhof Herrnsaal
Herrnsaaler Ring 26
93309 Kelheim (5 km östlich)
(09441) 96 07
a.poschenrieder@gmx.de
www.camping-bauernhof.de
Strohlager, Radlerunterkünfte, Duschen, Wassersport, nähe Jachthafen (1 km) u.v.m.

Kapfelberg, Bootsweg 3
93309 Kelheim (10 km östlich)
(09405) 5335
Direkt an der Donau, Wassersportmöglichkeiten, nähe Jachthafen.

Kinding

www.Kinding.de
gemeinde@kinding.de

Bootsrastplatz
Campingmöglichkeit, Feuerstelle, WC. Info: (08421) 98 76 -0

Bootsrastplatz Ilbling
Campingmöglichkeit, Feuerstelle, WC. Gruppen über 10 Personen müssen über Informationszentrum Naturpark Altmühltal angemeldet und vorreserviert sein.

„Technik anno dazumal" Museum
Kratzmühle, Mühlweg 1
85125 Kinding-Pfraundorf
(08461) 9682

Kipfenberg

www.Kipfenberg.de
Marktplatz 2
85110 Kipfenberg
(08465) 9410 -40 Fax -43
tourist-info@kipfenberg.de

Römer- und Bajuwarenmuseum
Burg Kipfenberg
85110 Kipfenberg
(08465) 905 -707 Fax -708
bajuwarenmuseum@altmuehlnet.de

Fasenickelmuseum
Torbäckgasse, Torwärterhaus
85110 Kipfenberg
(08465) 9410 -40 Fax -43

Terrassenschwimmbad
Pfahldorfer Straße 8
(08465) 90 69 24

Kottingwörth

www.kottingwoerth.de
Hauptstraße 26
92345 Dietfurt a.d. Altmühl
(08464) 6400 -19 Fax -33 oder -35
touristik@dietfurt.de

Leutershausen

www.Leutershausen.de
Am Markt 1-3
91578 Leutershausen
(09823) 951 -0 Fax -50
info@leutershausen.de

Naturfreibad in der Altmühl

Museen
Flugpionier Gustav Weißkopf, Heimat- und Handwerkermuseum, Schulmuseum, Schützenmuseum
alle: Im Landgericht, Plan 6
91578 Leutershausen
(09823) 951 -0 Fax -50
info@leutershausen.de

Motorradmuseum Frankenhöhe
Hetzweiler, Weiherstr. 16
91578 Leutershausen
(09868) 17 48

Mörnsheim

www.moernsheim.de
Verkehrsverein Mörnsheim
Kastnerplatz 1
91804 Mörnsheim
(09145) 83 15 -0 Fax -21
katrin.stoehr@moernsheim.de

Fossiliensteinbruch Apfeltal
Fossilienerlebnisplatz Apfeltal. Etwa 1,5 km zu Fuß vom beschilderten Parkplatz aus. Werkzeug kann in Mörnsheim, Gasthaus „Brunnen", ausgeliehen werden

Fossilienlehrpfad Apfeltal
Steinbruchlehrpfad auf 1,5 km Strecke durch ein Waldstück. Am Ende befindet sich der Fossilienerlebnisplatz. Parkplatz ist ab Mörnsheim ausgeschildert.

Schauraum Kastenhof
Funde aus vorchristlicher Zeit sowie Ausstellung zur Geschichte Mörnsheims. Öffnungszeiten wie Verkehrsbüro.

Burgruine Mörnsheim
Zufahrt ausgeschildert, jederzeit begehbar. Sehr wenig Parkmöglichkeiten an der Ruine, besser zu Fuß erwandern!

Bootsrastplatz Hammermühle
Campingmöglichkeit, Feuerstelle, WC. Gruppen über 10 Personen müssen über Informationszentrum Naturpark Altmühltal angemeldet und vorreserviert sein.

Urdonautalmuseum
Wellheim, Torbogenhaus
(08427) 15 13 oder 99 110

Landmaschinen-Museum
Tagmersheim (09094) 92 990

Heimatmuseum Langenaltheim
Untere Hauptstraße 55
91799 Langenaltheim
(09145) 252

Muhr am See

Rosenau 1
91735 Muhr am See
(09831) 619 56 -0 Fax -30
gemeinde.muhr-am-see@t-online.de

Umweltstation Altmühlsee
Schlossstraße 2
91735 Muhr am See
(09831) 48202

Vogelinsel Altmühlsee
Landesbund für Vogelschutz e.V.
Postfach 1380
91157 Hilpoltstein
(09174) 477 50
altmuehlsee@lbv.de
www.lbv.de/altmuehlsee

Ornbau

www.ornbau.de
Vorstadt 1
91737 Ornbau
(09826) 378 Fax 78 88
ornbau@t-online.de

Pappenheim

www.pappenheim.de
Marktplatz 1
91788 Pappenheim
(09143) 606 -0 Fax -50
stadtpappenheim@pappenheim.de

Burg Pappenheim
Historisches Museum, Natur- und Jagdmuseum, Folterkammer, Ruine, Botanischer Garten (über 1000 Arten), historischer Kräutergarten (über 400 Arten).
www.burgpappenheim.de

St. Galluskirche
In der nördlichen Vorstadt. Ganztägig offen. Wenig Parkmöglichkeiten direkt vor Ort.

Pfünz

www.eichstaett.de
(08421) 988 00

Römerkastell Vetoniana
Historischer Verein Eichstätt
Postfach 1340
85072 Eichstätt
(08421) 894 50 Fax 809 26

Prunn

Burg Prunn
(09442) 33 23

Klettergarten Prunn
Infotelefon: (09442) 15 07

Reiten

Mehr als 100 Reitstationen auf einer Fläche von 15.000 km² bilden das größte zusammenhängende Reitstationennetz Europas. Eine kleine Auswahl an Reitmöglichkeiten finden Sie hier:

Beilngries
Reitverein Beilngries
(08461) 60 54 20

Dietfurt
Martin Staudigl, Mitteldorf 34
92345 Dietfurt a.d. Altmühl
(08464) 13 57
Wanderreitstation

Dollnstein
Franz Dräxler, Wolfsgangstraße 10
Eberswang, 91795 Dollnstein
(08422) 828
Reiterhof mit Halle

Karl Reinbold, Wolfsgangstraße 1
Eberswang, 91795 Dollnstein
(08422) 592
Pferdepension

Eichstätt
Familie Geyer, Zur Lüften 11
85072 Eichstätt-Lüften
(08421) 52 42 Fax 52 42
oder (08421) 994 64
Große Reithalle, Reitgeschäft, Reitstüberl, Reiterferien u.v.m.

Rainer Günthner Kutschfahrten
85072 Landershofen
(08421) 34 20
www.kutschfahrten-guentner.de

Ellingen
PSG Ellingen (09141) 5649
Halle, Springplatz, 2 Dressurplätze, Reitunterricht für Jedermann, Freizeitreiter, Schulpferde von Pony bis Großpferd

Gunzenhausen
Reiterhof Schwarz, Mooskorb 21
91710 Gunzenhausen-Wald
(09831) 676 20
Reitplatz, Reithalle, 10 Gastboxen, Springgarten, Reitkurse, Reiterpension mit Hallenbad, FN-Reitschule, Reitferienpauschalen

Lucky Westernranch, E. Böhmer
Schweina 13, 91710 Gunzenhausen
(09831) 46 87
Westernreiten, Reitunterricht

Reit- und Kutschenparadies Jordan
Oberhambach 12
91710 Gunzenhausen
(09836) 13 80
Reitunterricht, Ausritte, Ponyreiten, Kutschfahrten

Leutershausen
Schwabenhof, Steinbächlein 1
91587 Leutershausen
(09823) 626 Fax 626
u.a. Wanderreitstation, Reiterferien, Gastboxen u.v.m.

Mörnsheim
Kutsch- und Planwagenfahrten
Michael Donabauer, Möckenlohe
Tauberfelder Weg 1, Adelschlag
(08424) 277

Kutschfahrten Anton Glossner
Böhmfeld, Ludwigstraße 10
(08406) 12 92

Planwagenfahrten
Albert Leinfelder
Adlerstraße 2, 86653 Monheim
(09091) 668

Pappenheim
Sabine Dier, Reitpädagogin SG-TR
Rosengasse 24
91788 Pappenheim-Bieswang
(09143) 84 04 49

Familie Huber, Osterdorf
(09143) 62 61
Ponyreiten, Ausritt am Führzügel

Riedenburg
Ponyhof „Zum Goldenen Pflug"
Fam. Mayer, Oberhofen 4
93339 Riedenburg
(09442) 1353 Fax -02

Treuchtlingen
Reitverein Treuchtlingen e.V.
Gstadt 5
91757 Treuchtlingen
(09142) 17 26 oder 74 85
www.reitverein-treuchtlingen.de
Reithalle, Platz, Bahn, Gastboxen

Ponyhof Oberheumödern
Oberheumödern 6
91757 Treuchtlingen
(09142) 96 26 76

Weißenburg
Reitverein Weißenburg
Charles-de-Gaulle-Straße 6
91781 Weißenburg i. Bay.
(09141) 34 47
Halle, Platz, 23 Gastboxen, Spring-garten, Reitlehrer, 2 Dressurplätze, 5 Schulpferde

Reiterhof Kupferberger
Am Weißenhof 2
91781 Weißenburg i. Bay.
(09141) 51 31 Fax -121
Reitplatz, Reitbahn, Sprunggarten, 2 Gastboxen, Reiterpension

Riedenburg

www.Riedenburg.de
St.-Anna-Platz 2
93339 Riedenburg
(09442) 90 50 -00 Fax -02
info@riedenburg.de

Kristallmuseum
Bergkristallstraße 1
93339 Riedenburg
(09441) 1811 oder 14 470
www.kristallmuseum-riedenburg.de

Klingendes Museum
93339 Riedenburg
(09442) 90 66 97

Hofmarkmuseum Eggersberg
Schloss Eggersberg
93339 Riedenburg
(09442) 1374

Schloss Rosenburg
Falkenhof
93339 Riedenburg
(09442) 27 52

Personenschifffahrt Altmühltal
93339 Riedenburg
(09441) 24 87

Sommerrodelbahn Altmühl BOB
93339 Riedenburg
(09442) 90 60 06

Freizeit- & Badesee St. Agatha
93339 Riedenburg
(09442) 2056

Campingplatz Riedenburg
93339 Riedenburg
(09442) 430 oder (09447) 698

Kleintierzoo
Am Fuchsgarten
93339 Riedenburg
(09442) 13 12

Klarissenkloster St. Anna
St. Anna-Platz 8
93339 Riedenburg
(09442) 90 50 -66 Fax -68

Hammerschmiede Hexenagger
93339 Riedenburg-Hexenagger
(09442) 13 86

Bauernhof Museum Echendorf
93339 Riedenburg-Echendorf
(09442) 20 57

Hopfenerlebnishof Tettenwang
Infozentrum Hopfen
(09446) 12 85 Fax 280

Solnhofen

Rathaus
Bahnhofstraße 8
91807 Solnhofen
(09145) 83 20 30
www.Solnhofen.de
info@solnhofen.de

Bürgermeister-Müller-Museum
Bahnhofstraße 8
91807 Solnhofen
(09145) 83 20 30

Museum auf dem Maxberg
siehe Gunzenhausen

Bootsrastplatz
Campingmöglichkeit, Feuerstelle, WC. Info: (09145) 235 oder (0821) 37 515

Töging

www.toeging.lednet.de
Hauptstraße 26
D-92345 Dietfurt a.d. Altmühl
(08464) 6400-0/-19 Fax -33/-35
touristik@dietfurt.de

Treuchtlingen

www.treuchtlingen.de
Hauptstraße 31
D-91757 Treuchtlingen
09142-9600-0 Fax-55
info@treuchtlingen.de

Naturpark Altmühltal
Informationszentrum Treuchtlingen
Heinrich-Aurnhammer-Str. 3
91757 Treuchtlingen

(09142) 3121 Fax 31 20
touristinfo.treuchtlingen@t-online.de

Bootsrastplatz
Campingmöglichkeit, Feuerstelle, WC, Dusche. Info: (09142) 8742

Kulturzentrum Forsthaus
Am Schlossberg
91757 Treuchtlingen
(09142) 9600 -33 Fax -55
veranstaltungen@treuchtlingen.de

Aurnhammer-Sammlung
Heinrich-Aurnhammer-Str. 3
Stadtschloss
91757 Treuchtlingen
(09142) 3840 Fax 20 21 18

Volkskundemuseum
Heinrich-Aurnhammer-Str. 12
91757 Treuchtlingen
(09142) 20 21 8 -19

Altmühltherme
Bürgermeister-Döbler-Allee 12
91757 Treuchtlingen
(09142) 96 020
info@altmuehltherme.de
www.altmuehltherme.de

Freibad
50-Meter-Bahnen, 500 m² großes Nichtschwimmerbecken, Wasserspielgarten. (09142) 20 21 8 -0

Geologischer Lehrpfad
Ausgangs- und Endpunkt des 25 km (ganzen Tag einplanen!) langen Weges ist die Kästleinsmühlenstraße am nördlichen Ende des Kurparks. Infotafeln zur geologischen Entstehungsgeschichte des Treuchtlinger Talknotens und mehr. Sehr aussichtsreiche Wanderung.

Natur-Erlebnis-Pfad
Am Nagelberg, wurde 2001 und 2002 mit Kindern und Jugendlichen aufgebaut; enthält 14 Stationen. Wissenswert-Spannendes über die Tier- und Pflanzenwelt des Naturparks Altmühltal

Waldlehrpfad
Ausgangspunkt ist der Parkplatz Heumöderntal in der Uhlbergstraße. Auf 3,5 km Länge (60-90 Minuten) gibt es Infotafeln zur Tier- und Pflanzenwelt der Wälder sowie interaktive Stationen, die auch Kindern Spaß machen.

Erholungsgebiet Hexentanzplatz
Auf dem Nagelberg wurden unterschiedliche Freizeitmöglichkeiten geschaffen, damit Erholungssuchende im Landschaftsschutzgebiet ungestört ihre Freizeit verbringen können. Grillstelle; keine Campingmöglichkeiten. Weitere Auskünfte erteilt das Ordnungsamt
(09142) 96 00 -12

Walting

www.walting.de
Ortsverwaltung Walting
Pfahlstraße 17
85072 Eichstätt
(08421) 97 40 -0 Fax -50
poststelle@vg.eichstaett.de

Bootsrastplatz Gungolding
Campingmöglichkeit, Feuerstelle, WC. Gruppen über 10 Personen müssen über Informationszentrum Naturpark Altmühltal angemeldet und vorreserviert sein.

Weißenburg i. Bay.

www.weissenburg.de
Marktplatz 14
D-91781 Weißenburg i. Bay.
(09141) 907-0 Fax -138
stadt@Weißenburg.de

Amt für Kultur und Touristik
Im Römermuseum
91781 Weißenburg i. Bay.
(09141) 907 -124 Fax -121
akut@Weißenburg.de

Stadtwald Forstamt
Geheimrat-Dr.-Dörfler-Str. 38
91781 Weißenburg i. Bay.
(09141) 907 -192 Fax -193
wald@Weißenburg.de

Reichsstadtmuseum
Martin-Luther-Platz 1
91781 Weißenburg i. Bay.
(09141) 907 -124 Fax -121
akut@Weißenburg.de

Römermuseum
Martin-Luther-Platz 3
91781 Weißenburg i. Bay.
(09141) 907 -124 Fax -121
akut@Weißenburg.de

Römische Thermen
Am Römerbad
91781 Weißenburg i. Bay.
(09141) 907 -127

Wettelsheim

Ortssammlung Wettelsheim
Pfarrgasse; Führungen nach Vereinbarung. Infotafel im Eingangsbereich. Info über Kur- und Touristinformation (09142) 20 21 8 -0

Wohnmobilplätze

Brombachsee
Auf der Badehalbinsel Absberg am kleinen Brombachsee, 150 Plätze, Ver- und Entsorgestation, Sanitärgebäude mit warmen Duschen. Info: (09144) 571 oder (09175) 91 81

Dietfurt
Am Pavillion der Schiffsanlegestelle. Frischwasser, Entsorgungsstation im Klärwerk. Info: (08464) 64 00 -19 oder Pavillon (08464) 83 91

Dollnstein
Gasthof "Bayerischer Hof"
Brückenstraße 11a
91795 Dollnstein
(08422) 846 Fax 1719

Eichstätt
Bootsrastplatz & Campingplatz
Wohnmobilstellplatz, Feuerstelle, WC, Duschen, Frühstücksservice.

Ferdinandshof an der B13. Info: Edeltraud Sirch, (08421) 93 66 89

Gunzenhausen
Surfzentrum Schlungenhof am Altmühlsee. Duschen, Waschräume, WC, Sauna, Cafeteria, Ver- und Entsorgestation, Stromanschluss. Info: (09831) 12 40 oder 12 33 Fax 70 87

Kelheim
Am Pflegerspitz, 93309 Kelheim (500 m zur Altstadt) Auskünfte: Tourist-Information, Ludwigsplatz 14, (09441) 701-234
Ver- und Entsorgungsanlage, Gebührenautomat, kostenlose Toilettenanlagen. Bei Großveranstaltungen steht der Platz nicht zur Verfügung. Von 1.11. bis 31.3. ist die Ver- und Entsorgungsanlage wegen Frostgefahr geschlossen.

Riedenburg
Auf dem Volksfestplatz, kostenpflichtig. Nicht bei Großveranstaltungen. Info: (09442) 90 50 00

Treuchtlingen
Zwischen Altmühltherme und Tennishalle, an der Kästleinsmühlenstraße. Entsorgung des Brauchwassers über die Kläranlage möglich, Infotelefon:
(09142) 20 21 8 -0

Feste & Märkte

Beilngries

Waren- und Krammarkt
jeden 2. und 4. Dienstag
entlang der Ringstraße

Bauernmarkt
Samstag 9:00-12:00 Uhr
Kirchenvorplatz

Dietfurt a.d. Altmühl

Bauernmarkt
alle 14 Tage donnerstags
14:00-17:00 Uhr
Marktplatz ums Rathaus

Eichstätt

Walburgi-Dult
1. Samstag im Mai bis Mittwoch

Willibald-Dult
1. Samstag im Juli bis Mittwoch

Kirchweih-Dult
vom Samstag vor Kirchweihsonntag bis zum darauf folgenden Mittwoch

Altstadtfest
1. Juliwochenende

Volksfest
Ende August/Anfang September

Gunzenhausen

Wochenmarkt
Donnerstag, 8:00-12:00 Uhr

Bauernmarkt
Samstag 8:00-12:00 Uhr

Leutershausen

Altstadtfest
letztes Wochenende im Juli

Kirchweih
erster Sonntag im September

Christkindlesrunterläuten
24. Dezember

Weißenburg i. Bay.

Bauernmarkt
Markthalle „Schranne"
jeden 2. Samstag 8:00-12:00 Uhr

Lichtmeßmarkt
Sonntag nach Lichtmess (2.2.)

Walpurgimarkt
letzter Sonntag im April

Schützenzeche
3. Samstag im Juli

Kirchweihmarkt
Sonntag vor Maria Himmelfahrt

Kirchweih
3. und 4. Sonntag im August

Martinimarkt
Letzter Sonntag im Oktober

St. Andreas-Weihnachtsmarkt
1. und 2. Adventswochenende

Pappenheim

Ritterturnier
letztes Juniwochenende

Treuchtlingen

Altstadtfest
2. Wochenende im August

Bad Windsheim
Markt Erlbach
Langenzenn
Seukendorf
Bad Windsheim
Burgbernheim
Obernzenn
Zenn
Trautskirchen
Wilhermsdorf
Cadolzberg
Fürth
Zirndorf
Markbergel
Petersberg
Quelle der Altmühl
Neuhof an der Zenn
Oberasbach
Stein
Hornau
Oberdachstetten
Dietenhofen
Großhabersdorf
Bibert
Roßtal
Burghausen
Landsknecht
Flachslanden
Rothenburg ob der Tauber
Windelsbach
Binzwangen
Kreuz Nürnb
Schloss Colmberg
Weihenzell
Bruckberg
Rothenburg ob der Tauber
Geslau
Lehrberg
Heilsbronn
Schwabach
Frankenhöhe
Frommetsfelden
Rohr
Buch am Wald
Ansbach
Petersaurach
Schwabach-W.
Insingen
Jochsberg
Schloss Rammersdorf
Sachsen
Neuendettelsau
Schillingsfürst
Leutershausen
Lichtenau
Rednitzhembach
Neunstetten
Büchenbach
Wörnitz
Aurach
Herrieden
Ansbach
Windsbach
Abenberg
Herrieden
Wolframs-eschenbach
Fränk. Rezat
Aurach
Burgoberbach
Feuchtwangen
Mittel-eschenbach
Merkendorf
Schloss Sommersdorf
Thann
Mönchsberg
Georgensgmünd
Kreuz Feucht-wangen/Crailsheim
Altmühl
Großenried
Mörlach
Ornbau
Fränkisches Seenland
Spalt
Mittelberg
Feuchtwangen
Bechhofen
Haundorf
Wieseth
Oberndorf
Muhr a. S.
Feuchwangen
Dentlein
Wiseth
Mörsach
Schloss Altenmühr
Absberg
Igelsbachsee
Kreßberg
Burk
Arberg
Altmühlsee
Großer Brombachsee
Röttenbac
Kreßberg
Schopfloch
Streudorf
Wald
Schloss
Kl. Brombachsee
Gunzenhausen
Pleinfeld
Dürrwangen
Langfurth
St. Michael
Unterasbach
Ettenstatt
Limes
Ehingen
Unterschwaningen
Aha
Theilenhofen
Dinkelsbühl/ Fichtenau
Dinkelsbühl
Hesselberg
Rastberg
Windsfeld
Ellingen
Wittelshofen
Gnotzheim
Dittenheim
Gundelsheim
Höttingen
Fichtenau
Röckingen
Schloss
Wassertrüdingen
Gelber Berg
Römische Thermen
Weißenburg
Weiltingen
Gerolfingen
Ehlheim
Wülzburg
Wört
Wilburgstetten
Westheim
Heidenheim
Fossa Carolina
Markt Berolzheim
Bubenheim
Wettelsheim
Hungerberg
Burg
Treuchtlingen
Dietfurt
Burg
Pappenheim
Zimmern
Polsingen
Wolferstadt
Solnhofen
Sola-Basilika
Eßlingen
Wemding
Otting
Langenaltheim
Mörnsheim
Monheim
Steinbruchgebiet
Rögling
Fünfstetten
Huisheim
Tagmersheim
Wellheim
Harburg
Daiting
Buchdorf
Kaisheim
Marxheim
Donauwörth
Genderkingen
Niederschönenfeld
Oberhau
Plattenberg
Tapfheim
Asbach-Bäumenheim
Rain
Burgheim
Mertingen
Oberndorf
Schwenningen
Lech
Münster
Holzheim
DÄNEMARK
0 100 km
Schleswig-Holstein
Mecklenburg-Vorpommern
Hamburg
Bremen
NIEDERLANDE
Niedersachsen
Brandenburg
Berlin
POLEN
Sachsen-Anhalt
Nordrhein-Westfalen
Sachsen
Thüringen
Hessen
Rheinland-Pfalz
TSCHECHISCHE REPUBLIK
Saarland
Bayern
FRANKREICH
Baden-Württemberg
SCHWEIZ
ÖSTERREICH

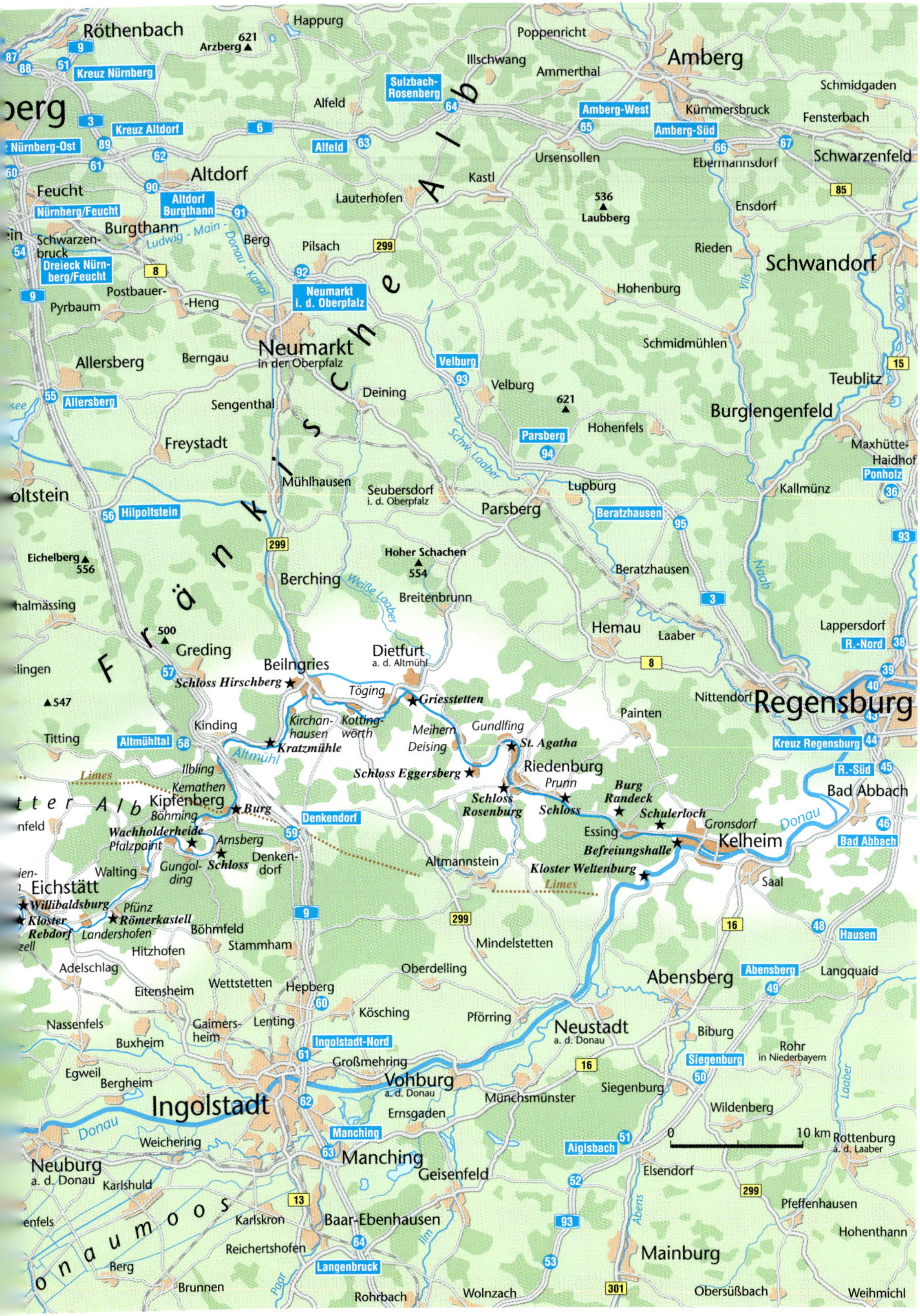
Röthenbach
Happurg
Arzberg
621
Poppenricht
Illschwang
Ammerthal
Amberg
Schmidgaden
Kreuz Nürnberg
Sulzbach-Rosenberg
Alfeld
Amberg-West
Kümmersbruck
Fensterbach
Kreuz Altdorf
Alfeld
Amberg-Süd
Nürnberg-Ost
Ursensollen
Ebermannsdorf
Schwarzenfeld
Altdorf
Kastl
Feucht
Altdorf Burgthann
Lauterhofen
536
Laubberg
Ensdorf
Nürnberg/Feucht
Burgthann
Ludwig - Main
Donau - Kanal
Berg
Pilsach
Rieden
Schwarzen-bruck
Dreieck Nürn-berg/Feucht
Schwandorf
Postbauer-Heng
Neumarkt i. d. Oberpfalz
Hohenburg
Pyrbaum
Vils
Neumarkt
in der Oberpfalz
Schmidmühlen
Allersberg
Berngau
Velburg
Teublitz
Deining
Velburg
621
Sengenthal
Burglengenfeld
Allersberg
Parsberg
Hohenfels
Freystadt
Schw. Laaber
Maxhütte-Haidhof
Ponholz
Mühlhausen
Lupburg
Seubersdorf
i. d. Oberpfalz
Kallmünz
Hilpoltstein
Parsberg
Beratzhausen
Fränkische Alb
Hoher Schachen
554
Eichelberg
556
Beratzhausen
Naab
Berching
Weiße Laaber
Breitenbrunn
Hemau
Laaber
Lappersdorf
500
Greding
Dietfurt
a. d. Altmühl
R.-Nord
Beilngries
Schloss Hirschberg
Töging
Griesstetten
Nittendorf
Regensburg
547
Painten
Kinding
Kirchan-hausen
Kotting-wörth
Meihern
Gundlfing
Titting
Altmühltal
Kratzmühle
Deising
St. Agatha
Kreuz Regensburg
Altmühl
Riedenburg
R.-Süd
Limes
Ilbling
Schloss Eggersberg
Prunn
Burg Randeck
Bad Abbach
Kemathen
Kipfenberg
Schloss Rosenburg
Schloss
Böhming
Burg
Denkendorf
Schulerloch
Gronsdorf
Donau
Wachholderheide
Arnsberg
Essing
Kelheim
Pfalzpaint
Befreiungshalle
Bad Abbach
Walting
Gungol-ding
Schloss
Denken-dorf
Altmannstein
Kloster Weltenburg
Eichstätt
Saal
Willibaldsburg
Pfünz
Limes
Kloster Rebdorf
Römerkastell
Landershofen
Böhmfeld
Hausen
Hitzhofen
Stammham
Mindelstetten
Adelschlag
Oberdelling
Abensberg
Abensberg
Langquaid
Eitensheim
Wettstetten
Hepberg
Kösching
Nassenfels
Pförring
Neustadt
a. d. Donau
Biburg
Gaimers-heim
Lenting
Buxheim
Ingolstadt-Nord
Rohr
in Niederbayern
Großmehring
Siegenburg
Egweil
Vohburg
a. d. Donau
Bergheim
Münchsmünster
Siegenburg
Laaber
Ingolstadt
Wildenberg
Ernsgaden
Donau
Manching
Weichering
Aiglsbach
0
10 km
Rottenburg
a. d. Laaber
Manching
Neuburg
a. d. Donau
Geisenfeld
Elsendorf
Karlshuld
Abens
Pfeffenhausen
Karlskron
Baar-Ebenhausen
Hohenthann
Ilm
Reichertshofen
Mainburg
Berg
Langenbruck
Brunnen
Paar
Rohrbach
Wolnzach
Obersüßbach
Weihmichl

Impressum/Bildnachweis/Dank

Bildnachweis

Alle Bilder stammen vom Autor und wurden, mit ganz wenigen Ausnahmen, in den 12 Monaten vor Drucklegung des Buches digital im Altmühltal aufgenommen. Außer den üblichen Farb- und Schärfe-Korrekturen sowie Staubentfernungen wurden in manchen Bildern kleine, aus ästhetischen Gründen störende, Elemente entfernt. Architekturaufnahmen wurden oft elektronisch entzerrt (stürzende Linien). In keinem Fall wurden Bildelemente hinzugefügt (Composing) oder Bildinhalte bzw. -aussagen verfälscht.

Nicht nachgewiesene Texte und Lyrik stammen vom Autor.

Layout, Satz & Grafiken:
Bernd Kunz,
Langenburg

Lektorat:
Thomas Theise,
Regensburg

Karte:
Peh & Schefcik,
Eppelheim

Druck:
Engelhardt & Bauer,
Karlsruhe

ISBN 3-89929-047-X

Der Autor

Bernd Kunz —
Fotograf, Gestalter,
Autor, Schriftsteller

Geboren im April 1967 im hohenlohischen Ilshofen, aufgewachsen zwischen Bühler und Kocher in Tüngental. Freischaffender Fotograf seit 1990. Lebt und arbeitet seit 2000 mit Familie und allerlei Getier in Langenburg über der Jagst.

Aktive Mitarbeit im Naturschutz seit 30 Jahren. Engagiert im NABU sowie in libellenkundlichen Vereinigungen.

Ausstellungen im In- und Ausland seit 1983. Veröffentlichung von Bildern seit 1984, von Texten seit 1986.

www.berndkunz.de

Von Bernd Kunz erschien 2003 im Swiridoff Verlag in der selben Reihe: „Die Bühler – von der Quelle bis zur Mündung".
ISBN 3-89929-007-0

Für die vielgestaltige Hilfe, die ich während der Produktion dieses Buches erfahren habe, sei folgenden Personen besonders herzlich gedankt:

Dieter Bock für die Bestimmung des *Polygala*; **Resi Bösendörfer** und ihrem Mann für die undogmatische Ausleihe wichtiger Bücher über Herrieden; **Wolfgang Dornberger** für die vielfältige ornithologische Unterstützung rund um den Altmühlsee; **Hans Fischer** für das zweimalige sichere Überfliegen des Altmühltals, ein unvergessliches Erlebnis; **Torsten Haag** & **Barbara Janle** für die angenehme Tourbegleitung; **Margarethe Kaulbersch** für die meine Handlungsfähigkeit wieder herstellenden Shiatsu-Behandlungen; **Doris** & **Paula Kunz** für die zahlreichen Entbehrungen, die geduldige Reisebegleitung; **Ulrike Marski** für Diskussionen über Stil und Deutsch-Schreibung; **Werner Mühlhäußer** für die hilfreiche wie angenehme Unterstützung bei der Literaturrecherche im Bereich Gunzenhausen; **Florian** & **Silvia Weihrauch** für die stets offene Tür, das Bett und die leckeren Mahlzeiten fern der Heimat.

Nicht vergessen werden sollen die zahlreichen für mich namenlosen **Menschen** entlang der Altmühl, mit denen ich am Wegesrand ein Gespräch führen durfte; die mich auf den richtigen Weg geschickt haben; die ihren Lauf gestoppt haben, nur weil ich fotografierte; die Geduld mit mir hatten, bis ich mein Bild oder meine Information hatte; die mein wenig geländegängiges Auto wieder auf die befestigte Straße brachten.